Christina Schott

Indonesien
Ein Länderporträt

Christina Schott

Indonesien
Ein Länderporträt

Ch. Links Verlag, Berlin

Für Leo, Josha und Hestu

Die Deutsche Nationalbibliothek verzeichnet
diese Publikation in der Deutschen Nationalbibliografie;
detaillierte bibliografische Daten sind im Internet über
www.dnb.de abrufbar.

1. Auflage, Juni 2015
© Christoph Links Verlag GmbH
Schönhauser Allee 36, 10435 Berlin, Tel.: (030) 44 02 32-0
www.christoph-links-verlag.de; mail@christoph-links-verlag.de
Umschlagentwurf und Innengestaltung: Stephanie Raubach, Berlin
Karte: Christopher Volle, Freiburg
Satz: Ch. Links Verlag, Berlin
Lektorat: Günther Wessel, Berlin
Druck und Bindung: Druckerei F. Pustet, Regensburg

ISBN 978-3-86153-823-3

Inhalt

Vorwort   7

Einheit in Vielfalt   11
Das Volk: Wer sind die Indonesier?
Oder: Java ist überall   11
Das Land: Wie bereist man den größten
Archipel der Welt?   21
Die Sprache: Bahasa Indonesia und die Einheit
der Nation   28

Ausländer in Indonesien   37
Neu im *kampung*: Erste Erfahrungen   37
Korruption, Kontrolle und viel Improvisation:
Bürokratie auf Indonesisch   45
Touristen, Abenteurer, Aussteiger: Die Legende
vom Tropenparadies   52
Die anderen Ausländer: Chinesen   61

Geschichte und Politik   71
Kolonialherrschaft: Portugiesen, Niederländer, Briten,
Japaner und ihre Hinterlassenschaften   71
Unabhängigkeit: Nationalismus und *Pancasila*   81
Neue Ordnung: Militärherrschaft und Kommunisten-
verfolgung   89
Reformasi: Freiheit, Chaos, Korruption   103

Religion 117
Toleranztest: Staatlich verordneter Glaube 117
Islam ist nicht gleich Islam 125
Kejawen, Spiritualismus, Geisterglaube 134

Lebenswelten 142
Nicht ohne mein Gadget: Die neue Mittelschicht 142
Stau, Hochwasser, Mischkultur: Leben in Jakarta 150
Bittere Medizin: *jamu*, Spa und Knochenheiler 156
Lebendige Tradition: Batik, *gamelan* und Schattenpuppen 164
Die Unkonformen: Künstler, Punks und Aktivisten 173
Familien und ihre Feste: Liebe geht durch den Magen 180

Naturgewalt 188
Regenwälder, Orang-Utans und Ölpalmenplantagen 188
Leben auf dem Feuerring: Medien und Realität 196

Anhang 206
Abkürzungsverzeichnis 206
Glossar 208
Zum Weiterlesen 211
Basisdaten 216
Karte 218
Danksagung 220

Vorwort

Warum ausgerechnet Indonesien? Das war bei vielen die erste Reaktion, als ich 1998 zum ersten Mal loszog, um dieses Land kennenzulernen. Das änderte sich wenig, als ich später immer wieder, immer länger kam, erst als Praktikantin, dann als Journalistin, später als Ehefrau, als Mutter. Nur wenigen Menschen in Deutschland ist bewusst, dass es sich bei Indonesien nicht nur um einen Haufen kleiner Inseln irgendwo im fernen Osten handelt, sondern um den größten Archipel der Welt, mit einer Ausdehnung etwa so groß wie Europa von Ost nach West. Dass in diesem Land die viertgrößte Bevölkerung der Welt lebt und – da 88 Prozent der Indonesier dem Islam angehören – zugleich die weltweit größte muslimische Bevölkerung. Und dies wohlgemerkt in einer säkularen Demokratie.

Dass Indonesien Mitglied der G20 ist und zu den hoffnungsvollen Wirtschaftsaufsteigern zählt, berichten die deutschen Medien mittlerweile häufiger. Auch dass das Land zu den größten Facebook- und Twitternationen gehört, haben einige mit Staunen festgestellt. Ansonsten kommen bei uns hauptsächlich Nachrichten über Vulkanausbrüche, Erdbeben und Tsunamis an, ab und zu noch Meldungen über einen islamistischen Bombenanschlag, insbesondere wenn er auf der Ferieninsel Bali stattgefunden hat. Von dort gibt es dann, wenn lange genug nichts passiert ist, auch wieder tropenparadiesische Reisereportagen. Weniger bekannt wiederum ist, dass in kaum einem anderen Land so viele Völker mit völlig unterschiedlichen Kulturen, Religionen und Sprachen – relativ – friedlich miteinander leben, verbunden durch ihre gemeinsame Kolonialgeschichte und die offizielle Landessprache: Indonesisch ist eine der meistgesprochenen Sprachen der Welt.

Zugegeben, als ich nach meinem Studium zum ersten Mal in die fernöstliche Inselwelt flog, hatte ich auch eher palmengesäumte Strände im Kopf als die geopolitische Bedeutung Indonesiens. Das änderte sich allerdings schnell, als ich plötzlich mitten in den Studentenprotesten landete, die sich im Zuge der asiatischen Wirtschaftskrise 1998 auf breite Bevölkerungsschichten ausdehnten und zum Sturz des mehr als drei Jahrzehnte regierenden Diktators Suharto führten. Eigentlich wollte ich damals nur ein Praktikum beim Goethe-Institut absolvieren und dann nach Bali weiterreisen. Doch nach zwei Monaten zwischen Dauerdemonstrationen und Militärblockaden kam mir das Touristenparadies wie eine Fata Morgana vor, und es zog mich wieder nach Jakarta zurück – dorthin, wo das eigentliche Geschehen stattfand.

In diesem brodelnden Schmelztiegel hatte ich in der Kürze der Zeit Freunde fürs Leben gefunden. Aufgrund der Umstände musste ich über alle Sprachhürden hinweg sehr schnell lernen, wem ich vertrauen konnte und wem nicht. Wegen der Ausgangssperren verbrachte ich damals viele Nächte auf Bambusmatten indonesischer Studentenheime oder Aktivistenbüros – und lernte so nicht nur die unterschiedlichen Temperamente von Javanern, Batak, Manadonesen oder Timoresen kennen, sondern auch, dass bei deren vielschichtigen Kommunikationsformen Worte lange nicht alles sagen.

Diese Erlebnisse und vor allem die daraus entstandenen menschlichen Beziehungen ließen mich auch in den kommenden Jahren nicht los. Gegen jede Vernunft ließ ich eine Redakteursanstellung für ein Stipendium sausen, das mir eine mehrmonatige Mitarbeit bei der englischsprachigen *Jakarta Post* ermöglichte – der Grundstein für meine spätere freie Korrespondententätigkeit in Südostasien. Das wichtigste Kapital dafür jedoch waren und sind die persönlichen Kontakte sowie das kulturelle Verständnis, das ich mir zum Teil erst hart erwerben musste: beim Leben in Künstler- und Aktivistenkommunen genauso wie auf den Wartebänken indonesischer Behörden, bei abenteuerlichen Reisen durchs Land oder bei der Auswahl meines javanischen Hochzeitskleides.

Geografisch und kulturell gesehen ist Indonesien vermutlich einer der größtmöglichen Gegensätze zu Deutschland. Das Land, seine Bewohner und ihre Geschichte sind in jeder Hinsicht so vielschichtig, dass sie sich kaum in einem Buch zusammenfassen lassen. Die Verständigung ist mitunter dementsprechend schwierig. Auch wer lange Jahre hier gelebt hat, verzweifelt immer wieder an interkulturellen Hürden, die absolut nichts mit mangelndem Sprachverständnis zu tun haben. Seien es die ins Unendliche dehnbare »Gummizeit« oder die Fähigkeit der Indonesier, sich auf zehn verschiedene Arten um eine Absage herumzudrücken, ohne das Wörtchen Nein zu benutzen, das ewige Gedrängel an jeder Straßenkreuzung oder die hinter jeder Ecke lauernde Korruption.

Andererseits ist kaum ein asiatisches Volk so offen gegenüber Fremden. Hilfsbereitschaft und Neugier gegenüber Neuankömmlingen sind oft so groß, dass Unerfahrene dahinter unlautere Absichten wittern. Nicht immer zu Unrecht: In den bei Ausländern beliebten Vierteln der Großstädte oder in Touristenhochburgen machen viele Dienstleister, Makler oder Guides durchaus ihre Geschäfte mit der Unerfahrenheit der Fremden. Doch in den meisten Fällen ist es eine aufrichtig gemeinte Haltung. Als ich zum ersten Mal eine Nacht in einem indonesischen Krankenhaus verbringen musste, war mein Bett innerhalb kürzester Zeit von rund einem Dutzend Freunden umringt, die sich zusammentelefoniert hatten und die Nachtwache unter sich aufteilten, damit ich nicht allein bleiben musste. Denn Alleinsein ist so in etwa das Schlimmste, was sich ein Indonesier vorstellen kann.

Wer länger in Indonesien leben will, sollte sich auf diesen kollektiven Geist einlassen. Und dazu gehören nun einmal – aus mitteleuropäischer Sicht unnötig lange – Small-Talk-Runden bei süßem Tee oder Mitbringsel von Reisen. Selbst wenn es sich nur um ein paar Früchte handelt, die man beim Wochenendtrip am Straßenrand gekauft hat. Es sind diese kleinen Gesten, die einen großen Unterschied machen, denn einheimische Freunde und Helfer erleichtern das Alltagsleben ungemein, ob bei einem medizinischen

Notfall oder im undurchdringlichen Behördendschungel. Mit deutscher Korrektheit dagegen kommt man nicht weit. Indonesier sind Weltmeister im Improvisieren.

Indonesien löst bei westlichen Ausländern sehr unterschiedliche, oft sehr extreme Emotionen aus: von völliger Begeisterung bis zu totaler Ablehnung. Der naive Enthusiasmus der mit dem Indonesienvirus Infizierten ist im Alltag vor Ort allerdings genauso wenig hilfreich wie die Mauer aus Klischees derjenigen, die sich von ihren Arbeitgebern zu drei Jahren Jakarta verurteilt fühlen. Beide Seiten übersehen unzählige Facetten einer Nation, in der rund 300 verschiedene Völker auf mehr als 17 500 Inseln verteilt leben. In der zehn Luxuslimousinen in einem vierköpfigen Haushalt genauso normal sind wie eine zwölfköpfige Familie, die in einer kleinen Bambushütte lebt. In der – statistisch gesehen – mehr als 100 Prozent der Bevölkerung ein Handy besitzen, aber nicht einmal ein Viertel Zugang zum Internet hat. In der Muslime an animistischen Zeremonien teilnehmen und Punks einen Sultan verehren.

Es gibt so viel zu entdecken, so viel zu lernen, dass es verschwendete Lebenszeit wäre, sich während eines Aufenthalts nicht tiefer auf die schönen wie schwierigen Seiten des Landes einzulassen. Mit diesem Buch möchte ich versuchen, mit Hilfe meiner persönlichen wie beruflichen Erfahrungen einen Einblick in die realen Lebenswelten Indonesiens zu geben. Neben historischen und politischen Fakten geht es mir dabei vor allem um eine – garantiert unvollständige und subjektive – Bestandsaufnahme sozialer Befindlichkeiten, die im alltäglichen Zusammenleben und beim gegenseitigen Verständnis eine wichtige Rolle spielen. Ja, es gibt in Indonesien unzählige tropische Strände mit Kokospalmen und auch jede Menge aktive Vulkane und bedrohte Regenwälder. Es gibt in der Tat islamistische Terroristen und noch viel, viel mehr korrupte Politiker. Aber vor allem gibt es hier Menschen, die ein ganz normales Leben leben. Es ist nur anders als unseres.

Jogjakarta, im Sommer 2015   Christina Schott

Einheit in Vielfalt

Das Volk: Wer sind die Indonesier? Oder: Java ist überall

Es war mein erster Tag als Praktikantin des Goethe-Instituts in Jakarta. Was ich über Indonesien wusste, hatte ich mir mit Hilfe von Zeitungsartikeln angelesen. Im Jahr 1998 ging es dabei vor allem um die asiatische Finanzkrise und den Rücktritt eines autokratischen Präsidenten namens Suharto, der gern mit Helmut Kohl fischen ging. Die Analysten sprachen von der Demokratisierung des größten muslimischen Landes der Welt. Es gab Berichte von riesigen Studentendemonstrationen, die sich auch vom schwer bewaffneten Militär nicht aufhalten ließen, und von wütenden Mobs, die in kollektiver Raserei Einkaufszentren und Spielhallen niederbrannten. Auch Kirchen wurden angegriffen. Auf der anderen Seite beschrieben Reiseführer die Indonesier als tolerantes, aufgeschlossenes Volk, gastfreundlich und immer lächelnd. Ich war ängstlich gespannt, was – oder besser: wer mich da erwartete.

Zunächst musste ich warten. Niemand regte sich darüber auf. *Jam karet*, die endlos dehnbare Gummizeit, gehört in Indonesien zum Alltag. Mit zwei Stunden Verspätung kamen die Gäste schließlich zur Projektbesprechung: acht Indonesier mit taillenlangen schwarzen Haaren, alle in Schlabberhosen und T-Shirts. Mindestens zwei trugen das Konterfei von Che Guevara auf der Brust. Zu jener Zeit die Einheitskluft der meisten *Reformasi*-Aktivisten, also all jener, die sich an der Demokratie-Bewegung beteiligten, die das Suharto-System zum Umsturz bringen sollte. Erst auf den zweiten Blick erkannte ich, dass sich unter ihnen auch eine Frau befand. Das revolutionäre Äußere stand in starkem Kontrast zur ruhigen, freundlichen Art der Besucher. Wie fast alle Indonesier, die ich noch treffen sollte, traten sie mir lächelnd und äußerst höflich entgegen, zeigten sich aber auch offen und neugierig gegenüber allen neuen Ideen. Sie beantworteten geduldig meine Fragen und nahmen kommentarlos sämtliche kulturellen Fehltritte hin, die ich mir leistete.

Ich hatte gerade erst meinen Uni-Abschluss in der Tasche und war von den charmanten Revoluzzern tief beeindruckt. Erst viel später sollte ich verstehen, dass sich hinter der zunächst so homogen erscheinenden Gruppe völlig verschiedene Charaktere und Mentalitäten verbargen: Die acht Künstler und Geisteswissenschaftler gehörten fünf verschiedenen Ethnien und vier unterschiedlichen Religionen an, sie sprachen sechs verschiedene Muttersprachen und schworen jeder auf eine andere regionale Küche. Zu jener Zeit waren sie durch ein gemeinsames Interesse vereint – nämlich mit Hilfe kultureller Events und Publikationen ihre demokratische Botschaft zu verbreiten.

Dieses kulturelle Netzwerk, das natürlich aus noch viel mehr Mitgliedern bestand, erschien mir damals als verschworene Gemeinschaft, die immer felsenfest zusammenhalten würde. Über die Jahre jedoch, als der Demokratisierungsprozess je nach Sichtweise immer mehr Herausforderungen, Enttäuschungen und tägliche Routine mit sich brachte, brach die Organisation auseinander: Sie zerfiel in ihre ethnischen Bestandteile. Die Batak blieben bei den Batak, die Javaner hielten sich an die Javaner, Balinesen, Manadonesen und Minangkabau suchten sich neue Tätigkeitsfelder in ihrer eigenen Umgebung. Natürlich leben und arbeiten alle nach wie vor mit anderen Ethnien zusammen, doch der Rückzugpunkt der meisten war und bleibt ihre eigene Herkunft, obwohl sie im Schmelztiegel Jakarta aufgewachsen sind.

Wenn sich schon eine Gruppe Intellektueller so schwertut, dauerhaft über ethnische und religiöse Grenzen hinweg zu kommunizieren, wie schwierig ist es dann erst, eine Nation mit fast 250 Millionen Einwohnern zusammenzuhalten, der mehr als 300 verschiedenen Ethnien mit unterschiedlichen Religionen und Traditionen angehören? Die mehr als 700 Sprachen sprechen und in einem Archipel aus mehr als 17 500 Inseln verteilt leben? In vollem Bewusstsein dieser enormen Aufgabe wählten die Gründer der indonesischen Republik 1945 das Staatsmotto »*Bhinneka Tunggal Ika*«, was so viel heißt wie »Einheit in Vielfalt« (wörtlich: »Sie sind verschieden, aber auch gleich.«). Der Leitspruch stammt aus einem Gedicht des 14. Jahrhunderts, aus einer Zeit, als die Könige des ebenfalls sehr ausgedehnten Majapahit-Reiches versuchten, die unterschiedlichen Völker ihres Herrschaftsgebiets zu vereinen – beziehungsweise deren verschiedene Religionen, nämlich Buddhismus und Hinduismus.

Kein neues Problem also. Und eine Lehre für die Moderne: Es gibt ihn nicht, *den* Indonesier. Sicherlich gibt es auf den ersten Blick Gemeinsamkeiten. Von Sumatra bis Papua wird man in kaum einem anderen Land als Fremder so offen und herzlich aufgenommen wie in Indonesien. Schon beim zweiten Treffen empfangen Indonesier einen neuen Bekannten als *teman*, ein weit gefasster Begriff für Freund. Beim nächsten Mal könnten sich die fremden Freunde bereits auf einer privaten Familienfeier wiederfinden. Der Unterschied liegt in der Art des Umgangs untereinander, in alltäglichen Gesten, traditionellen Bräuchen, religiösen Auffassungen. Allein auf der Insel Java gibt es zahlreiche Ethnien, die gut miteinander auskommen. In Westjava leben Sundanesen und Bantenesen, in Jakarta die Betawi, in Ostjava viele Maduresen. Die gemächlichen Zentraljavaner wiederum ticken anders als die nicht ganz so höflichen Ostjavaner. Alle haben ihre eigene Muttersprache, eigene kulturelle Traditionen und – trotz der gemeinsamen Mehrheitsreligion Islam – eigene religiöse Bräuche. Dazwischen gibt es kleine Minderheiten wie die streng traditionellen Badui oder das hinduistische Tenggervolk, das am Vulkan Bromo lebt. Im Schmelztiegel Jakarta, dem politischen, wirtschaftlichen und medialen Machtzentrum des Landes, mischen sich die Einflüsse von allen Inseln mit internationalen Strömungen. Hier findet sich wohl am ehesten der Prototyp des modernen Indonesiers.

Die Indonesier sind ein sehr junges Volk. 43 Prozent sind jünger als 25 Jahre, mehr als die Hälfte lebt in der Stadt. Die Wünsche und Vorstellungen der Jugendlichen in Indonesien unterscheiden sich nicht sehr von ihren Altersgenossen in anderen Ländern. Wenn ich mich mit den Neffen meines Mannes unterhalte, beide Anfang 20, ist ihnen vor allem eines wichtig: eine berufliche Karriere, mit der sie Geld verdienen und eine Familie gründen können. Politisches Engagement oder Umweltschutz sind für sie Fremdwörter. Stattdessen spielen sie jede freie Minute auf ihren Handys und schicken ihren Freunden lustige Bildchen über WhatsApp. Damit liegen sie voll im Trend, wie Umfragen zeigen. Diese eher individualistische Entwicklung steht allerdings im Gegensatz zum traditionellen Gesellschaftssystem und zur autoritären Erziehung, mit der junge Indonesier auch heute noch aufwachsen. Im Konflikt zwischen Moderne und Tradition suchen daher viele Halt in wachsender Religiosität.

Doch auch eine muslimische Mehrheit von 88 Prozent garantiert keinen einheitlichen indonesischen Charakter. Für eine solche Typisierung muss in der Regel ein Volk herhalten: die Javaner. Höflich und harmoniesüchtig, autoritätshörig und intrigant. So das Klischee. Die Javaner stellen mit rund 41 Prozent den größten Anteil der Bevölkerung. Das nächstgrößte Volk sind die Sundanesen mit 15,5 Prozent, danach folgen Malaien und Batak mit 3,7 respektive 3,6 Prozent, alle anderen Ethnien stellen weniger als drei Prozent der Bevölkerung. Die Javaner besetzen fast alle wichtigen Posten im Land, ein nichtjavanischer Staatspräsident wäre undenkbar. 48 Prozent aller Wähler leben auf Java. Die Javaner dominieren die Medienprogramme von News bis Seifenopern. Wenn in Fernsehserien oder Nachrichtenmagazinen auch einmal andere Ethnien eine Rolle spielen, geschieht dies praktisch immer aus marktstrategischen Gründen.

Javaner leben heute aufgrund staatlicher Umsiedlungsprogramme in jedem Winkel Indonesiens. Selbst auf der Insel Simeuluë, dem äußeren Vorposten vor der Westküste Acehs, wurde ich in einer Pension noch javanisch bekocht: Die Wirtsleute stammen aus der Gegend des Vulkans Semeru. Während sie dort keine Arbeit fanden, bewirten sie im fernen Westen nun Surfer aus aller Welt. Die häufigen Erdbeben nahe am Epizentrum des großen Tsunami von 2004 störten sie nicht, grummelt doch auch der Semeru regelmäßig. Auf einer Plantagentour mitten in Kalimantan, dem indonesischen Teil von Borneo, stand ich unverhofft vor einer kleinen Moschee mit javanischer Aufschrift: Für die Arbeiterfamilien aus Java. Und am Flughafen traf ich einmal auf einen Pater aus Jogjakarta, der voll beladen mit Souvenirs in die tiefste Provinz nach Papua reiste: zu seiner Gemeinde – alles Umsiedler aus der zentraljavanischen Stadt, die zwar viel Heimweh, aber nicht genug Geld für die Rückreise hatten.

Schon die niederländischen Kolonialherren begannen, javanische Arbeiter nach Sumatra umzusiedeln, um sie dort auf ihren Plantagen einzusetzen. Im Gegensatz zu den indigenen Völkern, die viele Plantagengebiete bewohnten, waren die Javaner seit Jahrhunderten an hierarchische Hochkulturen gewöhnt. Vor allem Angehörige der christlichen Minderheit ließen sich von ihrer damals schon überbevölkerten Heimatinsel fortlocken, um für die Niederländer zu arbeiten. Auch nach der Unabhängigkeit fuhren die verschiedenen Regierungen fort, landlose Bauern und Arbeiter von den dicht besiedelten Inseln Java, Madura und Bali in anderen Regionen anzusiedeln. Das Land gehörte allerdings nach traditionellem Verständnis nicht selten den dortigen Ureinwohnern, die natürlich keine schriftlichen Zertifikate über den Gemeinschaftsbesitz vorlegen konnten – bis heute eines der Hauptprobleme bei der Neuerschließung von Anbaugebieten. Oft mussten bebaubare Flächen auch erst mühsam dem Regenwald abgerungen werden und waren nicht annähernd so ergiebig wie die fruchtbare Vulkanerde auf Java und Bali. Beide Seiten fühlten sich betrogen: eine Quelle ethnischer Konflikte.

Das sogenannte *transmigrasi*-Programm erreichte sein größtes Ausmaß unter Suharto, der allein zwischen 1979 und 1984 rund

2,5 Millionen Menschen umsiedeln ließ. Aufgrund der Kritik aus arabischen Ländern, dass es sich bei den Umsiedelungen um eine versteckte Christianisierung handele, wurden seit den 1970er Jahren überwiegend muslimische Siedler ausgewählt. Diese massive Völkerwanderung führte dazu, dass die Javaner in einigen Provinzen sogar zur Bevölkerungsmehrheit anwuchsen. Infolge von Energie- und Finanzkrisen sanken die Zahlen der Transmigranten in den folgenden Jahrzehnten. Bis heute jedoch ziehen immer noch mehrere zehntausend Menschen im Jahr mit Hilfe der Regierung in ferne Provinzen – und bringen dabei nicht nur ihre Familien, sondern auch ihre gesamte Kultur mit. Auf diese Weise fühlen sie sich zwar schneller heimisch, verdrängen jedoch in Kürze die Traditionen der Ureinwohner, die meist weniger straff organisiert leben. Es folgen Polizisten, Ärzte, Lehrer aus Java. Dorfstrukturen, Schulunterricht, religiöse Gewohnheiten: Der gesamte Alltag wird javanisiert. Dabei geht den Neuankömmlingen meist jedes Verständnis für die Bedürfnisse der ursprünglichen Bevölkerung ihrer neuen Heimat ab – und umgekehrt.

Dasselbe gilt für Umsiedler aus anderen Regionen wie Madura oder Sulawesi. Die ebenfalls auf Java konzentrierten Medien tragen ihren Teil dazu bei, die negativen Vorurteile untereinander zu schüren. Die Batak aus Nordsumatra gelten als lautstark und streitsüchtig, Minangkabau aus der Gegend um Padang als berechnend und geizig, Maduresen als derb und brutal und die Bewohner der östlichen Inseln generell als Trunkenbolde und Frauenhelden. Besonders diskriminiert werden die Papua: Sie werden meist als ungebildete, primitive Steinzeitmenschen dargestellt, die nur mit Peniskocher bekleidet herumrennen.

»Die Regierung kümmert sich bis heute nicht um die Integration der Migranten. Dabei gibt es keinen ernstzunehmenden ethnischen Konflikt in Indonesien, der nicht mit den Folgen der *transmigrasi* zusammenhängt, sei es in Sambas, Poso oder Ambon«, sagt Robert Baowollo, der am Zentrum für Friedensforschung und Konfliktstudien an der Gadjah-Mada-Universität in

Jogjakarta forschte. Seiner Analyse nach haben die Javaner die politische Kultur im ganzen Land verändert, und zwar durch ihre hierarchische Autoritätsgläubigkeit, *bapakisme* genannt.

Politiker in ganz Indonesien treffen ungern direkte Entscheidungen, unangenehme Maßnahmen werden an Untergebene delegiert. »Unzufriedene werden zum Essen eingeladen. Während sie am Tisch sitzen, können die Gäste ihre Kritik aus Höflichkeitsgründen nicht äußern. Hinterher übergibt der Gastgeber die Verantwortung an seine Untergebenen. Anstatt sie zu lösen, werden Konflikte so auf untere Ebenen verschoben – oder gar gespalten, indem nicht alle Konfliktparteien eingeladen werden«, erläutert Konfliktforscher Baowollo. Expräsident Susilo Bambang Yudhoyono war ein Meister dieses politischen Spiels.

Neinsagen ist immer äußerst schwierig, nicht nur in der Politik. Die Indonesier leben in einer kollektiven Gesellschaft und stehen quasi permanent unter Gruppenzwang – egal ob in der Familie, im Freundeskreis oder am Arbeitsplatz. Entscheidungen werden praktisch nie allein gefällt, fast alle Meinungsverschiedenheiten ohne offenen Streit beigelegt. Die Harmonie der Gemeinschaft steht immer über den Bedürfnissen des Einzelnen. Seilt sich doch mal jemand ab, tut er das meist still und leise, ohne dies klar zu sagen. Auf einmal erscheint ein Freund nicht mehr zu den Treffen der Clique oder ein Angestellter nicht mehr zum gemeinsamen Mittagessen mit den Kollegen. Meist ist dies der Beginn eines Abschieds oder auch Neuanfangs, dessen Gründe nie ausdiskutiert werden. Dabei kann es sich um das Ende einer Beziehung oder ein neues Jobangebot handeln. Die Zurückbleibenden erfahren dies, wenn überhaupt, oft erst im Nachhinein.

Falls das Fass der unterdrückten Gefühle dann doch mal überläuft, endet es nicht selten fatal: Das Wort Amok stammt aus der malaiischen Sprache. Das dazugehörige Verb *mengamuk* heißt so viel wie ausrasten, randalieren. Es wird genauso verwendet, wenn eine einzelne Person urplötzlich die Fassung verliert, herumschreit oder um sich schlägt, wie wenn ein ganzer Mob in

Rage alles kurz und klein schlägt oder gar zu Lynchjustiz greift. Wer einmal das Gesicht vor anderen verloren hat, wird sich meist unumkehrbar abwenden und höchstens noch formalen Umgang pflegen. Vor allem wenn der Gesichtsverlust durch jemand anderen verursacht wurde, etwa durch einen auf der Straße herumbrüllenden Vorgesetzten oder einen Freund, der sich zu sehr ins Privatleben eingemischt hat.

Ausländer dagegen können und dürfen viel direkter ihre Meinung äußern. Ihnen wird zugestanden, dass sie die Kultur nicht kennen oder nicht verstehen. Wer allerdings zu viele Regeln missachtet, wird dies ebenfalls zu spüren bekommen. Neue Bekannte werden niemanden zweimal einladen, der sie vor anderen bloßstellt. Geschäftspartner oder Mitarbeiter, die sich übergangen fühlen, werden wichtige Informationen für sich behalten und Arbeitsabläufe blockieren. Andererseits wird niemand – selbst nach expliziter Aufforderung – offene Kritik gegenüber einer gesellschaftlich höher gestellten Person, geschweige denn einem Vorgesetzten, üben. Eine Tatsache, an der viele ausländische Arbeitgeber verzweifeln: Äußere Harmonie ist wichtiger als inneres Krisenmanagement.

Das kollektive Wohlbefinden hat durchaus auch für Nichtjavaner absoluten Vorrang. Allerdings gehen nicht alle Ethnien Konflikten und Diskussionen gleichermaßen aus dem Weg. Die Bewohner der östlichen Inseln von Ambon bis Timor sind bekannt für ihre Offenheit. Und wenn sich meine Batak-Freunde treffen, geht es immer hoch her – egal ob sie über das Wetter, die Wahlen oder Fußball diskutieren. Wer hier diplomatisch ausweichend antwortet, findet sich über kurz oder lang in einem scharfen Kreuzverhör. Nicht selten endet der Abend, an dem in der Regel viel Bier und gegrilltes Schwein mit grüner Chilisauce konsumiert wird, mit einer lautstarken Tirade oder einer Wette darüber, wer am Ende Recht behält. Viele Deutsche kommen mit den Batak wegen ihrer unverblümten Direktheit gut aus. Die Batak wiederum sehen sich selbst in deutscher Tradition: Das einstige

Kannibalenvolk wurde um 1865 vom ostfriesischen Missionar Ludwig Ingwer Nommensen zum Protestantismus bekehrt.

Bei allen Unterschieden verbinden die Indonesier viele Gemeinsamkeiten, vermutlich deutlich mehr, als ihnen bewusst ist. Natürlich spielt die übergreifende Geschichte eine große Rolle. Die gemeinsamen Wurzeln stammen bereits aus der vorkolonialen Vergangenheit, ebenso wie die seit 1945 als Nationalsprache geltende Bahasa Indonesia. Vielen Indonesiern wird oft erst im Ausland klar, wie stark sie ihre nationale Identität tatsächlich mit anderen Landsleuten verbindet, obwohl diese einer anderen ethnischen Gruppe oder Religion angehören: dass sie gemeinsame Traditionen pflegen, dieselbe alternative Hustenmedizin nutzen oder dieselben Hochzeitsrituale haben.

Fast allen Indonesiern gemein sind eine fatalistische Lebenseinstellung sowie ein sehr entspannter Umgang mit Zeit. Und wie praktisch allen Asiaten: die Angst, ihr Gesicht zu verlieren. Als ich neu in Jakarta war und mich noch nicht auskannte, verbrachte ich manchmal gefühlte Stunden in Taxen. Wie die meisten Ausländer dachte ich anfangs, dass dies in der Absicht geschehe, mehr Geld zu verdienen. Bis ich herausfand, dass eine genaue Wegbeschreibung Wunder wirkte: Kaum ein Taxifahrer in Indonesien wird freiwillig zugeben, dass er den Weg nicht kennt. Wenn man ihm aber suggeriert, dass man sich nur selbst noch einmal versichern wolle, wird er die Tipps gern annehmen. Noch viel schwerer fällt es den meisten Indonesiern, einen Fehler bei einer beruflichen oder privaten Entscheidung einzugestehen – sei es ein schlechtes Verkaufsergebnis oder der Fehltritt in einer Liebesbeziehung.

Viel leichter dagegen fällt es ihnen, eine Entschuldigung fürs Zuspätkommen zu finden: *Jam karet* oder Gummizeit ist in Indonesien hoffähig. Die akademische Viertelstunde wird nicht selten über mehrere Stunden gedehnt, selbst bei offiziellen Anlässen. Das Einzige, was pünktlich anfängt, sind Kinovorstellungen. Was ich daraus gelernt habe: jedes, aber auch wirklich jedes

Treffen vor dem Losfahren noch einmal zu bestätigen. Ich bin selbst schon von hohen Ministerialbeamten versetzt worden, bei deren Sekretärinnen ich Wochen vorher einen Termin vereinbart hatte. Dabei spielt es keine Rolle, ob der Besucher extra aus Deutschland eingeflogen ist. Und: niemals an Straßenkreuzungen verabreden. Mehrere Stunden eingekeilt zwischen Jakartas Blechkolonnen sind kein Spaß.

Ausländer – wie schon die niederländischen Kolonialherren – deuten diese dehnbare Zeitauffassung oft als Faulheit. Der Sozialwissenschaftler Kiswondo dagegen erklärt den fließenden Zeitbegriff seiner Landsleute mit unterschiedlichen Prioritäten: Während nach westlicher Auffassung ein pünktlicher Arbeitsbeginn Vorrang hat, gehen in Indonesien immer die Bedürfnisse von Familie und Freunden vor. »Im Grunde sind wir ein unglaublich fleißiges Volk, nur spielt ökonomische Effektivität für uns keine Rolle«, erklärt Kiswondo, der wie viele Indonesier nur einen Namen hat. »Unser Zeitgefühl richtet sich vielmehr nach der Wichtigkeit menschlicher Beziehungen.« Wer nicht gerade einem engen Zeit- und Budgetplan hinterherhechelt, kann diese Gelassenheit genießen. Viele Ausländer bleiben nicht selten gerade deswegen in Indonesien hängen.

Wenig Verständnis bringen viele Westler für den weit verbreiteten Aberglauben auf. Von individuellen Schicksalen über gesellschaftliche Ereignisse bis hin zu Naturkatastrophen – praktisch immer gibt es eine übernatürliche Erklärung. So kosmopolitisch sich manche Indonesier geben, besinnen sie sich vor allem in Zeiten der Krise wieder auf ihre Traditionen. Natürlich spielt hier die Religion eine große Rolle. Aber auch bei meinen weniger religiösen Freunden zeigen sich solche Tendenzen zum Beispiel darin, dass sie mit einem gebrochenen Bein lieber zu einem traditionellen Heiler gehen als ins Krankenhaus. Dabei ist es unbedeutend, ob sie auf dem Land groß geworden sind oder jahrelang im Ausland studiert haben.

17 Jahre nach meiner ersten Begegnung mit Indonesiern bin

ich immer noch weit davon entfernt, alle Verhaltensweisen zu durchschauen, geschweige denn zu verstehen. Aber ich habe dazugelernt. Zum Beispiel mit kleinen Gesten anstatt mit großen Worten zu kommunizieren. Ich verstehe mittlerweile fast immer, wenn jemand umständlich ja sagt, aber eigentlich nein meint. Ich sehe ein, dass die Umgehung eines Konflikts gelegentlich die bessere Lösung sein kann als eine direkte Konfrontation. Und ich muss zugeben, dass es gewisse Phänomene gibt, die mit natürlichen Ursachen nicht zu erklären sind. Bei Geister- und Regenbeschwörungen hört mein Verständnis allerdings auf. Meine indonesischen Freunde nehmen diese typisch westliche Haltung mit wissendem Lächeln hin.

Das Land: Wie bereist man den größten Archipel der Welt?

Bei meiner ersten Indonesienreise wollte ich möglichst viel vom Land kennenlernen. Ein Land, das sich zwischen drei Erdplatten vom Indischen Ozean bis zum Pazifik erstreckt, so weit wie Europa von Ost nach West. Der weltgrößte Archipel, zu dem zwischen 17 500 und 18 300 Inseln gehören. Über die genaue Zahl streiten Wissenschaftler wie Militärexperten. 8844 dieser Inseln haben einen Namen, rund 6000 gelten als bewohnt, allerdings nur 922 dauerhaft. Dazwischen liegen etwa 130 Vulkane, (noch) knapp 90 Millionen Hektar Regenwald, das Korallendreieck und die Wallace-Linie, an der der asiatische und der australische Urkontinent einst aufeinandertrafen. Hier mischen sich tropischer Regenwald und trockene Savanne, Elefanten, Nashörner und Tiger treffen auf Riesenechsen, Laufvögel und Baumkängurus. Das Ergebnis ist eine einzigartige Artenvielfalt über und unter Wasser.

Mein Plan war, von Java bis Flores zu reisen. Per Bus und Fähre versteht sich. Sechs Wochen müssten reichen. Dachte ich. Vielleicht später noch einen Abstecher nach Sumatra. Am Ende kam ich von Jakarta bis zu den Gilis vor der Nordwestküste Lomboks. Das war Anfang 1999 – Indonesien befand sich gerade in der Übergangsphase zur Demokratie. Zu jener Zeit war Fliegen noch eine Sache der Oberschicht. Ein nennenswertes Eisenbahnnetz gibt es bis heute nur auf der Insel Java. Seit dem Ende der Kolonialzeit hat sich an dessen Streckennetz nur wenig geändert. Oft müssen Schnellzüge gefühlte halbe Stunden auf Ausweichgleisen auf entgegenkommende Züge warten, weil es nur eine Hauptstrecke gibt. Eine Ankunft nach Fahrplan ist daher unrealistisch. Inzwischen sind ein paar Gleise dazugekommen und die Fahrzeiten etwas zuverlässiger geworden. Trotzdem muss man Verspätungen einberechnen.

Kein Wunder, dass sich der Durchschnittsindonesier lieber in einen Überlandbus setzt, um bis zur nächsten Fähre, zum nächsten Bus und – falls nötig – wieder zur nächsten Fähre zu fahren. Nicht nur weil es die billigste Reiseart ist, sondern weil Busse und Fähren zu jeder Tages- und Nachtzeit fahren, ohne sich allzu sehr um vorgegebene Fahrpläne zu scheren. Eine Reise von Jakarta nach Denpasar auf Bali dauert auf diesem Weg 24 Stunden – reine Reisezeit. Um Sumatra vom Nord- zum Südzipfel zu befahren, sitzt man etwa drei Tage im Bus. Und das ist noch harmlos, da es hier relativ gut ausgebaute Straßen gibt. Um die vergleichsweise kleine Insel Flores auf ihrem 550 Kilometer langen Transflores Highway einmal von Ost nach West zu durchqueren, benötigt man mindestens vier Tage. Die schmale Straße mit ihren atemberaubenden Panoramen windet sich unaufhörlich bergauf und bergab. Die Brechtüte gibt's vom Busfahrer gratis dazu.

Es ist daher auch kein Wunder, dass die wenigsten Indonesier eine solche Reise zur Erholung unternehmen, sondern nur zu besonderen Anlässen, zum Beispiel wenn jemand heiratet oder gestorben ist. Die westliche Vorstellung von Urlaub scheint vielen Menschen in Indonesien völlig abwegig: Geld dafür auszugeben, um ohne Anlass – und eventuell auch noch allein – an fremde Orte zu fahren, wo man niemand kennt, erscheint ihnen weder verlockend noch sinnvoll. Die staatlich festgelegten zwölf Urlaubstage nutzen die meisten, um einmal im Jahr zu *Idul Fitri*, dem Zuckerfest am Ende des Ramadans, oder, je nach Religion, zu Weihnachten Verwandte in ihrer Heimat zu besuchen.

Erst mit dem Einzug der Billigfluglinien in Indonesien und dem Erfolg von Air Asia Anfang des 21. Jahrhunderts haben junge Mittelständler begonnen, die Bedeutung eines Erholungs- und Spaßurlaubes für sich zu entdecken. Wochenendtrips nach Bali oder Sulawesi sind auf einmal keine fantastischen Hirngespinste mehr: in einer Stunde für den Preis einer Busfahrt ans Ziel. Während Reisen ins Ausland früher praktisch immer religiöse oder berufliche Hintergründe hatten, jetten heute immer mehr Indonesier in den Ferien nach Singapur, Thailand oder Vietnam. Ein Selfie vor Angkor Wat gilt inzwischen als fast genauso cool wie vor der Oper von Sydney.

Dementsprechend anders sieht mittlerweile auch die Reiseplanung der Backpacker aus: Ausgerüstet mit iPad loggen sie sich ins Internet ein, um Billigflüge von einer zur anderen Insel zu buchen. Zugtickets gibt es heute online, ebenso wie Reservierungen für private Schnellboote, die zu vielen kleineren Inseln fahren. Von Überschwemmungen, Unruhen oder anderen Hindernissen erfahren die Reisenden über ihre News-App. Und sollte doch mal etwas passieren, dann greifen sie zum Handy, um sich Hilfe zu organisieren. In der zentraljavanischen Sultansstadt Jogjakarta, heute nach Bali das zweitwichtigste Touristenziel Indonesiens, waren 1998 noch wenige Autos unterwegs. Um sieben Uhr abends konnte man auch an einer großen Kreuzung in einem Straßenrestaurant am Boden sitzend essen, ohne Abgase einzuatmen. Heute ist der Verkehr in der einst so gemächlichen Kulturmetropole wie in jeder indonesischen Großstadt: chaotisch. Pferdekutschen und Fahrradrikschas kämpfen sich durch Blechkolonnen. Und Fahrradfahren ist eigentlich nur noch am letzten Freitag jedes Monats ungefährlich, wenn sich sämtliche Bike Communities in der Innenstadt treffen und ihrerseits alle anderen Verkehrsteilnehmer blockieren.

Mit dem zunehmenden Verkehr auch auf den Landstraßen nehmen sich immer weniger Reisende – ob Indonesier oder Ausländer – die Zeit, über Land beziehungsweise über Wasser zu reisen. Dabei ist das staatliche Fährsystem, das seit der Majapahit-Ära auch *Nusantara* genannt wird: der Archipel, oder wörtlich »die Inseln dazwischen«, eine der lebenswichtigen Verbindungsadern Indonesiens. Der große indonesische Schriftsteller Pramoedya Ananta Toer erinnerte in seinem Werk mit dem ähnlichen Begriff *Dipantara* (»das Land dazwischen«) immer wieder daran, dass sich Indonesien als maritimer Staat viel zu sehr auf seine Landmasse konzentriere. Der populäre Fernsehwahrsager Arkand Bodhana orakelte 2014 sogar, dass sich Indonesien nur von seinen Krankheiten befreien könne, wenn es seinen alten Namen *Nusantara* wieder annehme, der viel besser zu den metaphysischen Eigenschaften des Landes passe. Die kurz danach gewählte Regierung will jetzt tatsächlich wieder einen Fokus auf die »maritime Achse« legen: Damit ist nicht nur die Stärkung der militärischen Macht auf See gemeint, sondern auch der Ausbau der Seetransportwege sowie die Nutzung der maritimen Energiequellen.

Im Allgemeinen haben die Indonesier großen Respekt vor dem Meer, schon allein weil überraschend viele Bewohner des Inselstaats gar nicht schwimmen können. Besonders gefürchtet sind die südlichen Küsten, wo gefährliche Strömungen selbst erfahrene Schwimmer weit hinaus in den Indischen Ozean ziehen und sich nur an wenigen Stellen Fischer auf See wagen. Die Legenden variieren von Insel zu Insel, doch meist glauben die Menschen an Meeresgöttinnen oder Geister, die die Wellen der Südsee beherrschen. Sie sind genauso verantwortlich für einen guten Fang wie für tödliche Tsunamis. Für meinen Mann, der nahe der javanischen Südküste aufwuchs, stellt selbst die 45-minütige Überfahrt von Java nach Bali bereits eine mentale Herausforderung dar. Für mich dagegen war dies das Highlight meiner ersten Reise von Surabaya nach Denpasar: das geschäftige Treiben am Hafen, das Rollen des Meeres, der klare Sternenhimmel über mir.

Erst später lernte ich den Indischen Ozean von seiner bedrohlichen Seite kennen. Bei einer Reise auf die Mentawai-Inseln setzte ich mit Mitarbeitern des Siberut-Nationalparks auf kleinen Schnellbooten über – anstatt in Padang, der Hauptstadt von Westsumatra, auf die Reparatur der offiziellen Fähre zu warten, die erst einige Tage später wieder fahren sollte. Bei der Rückfahrt gerieten wir in einen Sturm, der das Boot wie eine hilflose Nussschale auf meterhohen Wellen tanzen ließ. Mit den Nerven fertig und völlig durchnässt landeten wir an einem Strand südlich von Padang, wo sich der Kapitän erst einmal auf die Knie fallen ließ und Allah dankte. Dass die mindestens fünfstündige Überfahrt mit zweimotorigen Holzschalen eigentlich illegal war, erfuhr ich erst später. Ebenso dass jedes Jahr Menschen bei solchen Überfahrten abtreiben und auf Nimmerwiedersehen verschwinden. Gerüchte sagten, das regelmäßige Ausfallen der Fähren ginge auf das Konto der Schnellbootmafia.

Seit diesem Erlebnis bin ich bei meiner Wahl der Transportmittel etwas weniger experimentierfreudig geworden. Wenn die Einheimischen im Komodo-Nationalpark etwa davor warnen, mit zu kleinen Booten über die gefährlichen Strudel zu tuckern, ist es durchaus sinnvoll, ein größeres Boot zu mieten, auch wenn dies deutlich mehr kostet. Dasselbe gilt für Flugreisen in die abgelegenen Gebiete des Archipels: Was zählt, sind die Kapazität der Maschine sowie die Erfahrung des Piloten. Bei Hubschraubern und Kleinflugzeugen sind das nicht selten aktive oder Exmilitärpiloten, die in der Regel deutlich mehr Flugstunden hinter sich haben als Privatpiloten und sich mit Charteraufträgen gern ein ordentliches Extrahonorar dazuverdienen. Besonders wichtig werden diese Experten bei Katastrophen. Nach dem großen Tsunami von 2004, der die Provinz Aceh vom Rest der Welt abschnitt und allein hier unfassbare 170 000 Todesopfer forderte, waren unter den ersten Helfern vor Ort die Piloten der kleinen Privatfluglinie Susi Air, die sich gut genug auskannten, um mit ihren kleinen Propellermaschinen auf notdürftig reparierten Landestreifen aufzusetzen.

Viele Regionen Indonesiens sind bis heute nur unter schwierigen Bedingungen zu erreichen. In Kalimantan sind die Flussläufe immer noch wichtige Transportwege. Das Straßennetz ist kaum ausgebaut, und wenn, nur mit Allradantrieb bekömmlich. Besonderes Durchhaltevermögen gilt für Reisen ins Landesinnere der Provinzen Papua und Westpapua auf Neuguinea, der zweitgrößten Insel der Welt. Ihre regenwaldbedeckten Berge reichen bis weit über 4000 Meter. Hier finden sich Indonesiens höchster Berg Puncak Jaya (4884 Meter) sowie die letzten, schnell dahinschmelzenden Gletscher in der Asien-Pazifik-Region. Hunderte verschiedener Stammesgruppen leben auf schwer zugänglichen Hochebenen oder in tiefen Flusstälern, die oft nur per Kleinflugzeug zu erreichen sind. Die Alternative sind tage- und wochenlange Wanderungen, die nur für fanatische Naturforscher empfehlenswert sind. Während die Regierung und Wirtschaft riesige Summen in die Erschließung neuer Plantagen in der östlichsten Provinz Indonesiens stecken, investieren sie nur wenig in die Entwicklung einer besseren Infrastruktur für die indigene Zivilbevölkerung. Einige Stämme in abgelegenen Bergtälern leben bis heute nicht viel anders als vor Tausenden von Jahren.

Papua ist eines der letzten großen Reiseabenteuer. Die 1969 von Indonesien »integrierte« Westhälfte der Insel Neuguinea ist für Ausländer bis heute allerdings nur mit einer Sondergenehmigung zugänglich, die bei den lokalen Behörden beantragt werden muss. Ausländischen Journalisten ist der Zugang untersagt, zu groß die Angst vor unliebsamer Berichterstattung über mögliche Unabhängigkeitsbestrebungen und deren brutale Unterdrückung. Dasselbe galt für die ehemalige Bürgerkriegsprovinz Aceh vor dem Tsunami von 2004. Erst nach der verheerenden Naturkatastrophe ließen die Behörden ausländische Helfer und Journalisten einreisen. Die Regierung fürchtete das Wegbrechen einer weiteren Region: Erst 2002 erhielt die lange umkämpfte Provinz Osttimor ihre Unabhängigkeit, nachdem sich deren Bewohner in einem Referendum 1999 für die Loslösung Indonesiens ausgesprochen hatten. Es folgten blutige Auseinandersetzungen, und die Angst vor einem Auseinanderfallen des Vielvölkerstaats war groß.

So war es den wechselnden Regierungen nur recht, dass sich die meisten ausländischen Touristen vor allem für die Ferieninsel Bali interessierten, vielleicht gerade noch für Jogjakarta mit den mittelalterlichen Tempeln Borobudur und Prambanan, die zum UNESCO-Weltkulturerbe gehören. Vor einigen Jahren allerdings wurde auch den Behörden klar, dass das eigentliche touristische Potential Indonesiens in seiner Vielseitigkeit liegt. Mit aufwendigen Kampagnen versucht das Tourismusministerium seither Gäste auch in abgelegene Regionen zu locken. Mit mäßigem Erfolg, blickt man auf die deutlich höheren Besucherzahlen des viel kleineren Nachbarlandes Malaysia. Nach einem weiteren Blick auf die oft wenig attraktive Infrastruktur an den angepriesenen Reisezielen erklärt sich das mangelnde Interesse von selbst: Umständliche Anreisewege und unattraktive Unterkünfte schrecken viele Besucher ab.

Trotz zunehmender Digitalisierung und Ausbau der Flugnetze: Um Indonesien wirklich kennenzulernen, braucht man also auch heute noch deutlich länger als sechs Wochen. Und analoge Hilfsmittel, denn nicht einmal ein Drittel der Indonesier ist bislang digital vernetzt. Zwar haben Billigfluglinien und Schnellboote das Reisen deutlich erleichtert, viele Inseln, Städte, Regionen jedoch sind – glücklicherweise – noch gar nicht auf der Landkarte der globalen Reiselust angekommen. Rund 80 Millionen Indonesier leben ohne regelmäßige Stromversorgung, das entspricht fast der gesamten deutschen Bevölkerung. Wer Indonesien, oder *Nusantara*, verstehen will, sollte sich zumindest einmal die Zeit nehmen, von einer Insel auf die andere zu fahren. Oder von Küste zu Küste. Die Urgewalt des Ozeans erfahren, die Kraft der Vulkane und die Erhabenheit des Regenwaldes spüren. Die beschwerliche, aber überwältigende Schönheit dieses Landes erleben, das noch nicht bis in den letzten Zipfel erschlossen ist. Und hoffentlich auch nie sein wird.

Die Sprache: Bahasa Indonesia und die Einheit der Nation

»Ohne eine gemeinsame Sprache wäre es unmöglich, dieses Land als Nation zusammenzuhalten. Schon in meiner eigenen Familie wäre ich komplett aufgeschmissen«, sagt mein ehemaliger Mitbewohner Paul. Der 40-jährige Fotograf stammt selbst aus einer multiethnischen Familie: Seine Mutter kam aus Manado, der Hauptstadt Nordsulawesis, sein Vater aus dem zentraljavanischen Solo (offiziell: Surakarta). »Auf Javanisch kann ich mich noch einigermaßen verständigen. Minahasa (die Sprache Manados) verstehe ich nur ein bisschen, meine eigene Sprache ist ganz klar Indonesisch.« Paul ist in der Hauptstadt Jakarta groß geworden und spricht den üblichen Slang der Betawi – der sogenannten Ureinwohner Batavias, wie die Kapitale unter der niederländischen Kolonialherrschaft hieß. Allerdings sind die Betawi kein indigener Stamm, sondern wiederum eine Mixtur von Einwanderern: Kulis, Händler und Glücksritter aller Art, die über Jahrhunderte aus dem ganzen Archipel zusammenströmten, dazu kamen chinesische und malaysische Kaufleute und Matrosen. Die Umgangssprache Jakartas ist daher eine Mischung aus genauso vielen Sprachen wie die Ethnien seiner Einwohner – dazu viele englische, arabische und chinesische Begriffe. Und repräsentiert somit bestens das moderne Indonesien.

Rund 700 Sprachen werden in Indonesien gesprochen, das entspricht etwa einem Zehntel aller Sprachen der Welt. Nur im benachbarten Papua-Neuguinea gibt es noch mehr. Schon zu vorkolonialen Zeiten war daher eine gemeinsame Verkehrs- und Handelssprache nötig, damit sich die Volksstämme im Gebiet des heutigen Malaysias und Indonesiens untereinander verständigen konnten. Seit dem ersten Jahrhundert nach Christus bereits kommunizierten die Bewohner der vielfältigen Inselwelt auf Malaiisch, der Sprache der Anwohner um die Straße von Malakka, die schon damals einen der wichtigsten Seehandelswege darstellte. Malaiisch war sowohl die Hofsprache des mächtigen Sriwijaya-Königreichs auf Sumatra (9. – 13. Jahrhundert) als auch des reichen Sultanats Malakka (14./15. Jahrhundert) auf der malaysischen Halbinsel. Dank dieser Lingua Franca konnten sich die Weltreligionen in diesem Teil der Erde effektiv verbreiten: erst der Hinduismus und Buddhismus, später der Islam und das Christentum.

Auch als die Niederländer den Archipel ab dem 17. Jahrhundert nach und nach kolonialisierten, blieb Malaiisch die allgemeine Verständigungssprache. Im Gegensatz zu anderen Kolonialmächten zwangen die Niederländer den Einheimischen ihre Sprache nicht auf. Nur wenige höhere Beamte und Intellektuelle lernten Niederländisch. »Die Europäer kamen hierher, um Handel zu treiben, also brauchten sie eine Sprache für Händler«, erklärt der amerikanische Südostasienwissenschaftler Ron Hatley. »Mit Niederländisch wären sie bei den Inselvölkern nicht sehr weit gekommen – und eine Feudalsprache wie Javanisch passte nicht auf den Basar. Malaiisch dagegen ist eine sehr egalitäre Sprache.«

Malaiisch, aus dem sich später Indonesisch und Malaysisch entwickeln sollten, gehört zur austronesischen Sprachfamilie, zu der auch die Sprachen Madagaskars, der Philippinen und der Maori auf Neuseeland gehören. Geschätzte 300 Millionen Menschen sprechen heute weltweit Indonesisch oder Malaysisch – unter anderem in Brunei und Singapur, im Süden Thailands und der Philippinen, in Osttimor und auf den australischen Kokos- und Weihnachtsinseln. Damit ist Malaiisch eine der meistgesprochenen Sprachen der Welt. Einige Ausdrücke sind in den globalen Wortschatz übergegangen, zum Beispiel *gong, orang utan, sarong oder amok.*

Malaiisch ist keine komplizierte Tonsprache wie etwa Chinesisch oder Thai. Es ist dagegen so einfach zu lernen, dass ich bereits nach zwei Wochen allein einkaufen gehen und dem Taxifahrer meinen Heimweg erklären konnte. Nach zwei Monaten konnte ich etwas Small Talk machen und nach etwa einem halben Jahr den Fernsehnachrichten folgen. Für westliche Ausländer ist das völlig fremde Vokabular die größte Herausforderung. Die malaiische Grammatik jedoch kennt weder Konjugationen und Deklinationen, noch unterscheidet sie die Geschlechter oder verschiedene Höflichkeitsstufen, die – wie etwa im Javanischen – den sozialen Status von Sprecher und Adressat genau abgrenzen. »Malaiisch ist eine sehr direkte Sprache, bei der die Gesprächspartner auf gleicher Augenhöhe stehen«, erklärt der Literatur- und Sozialwissenschaftler Kiswondo. »Das war sicherlich auch ein Faktor, warum die Unabhängigkeitsbewegung sich für Malaiisch als Nationalsprache entschieden hat. Wichtiger noch war allerdings die Tatsache, dass damit keine lokal begrenzte Sprache bevorzugt wurde und alle Volksstämme zumindest sprachlich gleichberechtigt waren.«

Dass das verbindende Element der gemeinsamen Sprache ein entscheidender Faktor für die Einheit des Vielvölkerstaats sein würde, erkannten bereits die Begründer der indonesischen Unabhängigkeitsbewegung Anfang des vergangenen Jahrhunderts: Am 28. Oktober 1928 trafen sich in Batavia, dem heutigen Jakarta, mehr als 70 junge Nationalisten aus dem ganzen Archipel, um den Grundstein für ein unabhängiges Indonesien zu legen. *Satu Nusa, satu bangsa, satu bahasa* – ein Land, eine Nation, eine Sprache – lautet die Kurzform ihres sogenannten Jugendschwurs. Zum ersten Mal ersetzte damals der Begriff Bahasa Indonesia (indonesische Sprache) offiziell den Begriff Bahasa Melayu (malaiische Sprache). Der vom englischen Ethnologen George Earl erfundene Name »Indonesia« – zusammengesetzt aus dem lateinischen Wort Indus (Indien) und dem griechischen Wort nesos (Inseln) – wurde zwei Jahre zuvor bei einem internationalen Friedenskongress in Paris zum ersten Mal offiziell als geopolitische Bezeichnung für das heutige Staatsgebiet verwendet. Seit der Unabhängigkeitserklärung vom 17. August 1945 heißt das Land Republik Indonesien mit Indonesisch als Nationalsprache.

Politiker und Wissenschaftler in aller Welt haben diese Wahl seither als klug und vorausschauend gepriesen. Keine andere ehemalige Kolonie hat es geschafft, Verwaltung und Bildungswesen sowie das nationale Bewusstsein so effektiv auf eine nichtkoloniale Sprache umzustellen. »Wenn man bedenkt, dass fast die Hälfte aller Indonesier Javaner sind und auch die Mehrheit der Unabhängigkeitskämpfer aus Java stammte, ist es tatsächlich bemerkenswert, wie selbstverständlich Malaiisch als Nationalsprache angenommen wurde«, sagt Kiswondo. Allerdings hat seit der Suharto-Ära eine starke Javanisierung stattgefunden. Das streng hierarchische Regime griff verstärkt auf die sozial abgrenzenden Anredeformen des Javanischen zurück und führte Begriffe zur Unterscheidung der Geschlechter ein.

Als grenzübergreifende Verkehrssprache war das Malaiische seit jeher zahlreichen Einflüssen ausgesetzt. Die ältesten Überlieferungen zeigen, dass Sanskrit die Sprache stark geprägt hat – Worte wie *guru* (Lehrer) oder *sastra* (Literatur) zeugen bis heute davon. Ab dem 13. Jahrhundert kamen vorwiegend arabische Einflüsse dazu, etwa *hakim* (Richter) oder *nikah* (heiraten). Während die ersten schriftlichen Zeugnisse des Altmalaiischen aus dem 7. Jahrhundert noch in Sanskrit-Zeichen geschrieben sind, wurde ab dem 14. Jahrhundert fast ausschließlich die arabische Schrift verwendet. Mit den Kolonialmächten mischten sich in den folgenden Jahrhunderten immer mehr europäische Einflüsse hinein. Vom Osten des heutigen Indonesiens drangen zunächst die Portugiesen auch in sprachliche Sphären ein und hinterließen Lehnwörter wie *gereja* (Kirche) oder *sekolah* (Schule). Später kämpften dann Engländer und Niederländer um die Vorherrschaft auf den Gewürzinseln und hinterließen dabei ihre sprachlichen Spuren.

Zu jener Zeit begann das Malaiische, sich in zwei verschiedene Richtungen zu entwickeln. Im heutigen Malaysia führten die Briten Englisch als Kolonialsprache ein. Die als altmodisch angesehene Bahasa Melayu verarmte. Erst nach der Unabhängigkeit

Malaysias 1957 wurde sie neben Englisch wieder zur Nationalsprache – angereichert mit Tausenden von Neologismen. Seit 1969 heißt sie Bahasa Malaysia (malaysische Sprache). Im Gebiet des heutigen Indonesiens dagegen blieb Malaiisch immer die wichtigste Verkehrssprache, mischte sich aber zunehmend mit niederländischen Ausdrücken, zum Beispiel *kantor* (Büro) oder *handuk* (Handtuch) und Wörtern aus lokalen Sprachen. Vor allem Dinge, die erst von den Kolonialherren eingeführt wurden – technische Neuerungen wie Autos, Züge oder elektrische Gegenstände – erhielten Bezeichnungen, die aus dem Niederländischen entlehnt sind (in Malaysia aus dem Englischen). So heißt der Auspuff auf Indonesisch *knalpot,* auf Malaysisch *paip ekzos* (von *exhaust pipe*). Als ich einmal dringend eine neue Sicherung brauchte und im Elektrogeschäft verzweifelt nach dem indonesischen Wort dafür suchte, murmelte ich auf Deutsch »Sicherung« vor mich hin. Der Verkäufer schaltete sofort: »Ah, sekering!« In Malaysia hätte ich vermutlich mit dem englischen Begriff *fuse* ähnlichen Erfolg gehabt, denn dort heißt die Sicherung *fius.* Im Laufe der Zeit haben sich Malaysisch und Indonesisch so weit auseinanderentwickelt, dass sie als eigene Sprachen gelten. Für Ausländer klingt Malaysisch ein bisschen wie indonesisches Kauderwelsch mit starkem englischen Akzent. Wenn sich beide Seiten um ein hohes Sprachniveau bemühen, kann man sich jedoch gut verständigen.

Auch die Schriftsprache ist gut verständlich: Die Niederländer führten 1901 die lateinische Schrift ein. Dazu entwickelte der Orientalist Charles Adriaan van Ophuijsen ein Rechtschreibsystem für eine Hochsprache, die er alten Schriften aus Riau entnahm – dem Mutterland des Malaiischen. Sieben Jahre später gründeten die Kolonialherren den Verlag Commissie voor de Volkslectuur (Kommission für Volkslektüre), der 1917 in *Balai Pustaka* (Literaturhaus) umbenannt wurde. Das staatliche Unternehmen existiert bis heute. Bis ins 19. Jahrhundert hinein spielten in Indonesien fast ausschließlich lyrische Werke und Epen eine

Rolle – und zwar meist als Vortragskunst. Daneben gab es islamisch geprägte, meist sehr romantisierte Erzählungen. Erst seit 1870 entwickelte sich auf Sumatra eine junge Literaturszene, die sich zunächst noch an überlieferten arabischen, indischen oder persischen Traditionen orientierte – oder schlichtweg westliche Romane adaptierte. »Mit einem eigenen Verlag wollten die Kolonialherren sicherstellen, dass nur Bücher nach ihrem Geschmack veröffentlicht wurden und sie somit unterschwellig ihre politischen Botschaften verbreiten konnten«, erklärt die deutsche Indonesienwissenschaftlerin Katrin Bandel. »Das Ironische daran ist, dass die damals entstandenen Kolonialromane bis heute als Anfänge der modernen indonesischen Literatur gelten.« Wer sich nicht an die anerkannten Sprachen hielt – neben dem standardisierten Hochmalaiisch waren dies Javanisch, Sundanesisch, Balinesisch und Maduresisch –, wurde automatisch aus dem staatlichen Publikationssystem ausgeschlossen. Dies galt vor allem für islamische und chinesische Schriftsteller. Der chinesischstämmige Autor Kwee Tek Hoay zum Beispiel vertrat die Auffassung, dass die geschriebene der gesprochenen Sprache entsprechen müsse, und orientierte sich beim Schreiben an der Umgangssprache seiner Umgebung. Seine Bücher wurden daher wie alle sino-malaiischen Werke, die nicht der Standardsprache entsprachen, als Minderheitenliteratur an den Rand gedrängt.

Die neue Hochsprache setzte sich zunächst schriftlich durch. Doch spätestens als auch die Nationalisten die Notwendigkeit einer einheitlichen Sprache erkannten und für Publikationen nutzten, verbreitete sie sich immer weiter in der Bevölkerung. Nach kleinen Änderungen im Jahr 1947 gab es 1972 eine bis heute geltende Rechtschreibreform, bei der die Schreibweisen der Bahasa Malaysia und der Bahasa Indonesia aneinander angepasst wurden. Bahasa Indonesia ist heute die einzige offiziell anerkannte Verwaltungssprache im Land. In Schulen wird auf Indonesisch unterrichtet. Indonesisch ist die Sprache der Medien, des modernen Theaters, Kinos und der Literatur: Nach der Unabhängigkeit bedienten sich praktisch alle wichtigen Autoren der neuen Nationalsprache. Und auch die nach der Demokratisierung erneut aufblühende moderne Literaturszene findet ausschließlich auf Indonesisch statt, obwohl die Herkunft der Autoren durch einfließende Ausdrücke oder Redewendungen oft erkennbar wird.

Dennoch ist Bahasa Indonesia für die meisten Indonesier erst die zweite oder dritte Sprache: 80 Prozent der Bevölkerung lernen zuerst ihre lokale Muttersprache. Kinder aus gemischt-ethnischen Beziehungen sprechen häufig schon zwei Sprachen, bevor sie in der Schule auf Indonesisch umstellen müssen. Meine Freundin Fitri zum Beispiel spricht mit ihren aus Zentraljava stammenden Eltern bis heute nur Javanisch. Da sie jedoch in Westjava aufwuchs, war die Umgangssprache auf der Straße Sundanesisch. »Indonesisch habe ich erst als dritte Sprache gelernt. Allerdings kann ich mich in keiner anderen Sprache schriftlich so gut ausdrücken«, sagt die Künstlerin.

Die wenigsten Indonesier beherrschen ihre Muttersprachen schriftlich, vor allem wenn es sich wie beim Javanischen oder Balinesischen um schnörkelige Sanskrit-Zeichen handelt. Nur an wenigen Orten sind diese alten Schriften überhaupt noch öffentlich in Gebrauch, etwa auf Straßenschildern in den alten Sultansstädten Jogjakarta und Surakarta, wie die Stadt Solo offiziell heißt. Meist werden die lokalen Sprachen und Schriften nur sporadisch in den ersten Grundschulklassen unterrichtet. »Die lokalen Sprachen werden immer mehr aus dem Alltag verschwinden«, sagt I Dewa Putu Wijana, Professor für Linguistik an der Gadjah-Mada-Universität in Jogjakarta. »Die Regierung sollte die lokalen Sprachen wieder mehr auf den Lehrplan setzen. Ansonsten werden die Hochsprachen bald nur noch in traditionellen Künsten wie dem Schattenpuppenspiel oder in abgelegenen, ländlichen Gegenden eine Rolle spielen.«

Kinder in Großstädten wachsen zunehmend mit Indonesisch als erster Sprache auf. Lediglich ihre Namen verraten noch die Herkunft ihrer Familie: Batak zum Beispiel sind an ihren Clan-Namen erkenntlich, Balinesen an ihren typischen Kasten-Namen. Die meisten Indonesier dagegen tragen einfach mehrere aneinandergereihte Eigennamen, manche auch nur einen einzigen. Javanische Namen stammen oft aus dem Sanskrit, streng islamische Regionen bevorzugen arabische Namen, Christen verraten sich durch ihre Taufnamen. Die Jugendlichen kürzen ihre Rufnamen jedoch oft bis zur Unkenntlichkeit ab und entwickeln einen Slang, in dem sich Indonesisch mit der jeweils lokal vorherrschenden Sprache sowie mit globalen, vor allem englischen, Einflüssen vermischt (zum Beispiel *ngechat* – chatten oder *klabing* – clubbing). Für das Alltagsindonesisch in Jakarta bedeutet das: von allem ein bisschen. Der eher derbe Hauptstadt-Slang kennt nur noch wenige grammatische Regeln und verschluckt oder verwandelt die im Indonesischen so wichtigen Vor- und Nachsilben, bis sie für Uneingeweihte nicht mehr zu erkennen sind. Dazu kommen unzählige Abkürzungen, die als Vokabeln in den Alltagswortschatz eingehen, aber in keinem Lehrbuch stehen. Aufgrund der großen Medienkonzentration in Jakarta verbreitet sich dieser Metropolen-Slang via Popmusik, Seifenopern und Kinofilmen im ganzen Land. Die gesellschaftliche Oberschicht dagegen setzt sich sprachlich gern ab, indem sie jeden Satz mit mindestens einer englischen Redewendung aufpeppt.

Durch dieses Sprachengewirr entstehen bei vielen Jugendlichen Identitätskonflikte. »Wir haben früher zu Hause immer Indonesisch gesprochen, obwohl wir eigentlich eine Batak-Familie sind. Die Batak-Sprache gilt als ordinär, während Indonesisch für Nationalismus steht«, erzählt der Schriftsteller Saut Situmorang. Der Sohn eines Soldaten wuchs in Medan auf, der Provinzhauptstadt von Nordsumatra. »Wenn wir in das Heimatdorf meiner Familie fuhren, galt ich immer als arrogant, weil ich besser Indonesisch sprach als meine vermeintliche Muttersprache.«

Keine Ethnie im Land kommt heute ohne Indonesisch aus. Ohne die gemeinsame Sprache könnten die Bewohner vieler Inseln nicht einmal ihre Nachbarn hinter der nächsten Bergkette verstehen. Das Beispiel Osttimors hat gezeigt, wie schwer es ist, sich einer Lingua Franca zu entledigen: Nachdem das kleine Land sich in einem Referendum 1999 für die Unabhängigkeit entschieden hatte, machte die neue Regierung Portugiesisch und das lokale Tetum zu den neuen Landessprachen. Die Sprache der verhassten Besatzer wurde nur noch als Arbeitssprache geduldet. 24 Jahre indonesische Herrschaft hatten jedoch dazu geführt, dass die jüngeren Generationen schriftlich fast nur Indonesisch und kaum noch ein Wort der früheren Kolonialsprache Portugiesisch beherrschten. Zudem ist die kleine Inselrepublik wirtschaftlich abhängig von ihrem großen Nachbarn und kann eine offizielle Kommunikation auf Indonesisch kaum vermeiden.

Südostasien-Experte Ron Hatley machte ähnliche Erfahrungen bei Nachforschungen zu anderen Landesteilen Indonesiens, die nach Unabhängigkeit streben: »Als ich Studenten aus Papua fragte, was sie denn als ihre Landessprache ansehen, antworteten sie: Die Sprache, mit der sie aufgewachsen sind und sich in ganz Papua verständigen könnten – also Indonesisch. Sie würden es allerdings Bahasa Papua nennen.« So schwierig es ist, die vielen verschiedenen Völker und Kulturen Indonesiens in einer Republik zu vereinen, so klar scheinen sie zumindest eines zu teilen: die indonesische Sprache.

Ausländer in Indonesien

Neu im *kampung*: Erste Erfahrungen

Die erste Nacht war die schlimmste. Ich schlief in einem Zimmer mitten in einer alten Geburtsklinik aus kolonialen Zeiten, die zu einer Pension umfunktioniert worden war. Die einzigen Fenster waren Lüftungslöcher unter der Decke. Diese sorgten zwar dafür, dass sich die stickige Luft etwas bewegte, allerdings konnte man dadurch auch jedes Geräusch aus den benachbarten Zimmern hören: die fremdartige *gamelan*-Musik aus dem Radio, das Wasserplatschen aus dem *mandi* (dem traditionellen Schöpfbad), das Schnarchen des Zimmernachbarn. Und dazu natürlich all die anderen ungewohnten Geräusche wie das Keckern der Geckos, das Rascheln der Mäuse auf dem Dach, das rhythmische Klopfen des Nachtwächters am Gartenzaun. Süßlich riechende Rauchschwaden verrieten, dass er *kretek*-Zigaretten qualmte. Dazu lief ein Ventilator auf vollen Touren und ließ das Moskitonetz über dem alten Krankenbett, auf dem ich schlief, gespenstisch aufwallen. Immerhin hielt dieses die surrenden Moskitos ab.

Meine Pensionswirtin, die ehemalige Klinikchefin, war damals 88. Außer mir wohnte nur noch eine andere Ausländerin in der *kost,* wie solche Pensionen in Indonesien heißen. Ansonsten lebten dort indonesische Studenten und Junggesellen, die sich keine eigene Bleibe in der Stadt leisten konnten. Oder Pendler, die am Wochenende zu ihren Familien außerhalb von Jakarta zurückfuhren. Es gab weder warmes Wasser noch Internet, und wer nach zehn Uhr abends nach Hause kam, stand vor verschlossenen Türen. Nach kurzer Zeit stieg ich in der hausinternen Rangordnung auf und erhielt das ehemalige Geburtszimmer an der Gartenseite des Hauses, das ein entsprechend breites Bett und sogar ein eigenes *mandi* hatte. Und nochmal einige Wochen später bekam ich sogar einen der zwei Hausschlüssel, wenn ich abends länger ausgehen wollte. Eine Freiheit, die indonesische *kost*-Bewohnerinnen im Allgemeinen äußerst selten genießen dürfen.

Erst einige Jahre und Umzüge später lernte ich zu schätzen, wie komfortabel diese Unterkunft eigentlich war: Mitten in Jakartas zentralem Villenviertel Menteng gelegen, war die Umgebung nicht nur verhältnismäßig ruhig und sauber, sondern auch besonders sicher: Schließlich wohnten in der Nachbarschaft nicht nur zahlreiche Botschafter und Entsandte aus aller Welt, sondern auch Jakartas Bürgermeister, Indonesiens Vizepräsident und der gesamte Suharto-Clan. Selbst in Krisenzeiten konnte man sich hier unbesorgt allein bewegen, und die Überschwemmungen schwappten immer nur auf die andere Seite des Kanals. Angeblich weil die betuchten Anwohner die Schleusenwärter bestachen. Die Weltläufigkeit des Viertels hinderte Wachmänner, Hausangestellte oder Straßenreiniger trotzdem nicht daran, bei jeder Gelegenheit ein fröhliches »Hello Mister« hinter mir herzurufen, wenn ich vorbeilief – die geschlechtsneutrale Standardbegrüßung für alle Ausländer.

Spannender fand ich das Leben allerdings, als ich zum ersten Mal mit einigen indonesischen Freunden ein Haus in einem weniger wohlhabenden *kampung* mietete, einem Stadtviertel mit dorfähnlichen Strukturen. Hier waren die Straßen so eng, dass Autos nur knapp hindurchpassten. Daneben floss das Abwasser durch offene Gossen ab, und wir kämpften mit dem Nichtvorhandensein einer staatlichen Müllabfuhr. Wir hatten keine Klimaanlage und regelmäßig Stromausfall. Die Lautsprecher der Moschee dröhnten so nah, dass ich in den ersten Wochen beim morgendlichen Gebetsruf jedes Mal aus dem Bett fiel und an muslimischen Feiertagen die Flucht ergriff. Dafür gab es viel Geselligkeit: gemeinsames Kochen von Java-Manado-Padang-Menüs, philosophische Diskussionen bei Dämmerlicht, Einladungen zu Familienfeiern oder spontane Jam-Sessions mit Gitarre und Trommeln.

Sozusagen als Trendsetter dienten wir diversen gemischten Wohngemeinschaften in unserer Nachbarschaft als Vorbild, darunter Frauenrechtlerinnen und eine schwul-lesbische Gemeinschaft, Anfang des Jahrtausends selbst in Jakarta eine eher ungewöhnliche Art des Zusammenlebens. Bis heute ist die Gründung einer christlich-muslimischen Frauen-Männer-WG nur in sehr toleranten Wohnvierteln möglich – und auch das nur nach diversen Erklärungen bei Hausbesitzer, Nachbarn und Blockwart. Dass es sich schlichtweg um eine moderne Zweckgemeinschaft handeln könne, die aus finanziellen wie praktischen Gründen ein Haus in zentraler Lage teilt, kommt vielen Indonesiern angesichts des Zusammenwohnens unverheirateter junger Leute nicht in den Sinn.

An der nächsten Kreuzung warteten Motorradtaxis, die mit Abstand schnellsten Fortbewegungsmittel in Jakartas Dauerstau. Wir waren außerdem Stammkunden bei einem *bajaj*-Fahrer, der uns mit seiner dreirädrigen Motorradriksha über Schleichwege am Stau vorbei zur Arbeit, zum Bahnhof oder zum nächsten Supermarkt fuhr – kurze Strecken, für Taxifahrer zu wenig lukrativ. Bei fünf Mitbewohnern war so die Wahrscheinlichkeit relativ hoch, dass einmal am Tag jemand an einem Laden vorbeikam, um Milch und Brot zu kaufen. In Jakarta ein nicht zu unterschätzender Aufwand. Es sei denn, man kauft alles bei den Straßenverkäufern. Diese sind wohl einer der größten Vorteile des Lebens im *kampung*: Zu jeder Tages- und Nachtzeit fahren fliegende Händler und Garküchen vor der Haustür vorbei und preisen mit verschiedenen Klopf- oder Rufzeichen ihre Waren an. Manche dudeln auch in voller Lautstärke *dangdut*-Hits, eine Mischung aus arabischer, indischer und westlicher Popmusik. Ein Handzeichen genügt, und sie halten an, um gebratenen Reis zu brutzeln, *Saté*-Spießchen zu grillen, Nudelsuppe oder frisches Obst zu verkaufen.

Als mich viele Jahre später mein sechs Monate alter Sohn jeden Tag bei Morgengrauen aus dem Bett scheuchte, habe ich ganz neue Seiten des *kampung*-Lebens kennengelernt. Direkt nach dem ersten Morgengebet, noch bevor die tropische Sonne auf den Asphalt herunterbrennt, machen sich die Frühsportler auf den Weg. Besonders beliebt ist das Barfußlaufen, es soll die Reflexzonen stimulieren und den Kreislauf anregen. Dazu werden die Arme gekreist. Alles in eher meditativer Geschwindigkeit, sonst bricht selbst um diese Uhrzeit sofort der Schweiß aus. Dennoch sind immer einige Jogger und Sportradfahrer unterwegs. In Betonwüsten wie Jakarta verwandelt sich um fünf Uhr morgens jede noch so kleine Grünfläche zur Gymnastikzone. Und an manchen Tagen versammeln sich auf den Vorplätzen von Bürogebäuden und Behörden ganze Belegschaften zur gemeinsamen Frühgymnastik. Selbst die in Indonesien so raren Hundehalter sind in der Morgendämmerung auf den Straßen anzutreffen, viele führen ihre Vierbeiner aus Bequemlichkeit allerdings mit dem Moped aus. Wer dabei Hunger bekommt, kauft sich bei den morgendlichen Snackverkäufern süße Kringel, gebratenen *tempe*, Reisbrei oder Hühnersuppe zum Frühstück.

Ich wohnte mit meiner Familie mittlerweile im zentraljavanischen Jogjakarta, so konnte ich jeden Morgen den Sonnenaufgang über den Reisfeldern am nahen Stadtrand genießen und den Bauern beim Pflanzen, Unkraut jäten oder Ernten zusehen. Bei klarer Sicht erkennt man von hier aus die beeindruckende Silhouette des immer qualmenden Vulkans Merapi. Mit meinem im ländlichen Indonesien völlig unüblichen Kinderwagen erregte ich garantiert immer Aufsehen, und in kürzester Zeit wussten alle in der Umgebung, wo ich wohnte, woher ich kam, was mein Mann arbeitete und bei welchem Essenstand ich am liebsten kaufte. Während ich meinen Sohn spazieren fuhr, kehrten die Nachbarinnen ihren Hof, wuschen am Ziehbrunnen die Wäsche oder bereiteten das Essen für die ganze Familie vor. Aufgrund des Platzmangels finden viele Aktivitäten draußen statt. Dementsprechend hatte ich bei meinen Spaziergängen oft das Gefühl, den Leuten direkt durchs Wohnzimmer zu laufen, aber in Wirklichkeit störten sich die *kampung*-Bewohner daran viel weniger als ich, denn sie sind es nicht anders gewohnt. Sie wunderten sich wohl eher, woher ich die Zeit fürs Herumlaufen nahm: Um diese Uhrzeit schaukeln meist die Männer ihre Babys in Tragetüchern oder fahren die älteren Kinder – gepudert und in geschniegelter Uniform – mit dem Moped zur Schule, bevor sie selbst zur Arbeit gehen.

Aus dem Zusammenprall der Kulturen, der zu erwarten ist, wenn westliche Besucher zum ersten Mal ins *kampung*-Leben eintauchen, produzierte der indonesische Fernsehsender Indosiar von 2004 bis 2006 eine beliebte Seifenoper mit dem Titel *Bule masuk kampung* (frei übersetzt: »Weißnase kommt ins Dorf«). In mehr als 100 Folgen wurden so ziemlich alle Klischees bedient, die in Indonesien gegenüber westlichen Ausländern herrschen – wobei sich die Macher dabei auch schamlos über ihre ungebildeteren Landsleute lustig machten. Während ich mich anfangs immer ärgerte, wenn mir vor allem Kinder das lapidare *bule* (wörtlich: Albino-Stier) hinterherriefen, ist diese Bezeichnung mittlerweile fast hoffähig. Vielen Indonesiern ist nicht einmal bewusst, wie unhöflich diese Anrede wirkt. Ein Freund aus Deutschland sprach vor Jahren von »positivem Rassismus« angesichts der Vorurteile, die ihm entgegenschlugen: Von westlichen Ausländern wird generell erwartet, dass sie gebildet sind, viel Geld und eine freizügige Einstellung zum anderen Geschlecht haben. In der Hoffnung, durch die internationale Bekanntschaft mehr Ansehen zu gewinnen, ihr Wissen zu erweitern oder gar finanzielle Vorteile zu erhalten, nehmen viele Indonesier selbst arrogantes oder plumpes Fehlverhalten mancher Besucher mit unverminderter Freundlichkeit hin. Werden diese Erwartungen jedoch nicht erfüllt, kann es durchaus passieren, dass die anfängliche Euphorie in Ärger umschlägt.

Die Missverständnisse beginnen oft schon bei der Begrüßung. »*Mau ke mana* – wo willst du hin?« ist in Indonesien eine übliche Floskel, auf die man so ziemlich alles antworten kann von

»frische Luft schnappen« bis »meine Großmutter besuchen«. Es ist in keiner Weise als neugieriges Eindringen in die Privatsphäre gemeint, als die viele Westler diese Frage empfinden. Dasselbe gilt für Gesprächseröffnungen wie »Wo kommst du her?«, »Bist du schon verheiratet?« oder »Hast du Kinder?«. Dabei muss es sich keineswegs um Anmache handeln: Um ihr Gegenüber besser einschätzen zu können, erfragen viele Indonesier zunächst den in ihrer Gesellschaft so wichtigen Familienstand. Erst danach erkundigen sie sich nach Alter und Beruf ihres Gesprächspartners.

Das Leben im *kampung* bringt auch Verpflichtungen mit sich. *Gotong-royong* heißt die freiwillige Gemeinschaftsarbeit, bei der alle Bewohner mit anpacken. Ob der Abwasserkanal kaputt ist, die Dorfstraße ausgebessert oder für ein Fest geschmückt werden muss: Bei Anlässen, die alle betreffen, wird auch erwartet, dass jeder mit anpackt. Wer nicht kann (oder will), beteiligt sich mit einem kleinen Geldbetrag. Geschieht dies regelmäßig, wird derjenige als Drückeberger oder Außenseiter angesehen. Infolgedessen werden die sozialen Faulenzer nicht mehr zu Hochzeiten oder Nachbarschaftsevents eingeladen. Dasselbe gilt für die *ronda*, die Nachtwache, die sich die Männer des *kampungs* teilen. Mein Mann konnte sich nie zu diesen nächtlichen Teetrinker-Kartenspiel-Runden aufraffen – und wurde als Konsequenz immer wieder vom Nachbarschaftsvorsteher zu mehr sozialer Beteiligung ermahnt. Ein regelmäßiger Beitrag in die *kampung*-Kasse entschuldigte sein Fehlen langfristig einigermaßen, ebenso wie meine Abstinenz bei den monatlichen *arisan*-Treffen der Dorffrauen. Bei diesen Versammlungen legt jede Teilnehmerin einen bestimmten Betrag in einen Sammeltopf und zieht ein Los. Die Gewinnerin bekommt den Jackpot – und muss das nächste Treffen ausrichten. Und so weiter: im Grunde also die Selbstfinanzierung und zugleich ein Vorwand für die nächste Vollversammlung der Frauenrunde. In ärmeren Kreisen können die lotterieähnlichen Veranstaltungen auch als Mikrofinanzierung der Mitglieder dienen. *Arisan* gibt es genauso in Freundes- oder Kollegenkreisen, Alumniverbänden oder Sportvereinen, durchaus auch mit männlicher Beteiligung. Immer geht es hauptsächlich um den Austausch von Neuigkeiten und sozialen Aktivitäten – in anderen Worten: um den aktuellen Dorfklatsch.

Besonders viele Punkte kann man beim Essen sammeln. Kaum etwas anderes hat mir mehr Türen geöffnet als gemeinsame Mahlzeiten auf den schlichten Bambusmatten einer Veranda oder den wackeligen Hockern eines Straßenrestaurants. »Kannst du schon Reis essen?«, lautet häufig die Eröffnung eines Dialogs, bei der es natürlich nicht um die Fähigkeit geht, Reis zu verdauen. Vielmehr wollen die Gesprächspartner vorsichtig abtasten, wie weit sich der Fremde schon an die einheimische Kultur gewöhnt hat. Essen ist ein klarer Indikator dafür: Wer sich grundsätzlich scheut, an *warungs* zu essen, ist vermutlich noch nicht lange im Land oder nie richtig hier angekommen. Wer keine Eiswürfel oder Fruchtsäfte will, ist noch zurückhaltend. Und wer sämtliche Vorsichtsmaßnahmen außer Acht lässt, ist noch nicht lange genug da, um wirklich schlechte Erfahrungen gemacht zu haben. Wer dagegen Reis und Chilisoße mit den Fingerspitzen in den Mund bugsiert, ohne zu kleckern oder Feuer zu speien, ist mit Sicherheit fortgeschritten.

Als ich während einer Recherche einmal in einem Dorf in Aceh zum Mittagessen eingeladen wurde, starrten mich etwa 20 Leute schweigend an, während ich den ersten Löffel Reis mit scharfem Curry in den Mund schob. Wir saßen alle auf dem Boden eines hölzernen Versammlungshauses, draußen war es brüllend heiß. Als ich daraufhin nicht in Tränen ausbrach, sondern ruhig den zweiten Bissen aß, verwandelte sich die angespannte Stimmung in eine leutselige Runde, die sämtliche Fragen meinerseits offen und ausführlich beantwortete.

Auch der Kleidercode ist nicht zu unterschätzen, wobei zu entsprechenden Anlässen in wohlhabenden, städtischen Kreisen eher moderner Schick angesagt ist. Zwar wird niemand etwas sagen, wenn ein Ausländer in kurzen Hosen und Trägerhemd zu einer Feierlichkeit erscheint, doch erhöht sich der Grad des Ernst-genommen-Werdens deutlich mit zunehmender Länge von Ärmeln und Hosenbeinen. Das gilt vor allem für berufliche Beziehungen – für Männer genauso wie für Frauen. In Behörden kommt man in kurzen Hosen oder Badelatschen gar nicht erst rein. Zudem werden Frauen deutlich weniger angemacht, wenn sie weniger freizügig herumlaufen.

Potentielle Anmacher haben in einem *kampung* allerdings ziemlich beschränkte Möglichkeiten, schließlich kennt jeder jeden, und die soziale Überwachung ist meist lückenlos. Wer es nicht lassen kann, begnügt sich meist mit Pfeifen oder Rufen aus sicherer Entfernung. Ich habe mich daher immer sicher gefühlt, sobald ich in einer mir vertrauten Umgebung angekommen war. Diese Sicherheit hat allerdings einen Preis: Jeder im *kampung* weiß, was bei den Nachbarn vorgeht. Ob Verwandte zu Besuch sind. Ob ein Liebhaber auf einmal nicht mehr zu Besuch kommt. Ob jemand krank oder arbeitslos ist, ob ein Kind geschlagen wird. Während sich bei innerfamiliären Problemen niemand einmischen mag, werden außereheliche Beziehungen oder fremde Besucher genauestens beobachtet. Wer Übernachtungsgäste hat, muss diese beim Nachbarschaftsvorsteher, dem *Pak RT* (*Bapak Rukun Tetangga* – Vater der Nachbarschaft), melden. Nicht jeder *Pak RT* legt darauf allzu viel Wert – falls aber doch, kann er bei Nichtmeldung die Polizei rufen (die im Falle häuslicher Gewalt tendenziell eher nicht einschreiten würde).

Auf der – positiven – Kehrseite steht die Nachbarschaftshilfe: Kann jemand einen Krankenhausaufenthalt nicht bezahlen, sammelt die Gemeinschaft Geld. Gibt es einen Todesfall, packen alle mit an, um die Beerdigung zu organisieren. Jedes *kampung* besitzt ein Veranstaltungszelt sowie ein gewisses Kontingent an Stühlen, Geschirr und Besteck, das bei Bedarf bereitsteht. Manchmal sogar ein eigenes *gamelan*-Orchester. Und wenn bei uns mal wieder das Wasser nicht aus dem Hahn läuft, beziehungsweise nur als braune Brühe, dann können wir jederzeit Wasser am Ziehbrunnen unseres Nachbarn holen. Nur für ein Problem scheint sich auch hier niemand zuständig zu fühlen: für die Müllentsorgung. So landet der Dreck entweder auf dem nächstgelegenen unbewohnten Grundstück, am Straßenrand oder im Abwasserkanal.

Die indonesische Seele wohnt im *kampung*. Wer nie hier war, wird dieses Land weder richtig kennen noch verstehen lernen. Inklusive aller neugierigen Fragen, Wasserversorgungsprobleme und sozialen Sanktionen. Dazu muss man nicht mittendrin wohnen und sich auch nicht mit der Nachbarschaft identifizieren, aber ab und zu mal reinschnuppern, um ein Gefühl dafür zu bekommen, was die Menschen hier eigentlich gerade bewegt.

Korruption, Kontrolle und viel Improvisation: Bürokratie auf Indonesisch

Meine erste Erfahrung mit indonesischen Behörden machte ich in Jakartas zentraler Einwanderungsbehörde. Die ungleichmäßig hohen Stufen der viel zu steilen Eingangstreppe ließen die bevorstehenden bürokratischen Stolpersteine erahnen. Ich war damals als Praktikantin mit einem *Visa Sosial Budaya* (soziokulturelles Visum) eingereist, das nach 60 Tagen monatlich verlängert werden kann und maximal ein halbes Jahr gilt. Danach muss man ausreisen, kann aber gleich am nächsten Tag bei einer beliebigen indonesischen Botschaft dasselbe Visum neu beantragen. Es gibt Ausländer, die auf diese Weise Jahrzehnte in Indonesien verbringen.

Bei mir ging es um die erste Verlängerung des Visums. Der Schalterraum für Ausländer war weitgehend leer. Über einem für Nichtasiaten viel zu niedrigen Guckloch in der Glaswand stand »Alien Passports«. Ein paar indonesische Männer mit Aktentaschen saßen auf den Holzbänken davor. Jeder von ihnen schob einen ganzen Stapel Pässe durch das Schalterfenster, wenn er an der Reihe war. Beim Sortieren fiel einem der Agenten ein Zwanzigtausend-Rupiah-Schein aus einem der Pässe, den er schnell wieder hineinschob. Vermutlich befand sich in allen anderen auch jeweils eine Banknote – zusammengerechnet eine hübsche Aufbesserung für ein durchschnittliches indonesisches Beamtengehalt. Ein anderer Aktentaschenmann kam mit zwei englisch sprechenden Ausländern in Anzug und Krawatte, die er direkt in einen Raum am Ende des Ganges schob. Nach wenigen Minuten kamen sie wieder heraus und verließen das Gebäude. Damals wusste ich noch nicht, dass diese Geschäftsleute nur kurz zu einem Foto- und Unterschriftentermin gekommen waren, den ihr Agent zuvor verabredet hatte. Vorzugsbehandlung, gegen eine Extragebühr natürlich.

In meinem Pass steckte kein Geldschein. Ich wurde mit einem Formular in ein anderes Stockwerk zum Bezahlen geschickt und sollte danach wiederkommen. Auf dem Rückweg sah ich durch einen Türschlitz, dass mein Bearbeiter am Computer Tetris spielte. Trotz des mäßigen Andrangs ließ er mich bis zur Mittagspause warten. Ich solle am Nachmittag wiederkommen. Ich schluckte meinen Ärger herunter und stand pünktlich zur Sprechzeit wieder vor der Tür. Als sich der zuständige Beamte endlich meines Formulars annahm, bemerkte er, dass mein Passfoto die falsche Hintergrundfarbe hatte: Weiß statt dem vorschriftsmäßigen Rot. Zähneknirschend fuhr ich mit dem Taxi zum nächsten Fotogeschäft, um mich vor einer leuchtend roten Plane ablichten zu lassen. Kurz vor Feierabend schlüpfte ich noch einmal in den mittlerweile leeren Gang. Und bekam den ersehnten Verlängerungsstempel. Offensichtlich hatte ich damit einen Geduldstest bestanden. Bei weiteren Visumsverlängerungen in dieser Behörde musste ich nie wieder warten. Ich wurde mit Namen begrüßt. Von einer Praktikantin ohne Agenten wurde wohl keine Extragebühr mehr erwartet.

Als ich mich zum ersten Mal um eine temporäre Arbeitsgenehmigung bemühte, sah das ganz anders aus. Ich wollte alles korrekt machen. Ich war überzeugt, dass ich mit meinen indonesischen Sprachkenntnissen und ausreichend Geduld auch ohne Mittelsmann und Extragebühren ans Ziel gelangen würde. Ein deutscher Journalistenkollege, der damals in Jakarta lebte, lachte mich aus. Und gab mir die Visitenkarte seines Visumsagenten, falls ich ihn später brauchen sollte. Anfangs ging alles glatt: Vier Wochen und diverse Behördengänge später hielt ich ein Empfehlungsschreiben des Direktorats für Information und Medien sowie alle notwendigen Unterlagen des Arbeitsministeriums in der Hand. Damit machte ich mich auf zum Generaldirektorat der Einwanderungsbehörde. Nochmal vier Wochen später kannte ich zwar alle Antragsformulare und mehrere Stockwerke in dem einschüchternden Betonklotz, war aber hinsichtlich meines Visums keinen Schritt weitergekommen. Bis ich schließlich einem Beamten gegenübersaß, der Klartext redete: Ich würde nur meine Zeit verschwenden. Ich sollte mir einen Agenten nehmen. Die Agenten wüssten genau, was sie bei wem vorlegen müssten. Mittlerweile rannte ich seit zwei Monaten in die Behörden. Kurz vor dem Nervenzusammenbruch rief ich den Agenten meines Kollegen an. Ich traf ihn am nächsten Tag. Zwei Wochen später bekam ich mein Visum. Ich habe nie erfahren, ob und wie viel von seinem saftigen Honorar in private Beamtentaschen geflossen sein mag. Als ich um eine aufgeschlüsselte Rechnung bat, waren solche Posten natürlich nicht aufgeführt. Einige Jahre später fragte mich eine Kollegin aus Deutschland, wie sie ein Journalistenvisum für Indonesien bekommen könne. Sie wollte alles ganz korrekt machen – allein und ganz ohne Bestechung. Ich lachte und gab ihr die Karte meines Agenten …

Auf der Liste der korruptesten Länder der Welt von Transparency International landet Indonesien jedes Jahr im unteren Mittelfeld. Immerhin hat sich das Land auf dem internationalen Korruptionsindex von Platz 133 im Jahr 2004 auf Platz 107 im Jahr 2014 verbessert. Nicht nur in Indonesien, in ganz Südostasien gehört Bestechung selbstverständlich zum täglichen Leben: Ertappte Verkehrssünder zahlen ein »Zigarettengeld« an Polizisten und können weiterfahren. Richter mildern ihre Urteile entsprechend der Summe ab, die ihnen der Angeklagte zahlt. Und Politiker vergeben Projekte gern an die meistbietenden Unternehmen.

Historiker in der Region sind sich einig, dass die Korruption eine Folge der Kolonialisierung ihrer Länder sei. »Nach unseren eigenen Traditionen basiert praktisch jeder Handel auf gegenseitigem Vertrauen. Auf dem Land funktioniert das normalerweise bis heute noch so. Erst die Kolonialherren haben uns gelehrt, dass man viele Dinge nur bekommt, wenn man gewisse Gegenleistungen erbringt«, erklärte Heidi Mendoza, Auditorin der philippinischen Korruptionsprüfungskommission, 2006 bei einem Seminar in Jakarta.

Obwohl sie sich damit – zumindest theoretisch – strafbar machen, folgen die meisten ausländischen Geschäftsleute ebenfalls den Regeln der Korruptionskultur, um überhaupt einen Fuß auf den indonesischen Markt zu bekommen. Die Erlaubnis für Unternehmensgründungen sowie die Vergabe von Import- oder Exportlizenzen ist mindestens so intransparent wie die Erteilung von Arbeitsgenehmigungen. Die Gefahr, bei direkten Bestechungen erwischt zu werden, ist dagegen gering: Fast alle staatlichen Institutionen sind auf sämtlichen Ebenen so sehr in das Geschäft verwickelt, dass jede Maßnahme zum Aufdecken von Korruptionsskandalen einer Selbstanklage gleichkäme. Diesen Teufelskreis zu zerstören, ist die schwierige Aufgabe der Antikorruptionsbehörde KPK (Komisi Pemberantasan Korupsi, Kommission zur Ausrottung der Korruption), die zum Ärger vieler Politiker und Unternehmer bereits beachtliche Erfolge zu verzeichnen hatte. KPK-Chef Abraham Samad, der im Dezember 2011 das Amt übernahm, ging mit seinem Team gleichermaßen gegen Verfassungsrichter wie Provinzgouverneure vor und schreckte auch nicht davor zurück, Ministerien oder den Polizeiapparat von oben aufzurollen. Die Zivilbevölkerung stand dabei klar auf Seite der KPK. Wenig überraschend, dass viele Politiker und Funktionäre immer wieder eine Schwächung der Behörde forderten. Im Januar 2015 wurden innerhalb einer Woche Abraham Samad sowie seine drei amtierenden Stellvertreter wegen unterschiedlicher krimineller Vergehen angeklagt – nur wenige Tage nachdem die Behörde ein Korruptionsverfahren gegen den designierten Polizeichef eingeleitet hatte. Der KPK-Chef und einer seiner Stellvertreter wurden suspendiert und mit weniger aggressiven Ermittlern ersetzt. Abrahams ebenso mutiger Vorgänger Antasari Azhar wurde 2009 in einem äußerst undurchsichtigen Kriminalverfahren wegen Anstiftung zum Mord zu 18 Jahren Gefängnis verurteilt und infolgedessen aus seinem Amt entlassen. Bis heute beteuert er seine Unschuld.

Die meisten Bestechungen finden innerhalb bürokratischer Institutionen statt. Fast alle offiziellen Ämter werden nur gegen Bargeld vergeben: Polizisten, Finanzbeamte oder Staatsanwälte – fast alle bezahlen horrende Summen, um überhaupt auf die begehrten Posten zu gelangen. Diese Investition lohnt sich natürlich nur, wenn später entsprechende Einnahmen zu verzeichnen sind. Institutionelle Reformen reichen daher nicht aus, um das Problem in den Griff zu bekommen. »Wir brauchen dringend mehr Kontrolle durch die Zivilgesellschaft und unabhängige Organisationen, vor allem bei der Vergabe öffentlicher Gelder, bei Wahlen und im Justizsystem«, sagt Teten Masduki, Generalsekretär der Indonesian Corruption Watch. »Eine Reform von oben kann nur Erfolg haben, wenn die Leute auf der Straße ebenfalls lernen, dass Korruption ein krimineller Akt ist, der jedem schadet.«

Tatsächlich hat sich seit meiner Behördenodyssee zu Anfang des Jahrtausends einiges getan. Die Digitalisierung hat mittlerweile auch die indonesische Bürokratie erreicht. Die Indonesische Botschaft in Berlin fordert nun Online-Überweisungen für Visa. Anträge für Geschäftslizenzen oder Steuererklärungen sind in Zukunft ebenfalls per Computer möglich. Die Gelegenheiten für Bestechungen auf unterer Ebene werden somit deutlich weniger. Und die Beamten der *Imigrasi* – zumindest in einigen Städten – haben ganz offensichtlich ein serviceorientiertes Training erhalten: höfliche Ansprache, Einhalten von Terminen, Auskünfte zu scheinbar unverständlichen Vorgängen. Davon könnte sich so mancher Beamte in deutschen Behörden ein Scheibchen abschneiden.

Dennoch sind die bürokratischen wie finanziellen Hürden für Visa aller Art nach wie vor hoch – auch ohne Extragebühren. Obwohl die Prozesse durch elektronische Datenerfassung transparenter geworden sind und zumindest theoretisch ein Antragsteller selbst ans Ziel gelangen könnte, greifen viele aus Mangel an Zeit und Geduld weiterhin auf bezahlte Agenten zurück. Für die Verlängerung eines *Sosial-Budaya*-Visums muss man mittlerweile dreimal zur *Imigrasi* fahren: einmal um den Antrag einzureichen, einmal zum Bezahlen, einmal zum Fotografieren und Abholen. Ab der zweiten Verlängerung kommt sogar noch ein Gang zur lokalen Justizbehörde dazu. So warten täglich Dutzende von Agenten in den Einwanderungsbehörden, obwohl große Banner vor den Gebäuden vor Mittelsmännern warnen. Und während ein bezahlter Agent seinen Klienten bei allen Schritten bis auf den Fototermin vertreten kann, darf dies ein unbezahlter Freund zum Beispiel nicht. Ebenso unverständlich ist, warum ich bei jeder Visumsverlängerung wieder ein neues Foto machen lassen muss – in den indonesischen Behördencomputern müssten mittlerweile schon Hunderte Fotos von mir herumgeistern. Sie hätte keine Ahnung, wie man ein altes Foto in ein neues Formular herunterladen könnte, erklärte mir eine Sachbearbeiterin auf Nachfrage.

Je provinzieller allerdings die Behörde, desto stärker ist der alte Geist der Suharto-Ära zu spüren: Eine Hand wäscht die andere. Eine Studentin aus den USA musste zur Verlängerung ihres Visums in die zentraljavanische Stadt Semarang. Sie war einen Tag zu spät dran mit ihrem Antrag, der mindestens eine Woche vor Ablauf des Visums gestellt werden muss. Der zuständige Beamte wollte ein Auge zudrücken – wenn sie dafür bei einer privaten Familienfeier auftreten würde. Ihren Papieren entnahm er, dass sie javanischen Tanz studierte. Sie stimmte zu. Und änderte ihre Handynummer sofort, nachdem sie ihren Pass mit Stempel erhalten hatte. Es war die letzte Verlängerung vor ihrer Ausreise. Ein italienischer Künstler kam in derselben Situation nicht so einfach davon: Er musste ein Bild abliefern, um seinen Pass auszulösen. Er porträtierte den Beamten als Ritter auf einem sich aufbäumenden Pferd. Der Ritterschlag ehrte den Beamten offensichtlich so sehr, dass er die Geldbündel unter den Hufen des Pferdes glatt übersah.

Tückisch sind auch die Melderegelungen am Wohnort. Nach dem Gesetz muss sich jeder Übernachtungsgast beim *Pak RT*, dem Nachbarschaftsvorsteher, melden. Ein Schreiben, das den temporären Aufenthaltsort bestätigt, dient dann als Ausweis, zum Beispiel bei Polizeikontrollen. In größeren Städten gibt es eine eigene Einwohnerkarte. Diese Regelung gilt auch bei Einreise mit dem *Sosial-Budaya*-Visum – es sagt einem nur keiner. In einigen Touristenorten, auf Bali oder in Jogjakarta zum Beispiel, haben sich lokale Polizeistationen auf diese Informationslücke spezialisiert. Eine Freundin aus Australien wurde eines Morgens um sechs Uhr von einem ganzen Trupp Polizisten aus dem Bett geklingelt, weil sie ihre Meldebestätigung sehen wollten. Da sie keine vorweisen konnte, verhafteten sie kurzerhand ihren indonesischen Ehemann, auf dessen Einladung sie ihr Visum erhalten hatte. Ein Anwalt klärte sie einige angespannte Stunden später darüber auf, dass der Gastgeber in den ersten 30 Tagen tatsächlich dafür haftbar gemacht werden konnte, dass er sich nicht um die Meldeprozedur gekümmert hatte. Mit Gefängnisstrafe und hoher Geldbuße. Das Gesetz stammt aus der niederländischen Kolonialzeit. Wie auf dem Basar wurde ein Kompromiss ausgehandelt: Für umgerechnet 150 Euro durften am Abend beide wieder nach Hause. Am nächsten Tag besorgten sie die Meldebestätigung.

Egal ob Indonesier oder Ausländer und egal mit welchem Visum: Besonders ernst wird die Meldepflicht in vielen *kampungs* genommen, wenn es sich um unverheiratete Paare handelt. Vor allem in konservativen Vierteln kann es sonst durchaus vorkommen, dass mitten in der Nacht ein mit Bambusstöcken und Macheten bewaffneter Mob ins Haus eindringt, um zu überprüfen, dass keine »unmoralischen Aktivitäten« stattfinden.

Viele ausländische Studenten fälschen sogar Heiratsurkunden, um in einer Frauen-Männer-WG wohnen zu können. Ohne diese gibt es nicht nur Probleme mit der *kampung*-Obrigkeit, sondern meist gar keinen Mietvertrag. Problematisch wird es trotzdem, wenn sich dann ein Teil des vermeintlichen Ehepaars in jemand anderen verliebt: Ein kanadischer Gaststudent musste fast täglich Hohn wie Beileidsbezeugungen seiner Nachbarn über sich ergehen lassen, weil seine dänische »Ehefrau« mit einem indonesischen Studenten fremdging. Besonders pikant wurde die Geschichte, als der – homosexuelle – »Ehemann« selbst seine große Liebe fand. Während Fremdgehen gelegentlich noch als Kavaliersdelikt gelten mag, sind offene gleichgeschlechtliche Beziehungen in der indonesischen Gesellschaft kaum akzeptiert. Stillschweigend wurde die »Ehe« aufgelöst und der Wohnort gewechselt.

Touristen, Abenteurer, Aussteiger: Die Legende vom Tropenparadies

Er konnte es einfach nicht länger aushalten in Deutschland. Alles so beengt, so unfrei. Eine unbestimmte Sehnsucht zog ihn fort in den fernen Osten. Dorthin, wo es Menschen mit Seele gibt, wie er glaubte. Dort wollte er sich ein Bambushäuschen bauen und hoffte, dass er durch Nichtstun – nämlich seine Malerei und Musik – so viel verdienen würde, dass er weiterhin nichts tun könne. Zumindest für einige Monate. Er verachtete seine Altersgenossen, die sich selbst bemitleideten und nach Sicherheit lechzten. Als Matrose heuerte er schließlich auf einem Frachter an, den er erst in Jakarta wieder verließ. Geschockt von der lauten, dreckigen Stadt, fuhr er direkt mit dem Zug nach Bandung weiter. Hier in den Bergen gefiel es ihm schon viel besser. Schließlich kam er nach Jogjakarta. Er war begeistert vom kulturellen Zentrum Javas, von der fremdartigen *gamelan*-Musik, dem mystischen Schattenpuppenspiel, den anmutigen Tänzen und vor allem von den höflichen, feingliedrigen Javanern. Er stürzte sich in das fremde Leben. Die Annehmlichkeiten seines großbürgerlichen Elternhauses vermisste er nicht. Die anderen Europäer dagegen waren ihm zutiefst unsympathisch, er empfand ihr Verhalten als ungebildet, borniert und kleinstädtisch und wollte möglichst wenig mit ihnen zu tun haben. Als er später nach Bali weiterreiste, wanderte er zu Fuß über die Insel und übernachtete nur bei Einheimischen. Er studierte ihr Kunsthandwerk, lernte ihre Kultur und ihre Religion kennen. In Ubud, dem kulturellen Zentrum der Insel, blieb er schließlich hängen. Denn von seiner Malerei und Musik lebte er hier so gut, dass er sich statt einer Bambushütte eine komfortable Villa bauen konnte. Aus drei Monaten wurde der Rest seines Lebens.

Diese klassische Aussteigergeschichte hätte sich gestern zutragen können. Sie begann jedoch vor mehr als 90 Jahren. 1923 verließ der 28-jährige Walter Spies seine Heimat – gegen den Wunsch seiner Familie und seines Geliebten, des Stummfilmregisseurs Friedrich Murnau. In Jogjakarta arbeitete er für den Sultan als Dirigent des Europäischen Orchesters, bevor er 1927 nach Bali übersiedelte. Dort gründete er zusammen mit dem Niederländer Rudolf Bonnet und dem Fürsten von Ubud die berühmte Malschule Pita Maha, in der sich westliche mit lokalen Einflüssen mischten. Für den Dokumentarfilm »Insel der Dämonen« choreografierte er die berühmte Version des Feuer-Trance-Tanzes *kecak*, die heute überall aufgeführt wird. Sein Haus wurde zur Anlaufstelle von Abenteurern aus aller Welt, darunter die amerikanische Anthropologin Margaret Mead, der mexikanische Maler Miguel Corravubias, die Woolworth-Erbin Barbara Hutton und Schauspieler Charlie Chaplin. Die Schriftstellerin

Vicky Baum verfasste hier ihren Roman »Liebe und Tod auf Bali«. Auf diese Weise propagierte Spies den Mythos von Bali als Tropenparadies, der bis heute nachwirkt. Die negativen Folgen erkannte er selbst noch vor seinem Tod: Er wollte vor der Kleingeistigkeit des modernen Lebens fliehen und holte eben jenes auf seine Trauminsel. Auf die weitere Entwicklung hatte er jedoch keinen Einfluss mehr. 1940 wurde Walter Spies – wie alle Deutschen – von den Niederländern interniert. Zwei Jahre später starb er auf einem Gefangenenschiff, das von den Japanern bombardiert wurde.

Heute kommen jährlich mehr als drei Millionen ausländische Besucher nach Bali. Das Tropenparadies aus Spies' Zeiten finden allerdings nur noch wenige. Schon beim Landeanflug sind die Großbaustellen im Süden der Insel zu erkennen. Im Schritttempo drängeln sich Taxi- und Mopedschlangen vom Flughafen bis in das einstige Hippie-Dorado Kuta, das sich in einen touristischen Albtraum verwandelt hat. Rund um die Uhr sind hier Surfen, Strand und Party angesagt – eine australische Version des Ballermann. Dazu täglich viele Busladungen voll mit chinesischen, japanischen, koreanischen und neuerdings auch russischen Reisegruppen. Keine Spur mehr von der Krise, in die der Tourismus 2002 stürzte, nachdem islamistische Terroristen zwei Nachtclubs in Kuta in die Luft gesprengt hatten. Trotz eines Moratoriums, das den unkontrollierten Bauboom stoppen sollte, verdoppelte sich die Zahl der Hotelbetten auf der Insel zwischen den Jahren 2011 und 2013. Sogar im einst so idyllischen Ubud entkommt man dem Gedränge nur noch in der Nebensaison. Spätestens seit Julia Roberts hier den Film »Eat Pray Love« drehte, wurde Ubud zum Wallfahrtsort für Esoteriker aus aller Welt. Die Preise sind inzwischen genauso abgehoben wie die neuesten Trends: Raw Food, Chakra-Balancing und Kirtan-Singen.

Heute komme ich gerade deswegen so gern hierher, weil ich nirgendwo anders so schön shoppen gehen und so viele internationale Leckereien vor einer ähnlich malerischen Kulisse genießen kann. Und weil es nirgendwo anders so wenig auffällt, wenn ich mich so richtig westlich gehen lasse: Denn garantiert sind gerade irgendwo in der Nähe irgendwelche motzenden Pauschaltouristen oder besoffene Surfer, die sich noch viel mehr danebenbenehmen. Bis zu diesem Eingeständnis musste ich allerdings erst diverse Stadien des Ausländerdaseins durchlaufen. Als ich Ende der 1990er Jahre zum ersten Mal mit dem Rucksack durch Indonesien reiste, fand ich den Massentourismus auf Bali so unerträglich, dass ich gleich wieder wegwollte: viel zu viele Ausländer, viel zu wenig Abenteuer. Mein ultimatives Ziel waren damals die Gilis, drei kleine Inseln nordwestlich vor Balis Nachbarinsel Lombok. Dort gab es keine befestigten Straßen, keine motorisierten Fahrzeuge, keine Geldautomaten, keine Post. Internet und Handys spielten sowieso noch keine große Rolle. Stattdessen gab es vor allem Meer, Strand und Palmen. Darunter knarrende Bambusbungalows und Hängematten, vor der Küste Korallenriffe und ab und zu ein paar Schildkröten. Nicht zu vergessen die Fischerjungs mit Rastalocken und Tattoos auf dem Bizeps. Und natürlich überall Bob Marley. Um dieses lebendig gewordene Klischee erleben zu können, war ich zwei Tage lang mit öffentlichen Bussen und Fähren über Lombok angereist, stapfte mit meinem Rucksack durch nassen Sand, wusch mich mit Salzwasser und aß jeden Tag gegrillten Fisch mit Chilisauce. Ich fand es großartig.

Abenteurer, die heutzutage ähnliche Erfahrungen suchen, müssen deutlich weiter fahren. Zum Beispiel nach Flores oder Sulawesi, wenn nicht gleich bis nach Papua. Als ich mehr als zehn Jahre nach meinem ersten Besuch wieder auf die Gilis übersetzte, war ich darauf vorbereitet, nicht mehr viel Robinson-Feeling vorzufinden. Die Party-Insel Gili Trawangan wurde mittlerweile in den Medien als »Ibiza des Fernen Ostens« gefeiert, und der einst so idyllische Oststrand von Gili Air war zugebaut mit Restaurants, Hotels und Tauchschulen. Wegen der fortschreitenden Erosion allesamt auf befestigten Ufermauern. Die kleinen Pferdekutschen verlangten zehn Euro, um einmal um das winzige Eiland zu fahren. Genauso viel wie die einstündige Taxifahrt von

Jakartas Innenstadt zum Flughafen kostete. Der Kutscher erzählte mir während der Tour, dass praktisch alle unbebauten Grundstücke auf der Insel aufgekauft seien. Fast alle von Ausländern.

Die Gilis scheinen aktuell das ultimative Ziel all derjenigen zu sein, die sich ihren kontemporären Traum vom Leben auf einer exotischen Insel verwirklichen wollen. Aber bitte mit allem Komfort. Bei jedem zweiten Café, Restaurant oder Hotel hat mindestens ein Ausländer seine Hände im Spiel – ob Norweger, Österreicher, Australier oder Japaner. Ihre Geschäftspartner sind nicht selten die ehemaligen Fischerjungs. Die Gilis sind gerade noch klein und abgelegen genug, um die Legende vom Tropenparadies aufrechterhalten zu können. Gleichzeitig liegen sie nahe genug an Bali, um sich mit allen heimatlichen Annehmlichkeiten versorgen zu können.

Nicht nur die Inseln haben sich verändert, auch die Reisenden. Inzwischen gibt es rund ein Dutzend Bootsunternehmen, die täglich Hunderte von Touristen mit Hochgeschwindigkeitsbooten über einen der tiefsten Meeresgräben Indonesiens befördern. Auf der etwas mehr als einstündigen Fahrt von Padangbai nach Gili Trawangan saßen zwei Abiturientinnen aus dem Ruhrpott neben mir, die ihre Lieben zu Hause per Smartphone ständig auf dem Laufenden hielten. Bei den ersten Salzwasserspritzern allerdings verkrochen sie sich unter eine Regenplane, um ihr Make-up zu schonen. Dabei hatten sie sich extra Außensitzplätze gesichert, um ihre in Flipflops steckenden Füße in der Sonne zu bräunen. Natürlich sprangen sie bei der Ankunft nicht ins Wasser, um an Land zu waten. Sie warteten, bis sie über einen kleinen Steg auf den trockenen Teil des Strandes balancieren konnten. Ich suchte mir eine Unterkunft auf der ruhigen Inselseite. Das einfache Ressort mit Bambusbungalows und Strandbar erinnerte noch entfernt an die frühere Gili-Atmosphäre. Als jedoch die WiFi-Verbindung ausfiel, war das für ein französisches Pärchen im betont legeren Outfit Grund genug, laut schimpfend seine Sachen zu packen. In ihrer neuen Unterkunft gab es ganz nebenbei warmes Wasser und eine Klimaanlage.

Das andere Extrem der Reisenden, die die Globalisierung hervorbringt, sind die Luxusverweigerer. Sie suchen sich gezielt immer die heruntergekommenste Absteige, essen nur an den einfachsten *warungs* und schleppen sich selbst mit Typhus und Denguefieber höchstens zum nächsten Dorfarzt. Das hat meist weniger mit ihren knappen Finanzen zu tun als mit dem Ehrgeiz, sich selbst und der Welt beweisen zu müssen, dass man auch ohne sämtliche Errungenschaften der westlichen Zivilisation auskommt. Allerdings oft nicht ohne den richtigen Kick. Dabei sind die zahlreichen Angebote billiger Drogen, besonders in Touristenregionen, äußerst vorsichtig zu genießen. Nicht selten weiß die Polizei genau, wo sie zuschlagen muss. Auf Drogenkonsum stehen harte Strafen, als Faustregel gilt ein Jahr für einen Joint. Bei Verdacht auf Drogenhandel droht sogar die Todesstrafe.

Während ich nie verstanden habe, wie man sich ausgerechnet in Indonesien auf Drogen einlassen kann, habe ich ansonsten selbst lange meine Grenzen ausgetestet. Ich habe jahrelang internationale Kliniken genauso gemieden wie westliche Restaurants oder Unterkünfte mit Klimaanlagen. Irgendwann habe ich allerdings gemerkt, dass es wenig bringt, so indonesisch wie möglich zu leben, solange ich in vielen Bereichen dennoch auf meinen westlichen Lebensansichten beharre. Es geht nicht darum, auf Komfort zu verzichten oder möglichst scharf zu essen. Auch nicht darum, mein Deutschsein zu verbergen, was langfristig sowieso nicht möglich ist. Sondern darum, das Anderssein zu akzeptieren – meines und das der Indonesier. Ich muss keine Indonesierin werden, um hier zu leben, aber kann als Fremde ebenso wenig erwarten, dass die Einheimischen sich an mich anpassen. Weder in ihrer Art zu kommunizieren noch in ihrer Auffassung von gesellschaftlichen Normen. Weder in ihrem Verständnis von Zeit noch in ihrem Glauben an übernatürliche Kräfte. Das Leben hier bleibt ein immerwährender Balanceakt zwischen den Kulturen.

Zu diesem Schluss kommen früher oder später die meisten Hängenbleiber: Menschen, die ursprünglich als Reisende, Austauschstudenten oder mit befristeten Arbeitsverträgen nach Indonesien kamen, aber nicht vorhatten, den Rest ihres Lebens hier zu verbringen. Dann kam entweder eine große berufliche Chance oder – fast immer – die Liebe dazwischen. Spätestens dann müssen sie sich mit ihren Arbeitsteams oder angeheirateten Familien arrangieren. Wer keinen gemeinsamen Level mit Schwiegereltern oder Kollegen findet, kehrt meist irgendwann wieder ins eigene Land zurück. Mit oder ohne Partner.

Anders sieht es bei klassischen Aussteigern aus. Ihre Motivation, hier zu leben, hat nichts mit beruflichen oder familiären Bindungen zu tun. Sie haben sich dazu entschlossen, weil sie – wie Walter Spies – auf eine weniger regulierte und menschlich wie klimatisch wärmere Umgebung hofften. Am Anfang finden sie diese auch. Die Menschen sind entspannt, das Leben günstig, das Klima immer warm. »Bali mit seinen freundlichen Bewohnern, der faszinierenden Kultur und üppigen Natur erschien mir wie ein Paradies«, erzählt Ines Ehmer, die 2004 mit ihrem Schweizer Mann in den Badeort Pemuteran übersiedelte. Doch nach und nach tauchten die ersten Hürden auf. Sie merkten auf einmal, wie schwierig es ist, ein längerfristiges Visum zu bekommen, nicht zu reden von einer Arbeitsgenehmigung. Dass sie ohne indonesische Hilfe kein Land erwerben durften. Oder ein Konto eröffnen. Vor allem der Behördendschungel hat dem Paar Probleme bereitet: Von fernöstlicher Freundlichkeit war dort nicht mehr viel zu spüren. Jedoch auch, dass sie die Distanz zur faszinierenden, aber so fremden balinesischen Kultur nie richtig überwinden konnten. Ohne persönliche Beziehung mit einem einheimischen Partner gelingt es nur wenigen Ausländern, wirklich ein Teil der hiesigen Gesellschaft zu werden. Am meisten allerdings hat der damals 50-jährigen Frauenärztin zu schaffen gemacht, dass sie trotz des großen Bedarfs nicht praktizieren durfte. Nicht einmal ehrenamtlich durfte sie arbeiten. Trotzdem blieb sie – denn noch weniger reizte sie eine Heimkehr in das durchreglementierte Deutschland mit seiner Besser-schneller-schöner-Gesellschaft, in der Senioren keinen besonders komfortablen Platz innehaben. Der einzige Grund, den Ines Ehmer sich heute für eine Rückkehr vorstellen kann: sollten sie oder ihr Mann eine medizinische Behandlung benötigen, die es auf Bali nicht gibt.

Trotz aller wirtschaftlichen Entwicklung ist Indonesien nach wie vor ein Schwellenland, das außerhalb von Hotelenklaven und städtischen Wohnvierteln nicht einmal annähernd mitteleuropäischen Lebensstandard bieten kann. Selbst Aussteiger, die explizit das einfache Leben suchen, stoßen beim indonesischen Gesundheits- und Bildungssystem an ihre Grenzen. Spätestens beim ersten Krankenhausaufenthalt wünschen sich viele in westliche Gefilde zurück. Es gibt Eltern, die mit ihren Kindern der europäischen Engstirnigkeit entkommen wollen – und am Ende merken, dass das Bildungssystem in Indonesien so rückständig oder so unvereinbar mit ihren Wertvorstellungen ist, dass eigentlich nur die internationale Schule in Frage kommt. Die sie meist nicht bezahlen können.

Diese Bastion ist – genauso wie Botschaftsempfänge oder die edlen Clubs der Luxushotels – hauptsächlich Diplomaten, Entsandten und Managern vorbehalten. Diese sogenannte *Expat*-Welt (von englisch *expatriates* – Ausgebürgerte) mischt sich nur am Rande mit derjenigen der Abenteurer und Aussteiger. Vor allem in großen Städten leben die besser verdienenden Ausländer oft in internationalen Enklaven, die wenig mit dem indonesischen Alltag zu tun haben und sich genauso in Neu-Delhi oder São Paulo befinden könnten. Das liegt nicht unbedingt daran, dass die Bewohner grundsätzlich nicht ins indonesische Leben eintauchen wollen. Wer jedoch für begrenzte Zeit für ein Unternehmen oder eine Organisation in ein anderes Land geht, bekommt in der Regel ein Haus in entsprechender Umgebung gestellt, inklusive Dienstfahrzeug und Hausangestellten, und taucht sofort in den Büroalltag ein. Danach bieten sich wenig Möglichkeiten, den normalen Alltag im Land kennenzulernen: Nach Überstunden, *Socializing* und Dauerstau ist der Komfort der *Expat*-Enklave meist zu verlockend, um daraus auszubrechen, ist der Aufenthalt doch sowieso begrenzt und dient oft nur als Voraussetzung für einen Karrieresprung anderswo.

Wer jedoch einmal tief in die indonesische Lebenswelt eingetaucht ist – mit allen Höhen und Tiefen –, kommt so schnell nicht wieder los. Der Lackmustest ist der Heimaturlaub. Praktisch alle deutschen Freunde berichten von ihrem Rückwärts-Kulturschock, wenn sie schon bei der Ankunft am Frankfurter Flughafen von Unbekannten angeranzt werden. Oder indonesische Freunde am helllichten Tag mitten auf der Straße von Zivilpolizisten kontrolliert werden, als seien sie Kriminelle. Vom Stress, den ihnen die ständige Hektik des ungewohnten Nicht-zu-spät-kommen-Dürfens bereitet, sowie der andauernden Angst vor irgendwelchen unbedachten Regelverstößen – sei es die falsche Busfahrkarte oder eine vergessene Krankenkassenmeldung.

Ob Aussteiger oder Hängenbleiber: Diejenigen, die auf Dauer in Indonesien bleiben, sind nicht selten Idealisten, die wirklich etwas bewegen. Sie gründen Hilfsorganisationen für Straßenkinder oder alternative Schulen. Sie setzen sich für Umweltschutz und organische Landwirtschaft ein. Sie engagieren sich für Menschenrechte oder eine bessere Gesundheitsversorgung. Oder sie sind Realisten, die aufgrund ihrer familiären Situation oder beruflichen Qualifikation schlichtweg besser in Indonesien leben können als zum Beispiel in Deutschland – vor allem finanziell. Sie eröffnen Hotels und Cafés, exportieren Möbel und exotische Lebensmittel oder arbeiten für Institutionen und Organisationen ihres Heimatlandes.

Einige finden tatsächlich ihr ganz persönliches Tropenparadies und bauen sich eine Villa auf Flores oder ein Surfresort auf den Mentawai-Inseln. Der Unterschied zu Walter Spies und seinen Zeitgenossen ist, dass die zunehmende Globalisierung und Digitalisierung dazu verführen, die Heimat nicht loszulassen. Anstatt sich voll und ganz auf die fremde Welt einzulassen und deren schöne Seiten zu genießen, verleiten Online-Nachrichten, Skype und Satellitenfernsehen zum ständigen Vergleich zwischen dem Hier und dem Dort. Und zum Versuch, von beiden Welten nur die angenehmen Aspekte mitzunehmen. Vielleicht ist das die Zukunft des Aussteigens: Dauerpendeln im virtuellen Raum zwischen den Kulturen.

Die anderen Ausländer: Chinesen

Mitten im Sultanspalast von Jogjakarta, dem Inbegriff javanischer Kultur, findet sich ein ungewöhnlich unjavanischer Gedenkstein: Er zeigt ein *Quilin*, ein chinesisches Fabelwesen, das als Symbol für Wohlstand und Glück gilt, darüber eine chinesische Inschrift. Es handelt sich dabei um ein Präsent der »chinesischen Bevölkerung Jogjakartas« an Sultan Hamengku Buwono IX – als Dank für dessen umsichtige und tolerante Herrschaft. Die Chinesen bedankten sich auf diese Weise im Jahr 1940 nicht nur dafür, dass sie in der Sultansstadt leben und Handel treiben durften, sondern auch dafür, dass sie sich hier wohl und sicher fühlten. So sehr, dass sie den wertvollen Stein zu Ehren des Sultans extra aus China herbringen ließen.

Die acht Chinesen, die die Inschrift feierlich überreichten, waren wohlgemerkt nicht erst kürzlich nach Java eingewandert. Sie waren alteingesessene Mitglieder der städtischen Gesellschaft. Ihre Vorfahren lebten zum Teil seit Jahrhunderten im indonesischen Archipel. Sie sprachen nicht Mandarin oder Hakka, sondern Javanisch, Malaiisch oder Niederländisch. Und sie waren alle Bürger Ostindiens, ihrer Heimat. Dennoch war die Überreichung des Gedenksteins ein symbolischer Akt zur Völkerverständigung: Bis heute haben die Indonesier chinesischer Abstammung einen Sonderstatus. Obwohl sie per Gesetz seit wenigen Jahren endlich gleichberechtigt sind, hat sich in den Köpfen der meisten Indonesier noch nicht viel daran geändert.

»Wir waren immer ein bisschen anders. Aber es fühlte sich nie an, als sei daran etwas falsch. In Indonesien gibt es doch so viele Völker, die alle ein bisschen anders sind«, erinnert sich Bernie Liem an ihre Kindheit. Die 1944 geborene Indonesierin wuchs im pittoresken chinesischen Viertel der zentraljavanischen Stadt Semarang auf, eine der wenigen erhaltenen Altstädte in Indonesien. Sie stammt aus einer chinesischen Kaufmannsfamilie, die bereits seit sechs Generationen in Indonesien lebte. Ihre Eltern waren katholisch, vom Konfuzianismus hat die ehemalige Schwesternschülerin nur vage Vorstellungen. Ihre erste Sprache war Niederländisch, noch vor Indonesisch und Javanisch. Später studierte sie Deutsch, lernte Englisch und etwas Französisch. Mandarin spricht sie bis heute nicht. Dafür spielt sie Violine und ist Liebhaberin klassischer europäischer Musik.

Ihre westliche Orientierung half ihr allerdings wenig, als General Suharto die Macht übernahm. Laut der offiziellen Geschichtsschreibung hat er die Republik 1965 vor einer gewaltsamen Machtübernahme der Kommunistischen Partei gerettet. Im ganzen Land fanden daraufhin Pogrome gegen vermeintliche Kommunisten statt, unterstützt von militärischen Einheiten und muslimischen Organisationen. Mindestens eine halbe Million Menschen starben. Chinesen standen allein wegen ihrer Herkunft aus einem kommunistischen Land unter Generalverdacht: Die Propaganda nannte sie die »fünfte Kolonne Pekings«. Dabei waren nicht wenige Einwanderer gerade wegen des politischen Systems aus China geflohen.

Nach dem Putsch schlossen alle Universitäten, auch die Pädagogische Hochschule in Bandung, an der Bernie Liem studierte. Sie kehrte zu ihren Eltern nach Semarang zurück. In den folgenden Jahren verbot das autoritäre Militärregime alles, was auch nur entfernt an chinesische Kultur erinnerte: chinesische Schriftzeichen oder Publikationen, religiöse Symbole oder Traditionen und sogar chinesische Namen. Chinesische Schulen, Verlage und Tempel wurden geschlossen. Die chinesischstämmigen Indonesier mussten – auf eigene Kosten – indonesische Namen annehmen und zu einer staatlich anerkannten Religion übertreten, wollten sie offizielle Papiere erhalten. Die meisten wählten den Buddhismus oder das Christentum. Ethnische Chinesen durften fortan keinerlei öffentliche Ämter mehr bekleiden. Karrieren in der Politik, bei Militär und Polizei oder im Staatsdienst waren tabu. Be Siok Ting, wie Bernie Liem damals noch hieß, konnte somit nicht mehr Deutschlehrerin an einer staatlichen Schule werden.

Stattdessen änderte sie ihren Namen in Bernie Muljawati und heiratete wenig später Paul Suleman (Liem Liang Hoei), einen wohlsituierten Juristen aus Jogjakarta. Natürlich ebenfalls chinesischstämmig, etwas anderes wäre gar nicht in Frage gekommen. »Ich habe eigentlich erst da begriffen, dass wir diskriminiert werden. Die ersten Jahre hatten wir ständig Angst«, erzählt die aktive 70-Jährige heute. Als die Traditionen ihrer Kindheit verboten wurden – das chinesische Neujahr oder die Verehrung verstorbener Verwandter zum Beispiel, versuchten viele chinesischstämmige Indonesier, ihre Herkunft zu verstecken. Bernie Liem fing jetzt erst recht an, sich mit ihrer ethnischen Identität auseinanderzusetzen. »Die Familie meines Mannes pflegte noch viele Rituale, etwa die Ahnenverehrung. Ich habe meine Kinder immer mitgenommen. Vor anderen mussten wir das natürlich verheimlichen«, erzählt die zweifache Mutter.

Mit seiner diskriminierenden Gesetzgebung zielte Präsident Suharto darauf, die wirtschaftlich einflussreichen Chinesen zu mehr Anpassung zu zwingen und ihren Reichtum besser zu kontrollieren: Rund vier Fünftel der indonesischen Wirtschaft sollen damals im Besitz chinesischer Geschäftsleute gewesen sein. Viele chinesischstämmige Geschäftsleute ließen sich in dieser Zeit auf die Zusammenarbeit mit Nichtchinesen ein. Diese vermittelten bei politischen oder sozialen Problemen – gegen Bezahlung, versteht sich. Während sich kleine Händler mit lokalen Beamten oder Polizisten arrangierten, etablierten viele Großunternehmer enge Kontakte zum Suharto-Clan oder zum Militär, um sich

»beschützen« zu lassen, auch bekannt als »Alibaba-Business«. Bis heute ist diese Schutzgeldpolitik aus Suhartos Zeiten weit verbreitet.

Auch Bernie Liem tat sich mit javanischen Kollegen zusammen, um sich ihren beruflichen Traum zu erfüllen. Zwar durfte sie an der Universität Deutsch unterrichten, aber ohne Beamtenstatus oder Magisterabschluss blieb sie formal lebenslang Assistenzlehrerin. Daher gründete sie Ende der 1970er Jahre zusammen mit einigen Dozenten der Staatlichen Universität das private Institut zur Pflege der Deutschen Sprache und Kultur Jogjakarta. Direktor war namentlich immer ein anderer. Doch die treibende Kraft hinter der Organisation blieb mehr als 30 Jahre lang die hochgewachsene Chinesin, die dafür 1993 das Bundesverdienstkreuz für die »Kultivierung der deutschen Sprache und Kultur in Indonesien« erhielt.

Heute wohnt Bernie Liem allein in einer großzügigen Villa aus kolonialen Zeiten im Herzen von Jogjakarta – das Erbe ihres verstorbenen Mannes. Ihr Schwiegervater gehörte zu den Donatoren des Gedenksteins für den Sultan. Ihren Gästen serviert die allein lebende Witwe frische Mango aus dem eigenen Garten, dazu grünen Tee aus chinesischem Porzellan. Aus ihrem überquellenden Bücherregal zieht sie einen Bildband über historische Gebäude und zeigt auf das Foto einer zweistöckigen chinesischen Villa mit Garten direkt an einem breiten Fluss: ihr Elternhaus, 1840 erbaut von ihrem Urururgroßvater Be Biauw Tjoan. Dieser verdiente den Grundstock des Familienvermögens durch den damals noch legalen Opiumhandel. Später wurde er zum *Majoor Cina* ernannt, zum Bürgermeister der chinesischen Gemeinde in Semarang, eine der ältesten in Indonesien.

Die ersten Chinesen erreichten vermutlich schon im zweiten oder dritten Jahrhundert nach Christus den indonesischen Archipel. Erste historische Nachweise stammen aus der Zeit der Tang-Dynastie (618 – 907). Eine chinesische Massenflucht Richtung Südostasien setzte ein, als die Mongolen 1297 große Teile

Chinas verwüsteten. Kriege, Sklaverei, Armut oder Umweltkatastrophen waren die Hauptgründe, warum in den folgenden Jahrhunderten immer mehr Chinesen in andere Länder zogen. Dabei handelte es sich fast ausschließlich um Männer, die lieber Handel treiben wollten als Kriege zu führen. Diejenigen, die in Indonesien blieben, heirateten einheimische Frauen und passten sich den lokalen Gemeinschaften an.

Dieses friedliche Miteinander änderte sich mit der Ankunft der Niederländer im 17. Jahrhundert. Die Europäer sahen die chinesischen Händler als Konkurrenz, wollten aber nicht auf deren Arbeitskraft und Expertise verzichten. Also setzten sie auf eine »Politik der zwei Gesichter«: Einerseits warben sie chinesische Gastarbeiter an, die sie als billige, fleißige Arbeitskräfte schätzten. Andererseits siedelten sie die Chinesen nun in Ghettos um und isolierten sie so vom Rest der Bevölkerung. Auch standen ihnen nur wenige Berufe offen. Politische und öffentliche Ämter zum Beispiel waren für ethnische Chinesen tabu, es sei denn, es ging um die Verwaltung und Kontrolle der chinesischen Minderheit selbst. Gern setzten die Niederländer Chinesen als Steuereintreiber ein und diese so direkt dem Zorn der einheimischen Gesellschaft aus. Deren Misstrauen wurde weiter geschürt durch die fremden Bräuche der für sich lebenden chinesischen Gemeinschaften. Ähnlich wie im Mittelalter die europäischen Juden wurden die Chinesen bei zahlreichen Anlässen zum Sündenbock. Etwa wenn Seuchen die Einheimischen dahinrafften, während die Chinesen dank ihrer besseren medizinischen Kenntnisse überlebten.

Im 18. Jahrhundert strömten durch die wirtschaftliche Not im Süden Chinas immer mehr Einwanderer nach Indonesien. Die meisten ließen sich in Batavia, dem heutigen Jakarta, und anderen javanischen Städten nieder, manche siedelten auch im Westen Kalimantans und im Osten Sumatras. Die Niederländer fürchteten um ihre Vormachtstellung und führten eine strengere Einwanderungspolitik ein. Sie begannen gezielt, die Chinesen zu diskriminieren, und förderten damit die Konflikte zwischen den verschiedenen Ethnien. Als die Preise für Zucker fielen, einem wichtigen Exportgut der Kolonie, kam es zu schweren wirtschaftlichen Spannungen. Am 7. Oktober 1740 revoltierten chinesische Zuckermühlenarbeiter in Batavia und töteten 50 niederländische Soldaten. Dies führte zu einem Massaker an rund 10 000 Chinesen – fast die gesamte chinesische Bevölkerung der damaligen Hauptstadt.

Doch ohne die Chinesen ging es auch nicht. Mit der Ausdehnung ihrer wirtschaftlichen und politischen Herrschaft auf den gesamten Archipel fehlten den Niederländern auf einmal fähige Arbeitskräfte für großangelegte Plantagen und den systematischen Abbau von Bodenschätzen. Also warben sie erneut chinesische Lohnarbeiter an, die sie vor allem in den abgelegenen Gebieten einsetzten. Mitte des 19. Jahrhunderts begannen die chinesischen Einwanderer erstmals, mit Kind und Kegel ins Inselreich überzusiedeln. Bis 1930 stieg die Zahl der Chinesen in der Kolonie auf mehr als 1,2 Millionen. Die Niederländer verstärkten daraufhin ihre Politik der Rassentrennung und isolierten die chinesischen Gemeinschaften weiter.

Totok heißen bis heute die Chinesen, die sich auf ihre eigenen Traditionen konzentrierten. Wer sich anpasste und mit Einheimischen mischte, gehörte zu den *peranakan*. Aufgrund der beruflichen Einschränkungen arbeiteten die meisten als Kaufleute, Unternehmer oder Geldverleiher – viele wirtschaftlich sehr erfolgreich. Gemeinsam mit arabischen und indischen Einwanderern stiegen die Chinesen zur zweiten Klasse unter den Kolonialherren auf, klassifiziert als die *Vreemden Oosterlingen*, ausländische Orientalen. Sie standen wirtschaftlich und gesellschaftlich über den einheimischen *pribumi*.

Die Unabhängigkeit brachte neue Probleme. Im sozialen und wirtschaftlichen Chaos, das dem Zweiten Weltkrieg folgte, rächten sich die *pribumi* für die vermeintliche Bevorzugung der Chinesen während der Kolonialzeit. Bei einem Massaker im westjavanischen Tangerang starben im Juni 1946 rund tausend chinesische Bewohner. In Sumatra verschwanden bis 1947 mindestens 3000 Chinesen. Zudem führte die neue Regierung unter Sukarno das Blutsprinzip ein, nach dem jeder Einwohner chinesischer Abstammung automatisch als Chinese galt. Als Ausländer klassifiziert, durften chinesischen Händler nicht mehr im Binnenland wohnen und erhielten strenge Auflagen für ihre Export- und Importunternehmen. Mehr als hunderttausend verließen daraufhin das Land. Langwierige Verhandlungen mit China ermöglichten den chinesischstämmigen Indonesiern ab 1960 schließlich eine doppelte Staatsbürgerschaft – und eine kurze Phase relativer Sicherheit.

Bernie Liem erinnert sich an die Zeit unter Sukarno als relativ friedlich. Sie habe damals nicht viel von der politischen Diskriminierung gespürt. Für sie kam der Schock erst mit der Machtübernahme Suhartos 1965. Die politisch korrekten Bezeichnungen *Tionghoa* für chinesisch und *Tiongkok* für das Land der Mitte wurden ersetzt durch den als spöttisch empfundenen Ausdruck *cina*, der fortan offiziell für alles benutzt werden musste, was chinesisch war. Erst 2014 wurde diese Regelung wieder aufgehoben. Dass Suharto 1998 zurücktrat, hätte für die chinesischstämmigen Indonesier eigentlich ein Anlass zur Freude sein müssen. Doch schon in den Monaten davor kam es zu antichinesischen Ausschreitungen in mehreren Provinzen. Als im Mai 1998 die Situation eskalierte, waren wieder die Chinesen die Hauptopfer: Tausende chinesische Läden und Wohnhäuser wurden angezündet und geplündert, hauptsächlich in Jakarta, aber auch in anderen Städten. Mehr als tausend Menschen starben. Wie sich später herausstellen sollte, waren diese Ausschreitungen organisiert – genauso wie die brutalen Vergewaltigungen von mindestens 87 chinesischen Frauen. Obwohl es zu diesen konzertierten Aktionen später umfangreiche Untersuchungsberichte gab, kam es nie zu einer Gerichtsverhandlung gegen die Hintermänner. Sie sollten aus höchsten Militärkreisen stammen.

Zehntausende chinesischstämmige Indonesier verließen damals fluchtartig das Land, viele kehrten nie wieder zurück. Auch Bernie Liems Sohn entschloss sich damals zur Auswanderung. Wie seine jüngere Schwester arbeitete er 1998 in Jakarta. Er verbrachte angstvolle Tage eingeschlossen in seinem Büro, als der Mob auf den Straßen wütete. Er sah all die verwüsteten Geschäfte und ausgebrannten Autos, teilweise noch mit Leichen darin. So schnell es ging flüchtete er mit seiner Familie nach Jogjakarta. Nach den traumatischen Erlebnissen wollte er nur noch fort – und bewarb sich erfolgreich auf ein Stipendium in Kanada. Dort lebt er noch heute. Seine Schwester folgte ihm 2012 mit ihrer Familie: Auch sie glaubt an eine bessere Zukunft außerhalb Indonesiens.

Bernie Liem hat sich trotzdem entschlossen, in Java zu bleiben. Als der demokratisch gewählte Präsident Abdurrahman Wahid 1999 die diskriminierenden Gesetze abschaffte und chinesische Neujahrsfeiern wieder zuließ, dehnte sie ihr soziales Engagement auf die chinesische Gemeinschaft aus. »Das war wie ein Geschenk des Himmels! Ich war zu Tränen gerührt, als ich zum ersten Mal wieder die öffentliche Aufführung eines Drachentanzes sah«, erzählt die Mitinitiatorin der Chinesischen Woche in Jogjakarta. Zu Anfang des Jahrtausends noch unvorstellbar, verwandelt sich das kleine Chinesenviertel der Stadt nun jedes Jahr zu *Imlek*, dem chinesischen Neujahrsfest, in ein Meer aus roten Lampions. Die städtische Oberschicht leistet sich zum Feiertag gern ein chinesisches Festmahl, für die weniger Betuchten gibt es klebrige Mondkuchen aus dem Supermarkt. Ein Puppenspieler zeigt die chinesische Version des indonesischen *wayang,* Schüler messen sich bei Redewettbewerben und Karaoke in Mandarin. Der Höhepunkt ist der Karneval der Drachentänzer: Ganze Truppen junger Männer lassen dabei eine Drachenfigur zu wilden Trommelwirbeln atemberaubend schnell durch die Luft wirbeln. Seit Präsidentin Megawati Sukarnoputri das chinesische Neujahr 2002 zum nationalen Feiertag erhob, finden überall im Land solche Veranstaltungen statt. Das chinesische Neujahr wandelt sich seither, genau wie *Idul Fitri* oder Weihnachten, zum gesamtindonesischen Konsumereignis.

»Die chinesischstämmigen Indonesier sind heute viel mehr akzeptiert als früher. Dennoch müssen wir die Vergangenheit aufarbeiten, es wird noch viel zu viel geschwiegen. Das ist ein Prozess, der Generationen beschäftigen wird«, bemerkt Bernie Liem. Bei Veranstaltungen trifft die beliebte Gastrednerin immer wieder auf Studenten, Dozenten, selbst Geschichtslehrer, die keine Ahnung von den Problemen der Chinesen in Indonesien hatten – und haben. Immer noch herrscht die Meinung vor, dass alle Chinesen reich und nur auf ihren Vorteil bedacht seien. Tatsächlich waren 2013 laut Forbes acht der zehn vermögendsten Indonesier chinesischstämmig. Ob chinesische Unternehmer – wie oft zitiert – 70 Prozent der indonesischen Wirtschaft kontrollieren, ist allerdings fraglich. Einige Quellen merken an, dass diese Zahl weder die Anteile des Suharto-Clans an chinesischen Unternehmen berücksichtige noch den staatlichen Sektor miteinbeziehe. Fest steht, dass sich heute nur noch 1,2 Prozent der indonesischen Bevölkerung zu ihrer chinesischen Abstammung bekennen. Und dass die meisten kleine Einzelhändler sind: Sie verkaufen Schreibwaren, Elektronik und Küchengeräte oder servieren in Straßenrestaurants Nudelsuppen und Seafood.

Wie viele Vorurteile weiterhin in den Köpfen existieren, zeigt der Fall von Basuki Tjahaja Purnama, besser bekannt als Ahok: Als der erste chinesischstämmige Gouverneur von Jakarta im November 2014 sein Amt antreten sollte, gab es Ausschreitungen radikaler Islamisten. Aber auch viele Indonesier aus anderen Provinzen protestierten. Ein christlicher Chinese könne nicht die Hauptstadt eines mehrheitlich islamischen Landes regieren. Da er als Vizegouverneur mit großer Tatkraft bereits das Gegenteil bewiesen hatte, stellten sich moderate Muslimorganisationen sowie die Mehrheit des Parlaments aber hinter den Politiker. Dennoch bleibt er zuletzt wegen seiner völlig unjavanischen Unverblümtheit umstritten.

»Wir sind stolz auf die politische Leistung Ahoks«, sagt Bernie Liem, »doch seine scharfen Bemerkungen sind gewagt.« Als Symbol einer vorsichtigeren Verständigung sieht sie den Gedenkstein im Sultanspalast. 2004 ließ sie ihn restaurieren: Während der Suharto-Ära war er stark verwittert. »Diese Inschrift beweist, dass die Chinesen auch früher schon harmonisch mit der Gemeinschaft in Jogjakarta zusammengelebt haben«, so die leidenschaftliche Denkmalschützerin. »Die kommenden Generationen müssen von dieser Initiative erfahren und daraus lernen. Nur wenn wir uns gemeinsam um kulturelle Verständigung bemühen, können wir Vorurteilen entgegenwirken.«

Geschichte und Politik

Kolonialherrschaft: Portugiesen, Niederländer, Briten, Japaner und ihre Hinterlassenschaften

Als ich in meiner ersten Unterkunft in Jakarta ankam, begrüßte mich die javanische Pensionswirtin auf Niederländisch: »Rede einfach deutsch mit mir, ich verstehe dich schon.« Und tatsächlich, es funktionierte – anfangs natürlich mit Hilfe des theatralischen Einsatzes sämtlicher Körperteile. Die Tochter eines zentraljavanischen Adelshauses war vor einer Zwangsheirat nach Batavia geflohen und hatte dort unter den Niederländern eine Ausbildung zur Hebamme absolviert. Dabei hatte sie nicht nur deren Sprache erlernt, sondern auch viele Lebensgewohnheiten der ehemaligen Kolonialherren übernommen: von den Schokostreuseln, die sie morgens auf ihr weiches Toastbrot streute, bis hin zum Glöckchen, das pünktlich zum Abendessen läutete. Über die japanischen Besatzer im Zweiten Weltkrieg hatte die 1910 geborene Javanerin nicht viele gute Worte zu verlieren. Unkultivierte Machos seien sie gewesen, die nichts anderes konnten, als Kommandos herumzubrüllen. Die Portugiesen wiederum hielt sie für ein Kulturvolk: Ihre Lieblingsmusik war *keroncong*, ein Erbe portugiesischer Seefahrer, die auf ihren gitarrenähnlichen Instrumenten lokale Rhythmen spielten.

Viel mehr wusste die alte Dame nicht über die ersten Europäer im indonesischen Archipel. Außer natürlich, dass sie jede Menge katholische Missionare geschickt hatten. Als Vasco da Gama 1497 über den Pazifik bis nach Indien lossegelte, ging es zunächst allerdings nicht vorrangig um die Verbreitung der Religion. Als der Entdecker berichtete, welchen Reichtum die südostasiatischen Herrscher durch den Gewürzhandel angehäuft hatten, versuchten die Portugiesen in den kommenden Jahrzehnten durch Eroberungen von Goa bis Malakka den Gewürzhandel in der Region zu beherrschen. Trotz der Eroberung von Malakka – und damit der Kontrolle über eine der bis heute wichtigsten Seehandelsstraßen der Welt – gelang es den Portugiesen jedoch nicht, eine Vormachtstellung zu erlangen. Viele Händler suchten sich andere Routen durch die Inselwelt. Also segelten die Portugiesen weiter nach Osten, eroberten Ternate und Ambon auf den Molukken und entdeckten die Banda-Inseln – bis heute der Inbegriff der Gewürzinseln. Erst später wurde die erste katholische Mission in Tolo auf der Molukken-Insel Halmahera gegründet.

Dann kamen die Niederländer. 1605 verjagten sie die Portugiesen von der Insel Ambon, ihrem damaligen Hauptsitz in den Molukken. Diese zogen sich auf die Inseln Flores, Alor und Solor zurück, alle Teil der heutigen Provinz Nusa Tenggara Timur. Spätestens Mitte des 17. Jahrhunderts geriet das portugiesische Kolonialreich dann vollends aus den Fugen. Am Ende blieb den einstigen Entdeckern nur noch der östliche Teil der Insel Timor als Kolonie erhalten. Diese dafür aber bis ins zwanzigste Jahrhundert: Erst am 28. November 1975, ein halbes Jahr nach der portugiesischen Nelkenrevolution, erklärte die kleine Nation ihre Unabhängigkeit. Neun Tage später marschierten die Indonesier ein und besetzten den winzigen Staat. Die Vereinten Nationen haben diese gewaltsame Annexion völkerrechtlich nie anerkannt. Nach einem Volksreferendum 1999 unterstützten sie das heutige Timor Leste während einer Übergangsphase bis zur endgültigen Unabhängigkeit im Jahr 2002. Portugiesisch ist heute wieder Amtssprache im jüngsten Staat Südostasiens.

Auch auf anderen Inseln im östlichen Indonesien erinnert noch vieles an die ehemaligen Besatzer. Bei unserer Hochzeitsreise nach Flores landeten mein Mann und ich bei Maumere in einem Strandresort, das von zwei fröhlichen deutschen Patern geführt wurde. Zur Begrüßung gab es selbst angesetzten Wein, und eine einheimische Combo spielte Musik, die wie eine Südseeversion des portugiesischen Fado klang. Die heilige Osterwoche Santa

Semana in Larantuka, der östlichsten Stadt der Insel, hatten wir leider knapp verpasst. Wie auf der Iberischen Halbinsel werden hier jahrhundertealte Statuen von Jesus und der Heiligen Mutter Maria in riesigen Prozessionen durch die Straßen getragen.

Im gesamtindonesischen Vokabular finden sich bis heute noch viele portugiesische Lehnwörter: *bola* (Ball), *kamar* (Zimmer) oder *meja* (Tisch) zum Beispiel. Die meisten Indonesier sind sich dessen gar nicht bewusst. Auffälliger sind die vielen niederländischen Ausdrücke, die sich in die indonesische Sprache eingeschlichen haben. Vor allem, wenn es um technische Geräte, Rechtsprechung, Gesundheits- oder Schulsystem geht: *advokat, parlemen* oder *dokumen, ambulans, dokter* und *pasien* sowie *knalpot, lokomotif* oder *steker*. Dinge eben, die die Niederländer in den rund 350 Jahren ihrer Kolonialherrschaft im Inselreich eingeführt haben, das sie *Nederlands Oost-Indië* oder *Insulinde* nannten.

Nach ihrer ersten Landung in Banten auf Westjava 1596 etablierten die Niederländer zunächst eine Kette von Militär- und Handelsposten. Die 1602 eigens gegründete Vereenigte Oostindische Compagnie (VOC) – das erste multinationale Wirtschaftsunternehmen der Welt – kümmerte sich dabei natürlich wenig um die allgemeine Wohlfahrt in den eroberten Gebieten. 1619 gründeten die Neuankömmlinge Batavia, das heutige Jakarta, als ihren Hauptsitz. Stadtplan und Kanalsystem waren dem alten Amsterdam nachempfunden. Nicht gerade passend für die tropische Witterung: Erdbeben zerstörten die Kanäle, diese liefen mit Schlamm voll und boten danach ideale Brutbedingungen für Malariamücken und andere Krankheitsüberträger. Die Stadt an der Mündung des Flusses Ciliwung war daher berüchtigt für ihre miserablen hygienischen Bedingungen.

1641 eroberten die Niederländer das Sultanat Malakka und brachten somit die wichtige Durchfahrt zwischen Sumatra und der malaysischen Halbinsel unter ihre Kontrolle. Auch an den strategisch wichtigen Handelshäfen in Aceh und Makassar konnten sie sich festsetzen. Zeitgleich versuchten die Engländer, ihre Macht in der Region auszubauen. Es kam immer wieder zu Kriegen zwischen den beiden Seefahrernationen. Dabei ging es vor allem um die Muskatnuss, die damals ausschließlich auf den Banda-Inseln wuchs. Das von den Einheimischen wenig geschätzte Gewächs galt in Europa als Heilmittel gegen die Pest und wurde zeitweise wertvoller als Gold gehandelt. Die Niederländer gingen dabei äußerst brutal vor: Von 15 000 Bandanesen überlebten nur rund 1000 Inselbewohner die Eroberung. Nach Ende des zweiten Britisch-Niederländischen Seekrieges 1667 tauschten die Briten Run, die letzte von ihnen kontrollierte Insel im Banda-Archipel, gegen eine vermeintlich weniger wichtige niederländisch kontrollierte Insel in Nordamerika ein: Manhattan. Rund hundert Jahre hielten die Niederländer ihr Muskatnussmonopol – bis den Franzosen 1770 eine Anpflanzung auf Mauritius gelang.

Zu jener Zeit hatte die VOC bereits ihre Macht auf Java weiter ausgebaut. 1677 unterstützten die Niederländer den Kronprinzen des mächtigen Mataram-Reichs in Zentraljava im Kampf gegen seine Konkurrenten und halfen ihm auf den Thron. Im Gegenzug erhielten sie großzügige Landnutzungs- und Handelskonzessionen. 1696 errichteten die Niederländer die ersten Kaffeeplantagen auf Java, das später der wichtigste Kaffeeproduzent der Welt werden sollte. In den folgenden Jahrhunderten zwangen sie den einheimischen Bauern weitere importierte Monokulturen auf, deren Anbau oft mit brutalen Methoden vorangetrieben wurde – etwa Tee, Kakao, Tabak, Zucker, Gummi und Indigo. Trotz ihrer ausbeuterischen Vorgehensweise war die VOC 1799 durch Kriege und Korruption so hoch verschuldet, dass letztendlich der Staat die Kompanie übernehmen musste.

Im Zuge der Napoleonischen Kriege geriet Ostindien dann kurzzeitig doch unter britische Herrschaft. Von 1811 bis 1816 regierte der später legendäre Sir Thomas Stamford Raffles auf Java. In dieser kurzen Zeit initiierte der Freidenker Reformen, erleichterte die Abgaben der Bauern, verbot den Sklavenhandel, ließ das

Land vermessen und führte die Bodensteuer wie den Linksverkehr ein. Der kulturinteressierte Bürokrat ließ allerdings auch den Sultanspalast von Jogjakarta samt Hofarchiv plündern, eine bis dahin noch nicht da gewesene Erniedrigung des javanischen Adels – vermutlich die Initialzündung für die später folgenden Unabhängigkeitskriege. Es war auch Raffles, der historische Bauwerke auf Java ausgraben und dokumentieren ließ, darunter den hinduistischen Prambanan-Tempel und den Borobudur, den größten buddhistischen Tempel der Welt. Im Vergleich zu den kulturhistorischen Verdiensten der Niederländer in dreieinhalb Jahrhunderten keine schlechte Bilanz für eine nur fünfjährige Amtszeit als Gouverneur.

Nach diversen Ländertauschereien der Kolonialmächte nach Ende des europäischen Krieges geriet Ostindien wieder unter niederländische Herrschaft. Ganz Sumatra wurde nun von der VOC kontrolliert. Auf Java dagegen gab es Probleme: Der muslimische Prinz Diponegoro aus Jogjakarta startete 1825 einen »heiligen« Guerillakrieg gegen die Niederländer, der fünf Jahre lang andauerte. Diponegoro gilt bis heute als Nationalheld, jedes indonesische Schulkind kennt seinen Namen. Ende des 19. Jahrhunderts erst begannen die Besatzer damit, eine zusammenhängende Kolonie aufzubauen. Sie verbesserten die Infrastruktur, bauten neue Häfen, Straßen, Eisenbahnen, Bewässerungs- und Trinkwassersysteme. Nach und nach eroberten sie die bislang unabhängigen Königreiche auf Bali, Lombok, Sulawesi und in Kalimantan. Andere Sultanate schlossen sich freiwillig an. Am hartnäckigsten wehrte sich das ressourcenreiche Sultanat von Aceh gegen die Unterwerfung: 31 Jahre lang dauerte der Krieg gegen die Niederländer. Als letzten Zusatz auf der Landkarte verleibte sich die Kolonie 1920 die »Vogelkopf-Halbinsel« ein, den westlichen Teil von Neuguinea – die heutigen Provinzen Papua und Westpapua.

Anfangs war ich etwas enttäuscht, wie wenig kolonialer Flair in den meisten indonesischen Städten trotz dieser ausgedehnten Historie zu spüren ist. Ich hatte vermutlich zu viele nostalgische Romane gelesen, in denen Europäerinnen ihren Männern in ferne Länder hinterherreisen und die exotische Welt aus ihrer westlichen Sicht beschreiben. Das hat wenig mit der Realität eines Landes zu tun, das sich seine Unabhängigkeit von eben jener westlichen Vorherrschaft hart erkämpft hat und nach allem strebt, was modern erscheint. Die indonesischen Städte sind daher auf den ersten Blick eher geschichtslose Betonwüsten mit riesigen Einkaufszentren, Bürotürmen und schachtelförmigen Ladenketten, die in Banda Aceh nicht viel anders aussehen als in Balikpapan oder Mataram. Als ich mich zum ersten Mal stundenlang durch den notorischen Stau in Jakarta quälte, um die Überbleibsel des alten Batavia im Stadtteil Kota zu besichtigen, war ich dementsprechend ernüchtert. Bis vor wenigen Jahren bestanden diese historischen Reste lediglich aus drei vernachlässigten Museen, ein paar heruntergekommenen Häuserzügen und dem mondänen Café Batavia – eine postkoloniale Oase mit unterkühlter Klimaanlage und einer gehörigen Portion Snobismus. In der Hoffnung, doch noch ein Aha-Erlebnis zu bekommen, lief ich 500 Meter über die dreckigen Straßen, um die einzige verbliebene niederländische Brücke zu betrachten: ein mit verrosteten Toren versperrtes Brückchen vor dem mäßig attraktiven Hotel Batavia. Ich konnte nicht einmal darüber laufen. Noch einmal eine halbe Stunde Stop-and-Go im Taxi, und dann stand ich im alten Hafen Sunda Kelapa vor den – wirklich beeindruckenden – *Pinisi*-Schonern, den geschwungenen Segelschiffen der Bugis, einem Seefahrervolk aus Südsulawesi. Dennoch: ein anstrengender Halbtagesausflug mit einer halben Stunde Besichtigungswert.

Inzwischen hat die Stadtregierung den touristischen Wert des Viertels erkannt, hat die Museen und Häuserzüge restaurieren lassen und die Straßen beruhigt, so dass sich der Halbtagesausflug als solcher wieder lohnt. Im Laufe der Zeit habe ich festgestellt, dass es doch in fast jeder größeren Stadt punktuell einige koloniale Erinnerungen zu entdecken gibt: Highlights sind zum Beispiel das Hotel Majapahit in Surabaya, das Café Oen in Malang oder das alte Fort Benteng Vredeburg in Jogjakarta. In Bandung kann man entlang der Jalan Braga noch Art-Deco-Bauten entdecken. In Semarang ist das alte Chinesenviertel, genannt Pecinan, samt Tempeln und traditionellem Markt erhalten, eine beliebte Kulisse für Filmsets. Dass so viel Bausubstanz verloren ging, liegt natürlich auch am tropischen Wetter, das viele Gebäude schlichtweg verwittern ließ. Die Indonesier hatten nach dem Unabhängigkeitskrieg wenig Interesse am – kostspieligen – Erhalt kolonialer Bauten. Generell leben die Indonesier sehr gegenwartsbezogen, und viele können das europäische Geschichtsbewusstsein nicht nachvollziehen. Zudem hat der Zweite Weltkrieg viel zerstört: Denn auch in Indonesien wurden viele Städte zerbombt, als die westlichen Alliierten mit den Japanern um die Vorherrschaft im Pazifik kämpften. Ein Kapitel, das wenigen Europäern bekannt ist.

Ironischerweise führte ausgerechnet die Europäisierung der Einheimischen zum Niedergang der europäischen Herrschaft. Anfang des 20. Jahrhunderts führten die Niederländer die lateinische Schrift ein und ermöglichten ausgewählten Schülern – meist Kindern von Adligen oder Mischlingen, *Indos* genannt – eine europäische Bildung. Zuvor durften *pribumi* nur auf Malaiisch unterrichtet werden. Es geschah, wovor viele Kolonialisten warnten: Die nun gebildeten Indonesier lernten sozialistische Ideen und andere Systeme kennen und hörten von erfolgreichen Unabhängigkeitsbewegungen in anderen Ländern. Ihr Nationalbewusstsein erstarkte. Beim zweiten Jugendkongress der nationalistischen Bewegung am 28. Oktober 1928 im Indonesischen Clubhaus von Batavia deklarierten 70 junge Männer aus dem ganzen Land im berühmten Jugendschwur ihre gemeinsamen politischen Ziele: ein Land, eine Nation, eine Sprache.

1927 gründete der junge, charismatische Bauingenieur Sukarno zusammen mit anderen Studenten in Bandung die Nationale Partei Indonesiens. Ihr Ziel war klar: politische und wirtschaftliche

Unabhängigkeit von den Niederlanden. Zwei Jahre später hatte die Organisation bereits 10 000 Mitglieder. Die niederländische Regierung fühlte sich bedroht, verbot die Partei und ließ ihre Anführer verhaften. Sukarno wurde vom Gericht zu vier Jahren Gefängnis verurteilt, kam jedoch auf öffentlichen Druck hin schon 1931 wieder frei. Allerdings nur, bis er zwei Jahre später einen Artikel über ein unabhängiges Indonesien veröffentlichte. Diesmal schickten ihn die Niederländer ohne Gerichtsverhandlung direkt ins Exil, zusammen mit seiner Familie: erst in das Städtchen Ende auf Flores und später nach Bengkulu auf Sumatra, wo er bis zur japanischen Invasion bleiben musste. Andere Unabhängigkeitskämpfer wurden ebenfalls aus Java verbannt. Der spätere Vizepräsident Mohammad Hatta und Indonesiens erster Premierminister Sutan Sjahrir verbrachten die Jahre 1935 bis 1942 erst im Gefangenenlager Boven-Digoel in Papua und später auf Banda Neira in den Molukken. Beide hatten zuvor in den Niederlanden studiert.

Indem sie die intellektuellen Köpfe mundtot machte, hielt die Kolonialregierung die im Untergrund brodelnde Unabhängigkeitsbewegung bis zum Zweiten Weltkrieg in Schach. Der Einmarsch der Japaner Anfang 1942 jedoch beendete ihre Herrschaft vorerst. Mit ihrem Heimatland unter deutscher Besatzung blieben den Niederländern vor Ort wenige Mittel, ihre Kolonie zu verteidigen. Japan führte nach seinem nur zweimonatigen Eroberungszug ein rigoroses militaristisches System ein. Rund 100 000 niederländische Zivilisten und 89 000 alliierte Soldaten wurden in Gefangenenlager gepfercht und mussten Zwangsarbeit leisten. Die Männer bauten Straßen und Eisenbahnen und schufteten in der Industrie, die Frauen arbeiteten im Haushalt und auf den Feldern. Auch die meisten indonesisch-europäischen Mischlinge wurden interniert. Mehr als 20 000 Menschen starben in japanischer Gefangenschaft.

Doch die Unabhängigkeitsträume der Nationalisten wurden ebenfalls enttäuscht: Die Japaner verboten die rot-weiße Flagge der Republikaner sowie alle politischen Aktivitäten und Organisationen. Stattdessen rekrutierten sie 270 000 einheimische Zwangsarbeiter, von denen nur 52 000 heimkehrten. Viele junge Mädchen dienten den japanischen Soldaten als sogenannte Trostfrauen, ein euphemistischer Ausdruck für Zwangsprostituierte. Auf der anderen Seite boten die neuen Besatzer der einfachen Jugend einen besseren Zugang zur Bildung als die Niederländer. Um eine Volksverteidigungsarmee gegen die westlichen Alliierten aufzubauen, bildeten sie viele junge Indonesier auch militärisch aus – darunter den damals 20-jährigen Suharto, den arbeitslosen Sohn eines Dorfbeamten in Jogjakarta. Zur besseren Überwachung der Bevölkerung führten sie außerdem ein engmaschiges Verwaltungssystem ein, bei dem sich schon kleinste Nachbarschaften organisieren und Vorsteher wählen mussten. Bis heute dienen diese *Rukun Tetangga* (RT) und *Rukun Warga* (RW) nicht nur als Adressbezeichnung, sondern auch zur sozialen Kontrolle eines Viertels.

Als die japanische Regierung zunehmend in Bedrängnis geriet, machte sie der Unabhängigkeitsbewegung immer mehr Zugeständnisse und erlaubte Sukarno, Hatta und ihren Mitkämpfern, eine Jugendorganisation aufzubauen. 1944 signalisierten die Besatzer, dass Indonesien unabhängig werden könne, ließen aber den Zeitpunkt offen. Im Frühjahr 1945 richteten sie ein Komitee zur Vorbereitung der Unabhängigkeit ein. Drei Monate später explodierten die Atombomben über Hiroshima und Nagasaki. Die Japaner kapitulierten.

Im alltäglichen Leben erinnert heute nur noch wenig an die japanischen Besatzer in Indonesien. Selbst die sonst alles aufsaugende indonesische Sprache hat kaum japanische Lehnwörter zu bieten. Den größten bleibenden Einfluss hatte jene Periode auf die Organisation des indonesischen Militärs. Die militaristisch-nationalistische Ideologie des späteren Präsidenten Suharto war stark von seiner japanischen Ausbildung beeinflusst. Die von den Japanern trainierten indonesischen Truppen stellten nach dem Ende des Zweiten Weltkriegs die Grundabwehr im folgenden Unabhängigkeitskrieg gegen die zurückkehrenden Niederländer. Auf Seiten der Königlich Niederländisch-Indischen Armee kämpften damals einheimische Soldaten, die vor allem aus den christlichen Regionen Ostindonesiens wie Ambon und Manado stammten. In vielen wichtigen Bereichen – Politik, Wirtschaft, Militär – spiegeln sich diese Beziehungsmuster noch heute wider, wenn auch eher unterschwellig, zum Beispiel bei der Postenvergabe in Offizierskreisen oder im Auswärtigen Amt. Dabei geben Väter ihre Zugehörigkeiten zu Seilschaften automatisch an ihre Kinder weiter: japanische Schule versus niederländische Schule, Javaner versus Nichtjavaner, Muslime versus Christen, einfache Herkunft versus intellektuelles Bürgertum.

Bei meiner ersten Indonesienreise war ich erstaunt, wie offen und freundlich die Indonesier trotz ihrer Geschichte niederländische und japanische Besucher empfangen, die wieder in Scharen hierher reisen: die Japaner meist in großen Gruppen nach Bali, die Niederländer häufig als Individualreisende, um die kolonialen Wurzeln ihre Vorfahren zu erkunden. Beide Nationen gehören zu den Top 12 der Indonesien-Touristen. Die Javaner begrüßen bis heute alle weißen Ausländer freudestrahlend als *Londo*, also Niederländer. In manchen Gegenden werden sogar alte Traditionen aus der Kolonialzeit wieder ausgepackt: Tee- und Kaffeeplantagen locken Agrotouristen mit niederländischer Tee-Zeit im kolonialen Stil. Und die niederländisch-indonesische Fusionsküche steht bei modernen Restaurantketten genauso hoch im Trend wie Sushi und japanische Nudelvariationen. Die Gefühlslage ändert sich allerdings schlagartig, wenn es um Landbesitz geht. Kein Ausländer darf in Indonesien Land kaufen, und selbst für deren indonesische Ehepartner gelten Einschränkungen – schließlich könnten sie ihren Besitz vererben. Das Recht, über ihr eigenes Land zu bestimmen, haben sich die Indonesier zu hart erkämpft. Um die Ursprünge dieses Rechts zu verstehen, müssen indonesische Jurastudenten allerdings bis heute Niederländisch büffeln: Die Gesetzgebung stammt zu großen Teilen noch aus der kolonialen Zeit.

Unabhängigkeit: Nationalismus und *Pancasila*

17. August 2008 in der ostjavanischen Stadt Malang. Der Alun-Alun Tugu ist ein kreisrunder Platz mitten in der Stadt, umgeben von mächtigen Trembesi-Bäumen und einem gepflegten Park mit Seerosenteich in der Mitte. Touristen machen hier häufig einen Zwischenstopp, bevor sie am nächsten Tag weiter zum Vulkan Bromo fahren. So wie meine Gäste aus Deutschland, die ich an jenem Tag begleitete. Diesen Morgen jedoch waren die Zugangsstraßen gesperrt und der Park voller Menschen: Sie warteten auf die jährliche Parade zum indonesischen Unabhängigkeitstag. Wir waren neugierig und warteten mit.

Schließlich marschierten Dutzende Oberschüler in ihren Schuluniformen im Gleichschritt auf den Platz, samt Blaskapelle, Trommeln und Glockenspiel und stellten sich vor dem Rathaus auf. Meine Besucher staunten, wie europäisch der Aufmarsch anmutete. Es war bereits später Vormittag, eine Zeit, zu der sich Indonesier sonst nie freiwillig in die Sonne begeben. Doch heute schmorten Teilnehmer wie Zuschauer in der Hitze, um die Fahnenzeremonie zum Tag der Unabhängigkeit gemeinsam zu begehen.

Bevor die Limousinen der Würdenträger vorfuhren, waren die ersten Schulmädchen bereits umgekippt und mussten im Schatten wegen Dehydrierung behandelt werden. Dann gab es einige Reden. Darin ging es um Nationalstolz und die Bereitschaft, seinem Land zu dienen. So wie die Oberschüler, die nun schon fast im Dutzend zusammenklappten, während die Zuschauer sich im Schatten der großen Bäume drängten. Am Ende wurde die Fahne feierlich gehisst. Dazu natürlich die Nationalhymne. Dann waren die Jugendlichen endlich erlöst. Trotz der Anstrengung war ihnen der Stolz ins Gesicht geschrieben: Nur ausgewählte Schüler durften an der Zeremonie teilnehmen.

Anders als die Deutschen lernen die Indonesier von klein auf, dass sie ihr Land lieben sollen. Ohne Vorbehalt. Dass sich ihre

Vorfahren von der Kolonialherrschaft der Niederländer befreit und eine eigenständige Republik aufgebaut haben. Und dass dies kein Geschenk war. Zur Erinnerung beginnt die Woche in allen staatlichen Einrichtungen, Schulen und Behörden immer mit einem Fahnenappell am Montagmorgen. Was uns vor dem Hintergrund der deutschen Geschichte seltsam militaristisch erscheinen mag, ist für die meisten Indonesier, auch die jungen, ein wichtiger Teil ihrer Identität. Deswegen schmücken sie jeden August ihre *kampungs* mit bunten Fahnen und streichen die Eingangsportale frisch in den Nationalfarben Rot und Weiß. Schon wochenlang vor der jährlichen Unabhängigkeitsfeier üben die Jugendlichen mit Inbrunst marschieren – egal, ob sie dabei nass geregnet werden oder wichtige Straßen blockieren.

Die offiziellen Zeremonien folgen heute noch grob dem Ablauf der Unabhängigkeitserklärung vom 17. August 1945. Im Beisein seines Stellvertreters Mohammad Hatta verlas Revolutionsführer Sukarno damals in seinem Haus in Jakarta folgende Sätze: »Wir, die indonesische Bevölkerung, erklären hiermit die Unabhängigkeit Indonesiens. Angelegenheiten, die die Übergabe der Macht u. a. (*sic!*) betreffen, werden sorgfältig und so schnell wie möglich ausgeführt. Djakarta, am 17. Tag des 8. Monats des Jahres 45. Im Namen der Indonesischen Nation Soekarno/Hatta.« Anschließend hisste ein Soldat die neu genähte rot-weiße Flagge der Republik Indonesien, die ihm von einer jungen Frau auf einem Tablett überreicht wurde. Danach wurde das Lied »Indonesia Raya« gesungen, die heutige Nationalhymne.

Eigentlich wollte Sukarno mit dieser Erklärung noch warten. Einen Tag nach der offiziellen Kapitulation Japans am 15. August 1945 jedoch verloren die jungen, radikaleren Unabhängigkeitskämpfer die Geduld: Sie entführten Sukarno und Hatta und zwangen sie, gemeinsam mit dem späteren Außenminister Achmad Soebardjo, sofort eine entsprechende Erklärung zu verfassen. Nur einen Tag später wurde Sukarno zum Präsidenten Indonesiens und Hatta zu seinem Stellvertreter ernannt.

Der provisorische Charakter der überstürzten Erklärung zeigte sich in ihrem vagen zweiten Satz. Was darauf folgte, war Verunsicherung – und viel, viel Improvisation. Die Japaner hatten zwar schon am 1. März 1945 ein Komitee zur Vorbereitung der Unabhängigkeit eingerichtet. Seither durften Indonesier administrative Posten einnehmen und selbst praktische Erfahrungen beim Aufbau ihres Landes sammeln. Doch um einen gut organisierten bürokratischen Apparat und eine starke Armee aufzubauen, reichte die Zeit nicht aus. Schon im September landeten die Briten und übernahmen die Macht von den Japanern. Sie waren hauptsächlich daran interessiert, ihre eigenen Kriegsgefangenen zu befreien. Die Wiederbesetzung des weitläufigen Inselreichs überließen sie langfristig den Niederländern.

Diese dachten nicht daran, Indonesien in die Unabhängigkeit zu entlassen. Zu groß war die Angst, nach dem Zweiten Weltkrieg den Status als mittlere Großmacht einzubüßen. Dass sie selbst gerade der brutalen Unterdrückung eines anderen Landes entkommen waren, spielte keine Rolle. Im Gegenteil: Gerade jetzt wollten die Niederlande nicht auf die Einnahmen aus Indonesien verzichten, die ihnen lebenswichtig erschienen. Viele Niederländer, die während der japanischen Besetzung in Arbeitslagern interniert waren, kehrten daher einfach zu ihren alten Häusern, Plantagen und Geschäften zurück. Sie kannten kein anderes Zuhause.

Die indonesische Unabhängigkeitsbewegung war allerdings genauso wenig bereit, ihr Land erneut besetzen zu lassen, nachdem ihre Hoffnung auf Freiheit schon mehrfach enttäuscht worden war. Anfang Oktober 1945 gründete sie die Volkssicherheitsarmee. Diese stellte sich nur in einer einzigen großen Schlacht in Surabaya den waffentechnisch wie zahlenmäßig überlegenen britischen Soldaten: Tausende Indonesier ließen dabei ihr Leben, die Briten hatten rund 300 Opfer zu beklagen. Danach retteten sich die Unabhängigkeitskämpfer in einen Guerillakrieg, bei dem sie sich mehr Chancen auf Erfolg ausrechneten. Nach ihrem Abzug 1946 überließen es die Briten endgültig den Niederländern, das Land wieder unter Kontrolle zu bringen. In einigen Randgebieten wie Kalimantan oder den Molukken gelang dies leicht mit Hilfe ehemaliger Soldaten der Kolonialarmee. Auch viele Städte konnten die Niederlande wieder besetzen. Doch die ländlichen Gebiete auf den Hauptinseln Java und Sumatra, wo sich die einträglichsten Plantagen befanden, blieben hart umkämpft. Mehrere brutale sogenannte Polizeiaktionen sowie das Massaker von Rawagede im Dezember 1947, bei dem niederländische Soldaten 431 Zivilisten töteten, führten dazu, dass der UN-Sicherheitsrat am 28. Januar 1949 eine Resolution verabschiedete, die die niederländische Militäroffensive verurteilte und forderte, die Regierung der Republik Indonesien wiedereinzusetzen.

Aus Sicherheitsgründen hatten Sukarno und seine Mitkämpfer schon Anfang 1946 die Hauptstadt der Republik nach Jogjakarta verlegt, wo Sultan Hamengku Buwono IX sich auf die Seite der Unabhängigkeitskämpfer gestellt hatte. Als Dank erhielt er später weiterhin die Regierungsgewalt über sein Sultanat, das bis heute den teilautonomen Status *Daerah Istimewa* hat: eine Region mit Sonderrechten. Im Dezember 1948 starteten die Niederländer einen Großangriff auf Jogjakarta, bei dem sie Sukarno, seinen Stellvertreter Hatta und Sutan Sjahrir, den Premierminister der republikanischen Regierung, festnehmen konnten. Die Unabhängigkeitstruppen wiederum starteten am 1. März 1949 unter dem Kommando von Oberstleutnant Suharto einen Generalangriff, der die Niederländer für einige Stunden aus der Stadt vertreiben konnte. Diese Attacke feierte der spätere Präsident Suharto als entscheidenden Umkehrpunkt im Unabhängigkeitskrieg, der auf seine alleinige Initiative zurückgehe – eine unter Historikern höchst umstrittene Darstellung.

Die internationale Politik hatte sich zu diesem Zeitpunkt bereits hinter die junge Republik gestellt. Bis zu 100 000 indonesische Unabhängigkeitskämpfer hatten ihr Leben verloren. Sogenannte Heldenfriedhöfe in fast jeder Stadt zeugen davon. Die

Schätzungen für die zivilen Opfer sind etwa genauso hoch. Auf Seiten der niederländischen Armee waren mehr als 6000 Soldaten gefallen. Die Vereinten Nationen erzwangen einen Niederländisch-Indonesischen Runden Tisch. Mit der Unterschrift der niederländischen Königin Juliana am 27. Dezember 1949 erhielt Indonesien endlich seine Unabhängigkeit. Nur neun Monate später wurde das Land in die Vereinten Nationen aufgenommen. Zwei Dinge konnten die Niederlande zuvor allerdings durchsetzen: Erstens behielten sie die Hoheit über die westliche Hälfte der Insel Neuguinea. Und zweitens musste die junge Republik alle Schulden der alten Kolonie übernehmen – die hauptsächlich auf den Kampf gegen die Unabhängigkeit zurückgingen.

Nur wenige Indonesier erinnern sich heute noch an diesen Teil der Geschichte. An jedem Dorfeingang prangt das Datum 17. August 1945. Die Niederlande haben dieses Datum erst 50 Jahre später als offiziellen Tag der indonesischen Unabhängigkeit anerkannt. Martialische, häufig sozialistisch anmutende Monumente erinnern in jeder Stadt an den Krieg gegen die ehemaligen Kolonialherren. Aus erster Hand können davon allerdings nur noch wenige überlebende Veteranen berichten: Mit Orden behängt sitzen sie bei den Paraden zum Nationalfeiertag auf den Ehrenplätzen.

Was sich allerdings tief in die nationale Seele eingebrannt hat, ist die *Pancasila* – Sukarnos wohl wichtigstes Vermächtnis. Diese »Fünf Prinzipien«, so die Übersetzung des Sanskrit-Worts, kann jedes Schulkind auswendig herunterbeten. Und jedes noch so kleine Dorf in jeder noch so weit entfernten Provinz hat irgendwo mindestens ein Staatswappen mit den fünf Symbolen der *Pancasila* hängen: Ein Stern stellt den Glauben an einen Gott dar. Eine Kette symbolisiert eine gerechte und zivilisierte Menschheit. Ein Banyan-Baum steht für die nationale Einheit, ein Büffelkopf für die Demokratie. Eine Reisrispe und ein Baumwollzweig versinnbildlichen die soziale Gerechtigkeit. Diese Staatsideologie sei keineswegs veraltet, erklärte mir 70 Jahre nach der Unabhängigkeit ein Oberschüler in Jogjakarta, sie sei für ihn tatsächlich als Leitfaden im Alltag wichtig: »Die Religion steht auch bei mir an erster Stelle. Und die soziale Gerechtigkeit: Niemand darf gedemütigt werden, nur weil er anders ist. Wenn die Politiker sich mal wieder darauf besinnen würden, wären sie vielleicht nicht mehr so korrupt«, meint der 18-Jährige aus wohlhabendem Elternhaus. Während das allgegenwärtige Wappen mit dem Fabelvogel Garuda und der Inschrift *Bhinneka Tunggal Ika* (Einheit in Vielfalt) erst 1950 entstand, präsentierte Sukarno die erste Version der *Pancasila* bereits vor der Unabhängigkeitserklärung. Der zukünftige Präsident verarbeitete in seinem Konzept nationalistische, sozialistische und religiöse Grundsätze zu einem Amalgam, das als philosophische Grundlage des neuen Staates dienen sollte. Das Komitee zur Vorbereitung der Unabhängigkeit überarbeitete den ursprünglichen Entwurf und setzte das Religions-Prinzip – bei Sukarno noch Nummer fünf – an erste Stelle. Bis heute ist diese erste *Sila* die umstrittenste: Menschenrechtler und Demokraten halten den Mix aus Politik und Religion nicht mehr für angemessen. Konservative Politiker und geistliche Führer aller anerkannten Religionen wiederum zitieren das erste Prinzip gern als wichtigste Waffe gegen jeglichen Extremismus im Land. Nicht ganz zu Unrecht.

Als die Welt Indonesien in die Selbständigkeit entließ, hielt den Vielvölkerstaat nicht viel mehr zusammen als eine gemeinsame Sprache. Längst nicht alle Regionen waren mit der Gründung der indonesischen Republik einverstanden, und sie wurden durch Waffengewalt zum Anschluss gezwungen. Der studierte Bauingenieur Sukarno musste ein neues Staatssystem aufbauen, das die verschiedenen Strömungen im Land balancieren konnte: die Nationalisten, hinter denen das Militär stand, die *Darul-Islam*-Bewegung, die einen islamischen Staat forderte, sowie die Kommunisten. Letztere hatten bereits bei einem blutigen Aufstand im September 1948 erfolglos versucht, ihre Vision eines neuen Sowjetstaates durchzusetzen, und sich dadurch den Hass der ersten beiden Gruppen zugezogen. Für Sukarno war die Verankerung der *Pancasila* in der indonesischen Verfassung daher ein absolutes Muss, um die gegensätzlichen politischen und religiösen Strömungen in seinem Land zu vereinen.

Die ersten Jahre der jungen parlamentarischen Demokratie verliefen erwartungsgemäß instabil. Die ersten freien Wahlen 1955 sorgten zwar für eine ausgeglichene Sitzverteilung der konkurrierenden Gruppen im Parlament, jedoch nicht für mehr Harmonie. Sukarno selbst machte sich inzwischen einen Namen auf der internationalen Bühne, wo er gemeinsam mit dem ägyptischen Präsidenten Gamal Abdel Nasser und Indiens Premierminister Jawaharlal Nehru zu den postkolonialen Führern der blockfreien Staaten aufstieg. Er initiierte die erste große Afro-Asiatische Konferenz in Bandung 1955: Hier bezeichneten sich die Teilnehmer zum ersten Mal selbst als »Dritte Welt« – als Abgrenzung zur konservativen Ersten Welt der ehemaligen Kolonialmächte sowie zur Zweiten Welt der poststalinistischen Sowjetunion. Es galt als zeitgemäß, seine eigene Identität wieder zu betonen und dem Kontext des modernen Lebens anzupassen.

Während der charismatische Frauenheld Sukarno in den kommenden Jahren erfolgreich die neuen Supermächte des Kalten Krieges gegeneinander ausspielte, um Staatshilfen zu erhalten, liefen ihm die innenpolitischen Fäden zunehmend aus den Händen. 1957 führte er daher die »Gelenkte Demokratie« ein: eine autoritäre Version der Volksherrschaft, bei der Parlament und Wahlsystem zwar bestehen blieben, aber wichtige Entscheidungen allein von den politischen Führern getroffen wurden. Die ideologische Grundlage seiner Regierung nannte er NASAKOM, was ein Akronym der indonesischen Wörter für Nationalismus, Religion und Kommunismus ist. Zum Missfallen des Militärs und der islamischen Fraktion arbeitete Sukarno zunehmend enger mit der Kommunistischen Partei zusammen. Anfang der 1960er Jahre spitzte er seine antiimperialistische Politik zu, nationalisierte alle britischen Unternehmen im Land und schürte antiamerikanische Sentiments. Die Wirtschaft litt deutlich unter diesen Machtkämpfen. Am 7. Januar 1965 trat Indonesien aus den Vereinten Nationen aus. Wenig später forderten die Kommunisten die Bewaffnung der Bauern und Arbeiter als »Fünfte Gewalt«, was das Militär natürlich strikt ablehnte. Angebliche Kontakte der Militärführung zu den Briten und Amerikanern steigerten Sukarnos Angst vor einem Staatsstreich.

Der Coup kam, jedoch anders als gedacht: Laut offizieller Geschichtsschreibung waren es die Kommunisten, die am 1. Oktober 1965 die Macht übernehmen wollten. Und ausgerechnet das Militär unter Generalmajor Suharto rettete den Präsidenten. Dazu mehr im folgenden Kapitel. Danach blieb Sukarno noch anderthalb Jahre im Amt, aber die Macht lag de facto bei Suharto, der die Regierungsgeschäfte im März 1967 übernahm. Nachfolgend stand Sukarno bis zu seinem Tod infolge Nierenversagens 1970 unter Hausarrest.

Ganz im Gegensatz zu seinem verbitterten Ende steht das Bild Sukarnos im heutigen Indonesien. Als »Vater der Nation« wird er seit Suhartos Fall wieder wie eine Ikone gefeiert, nachdem er unter seinem Nachfolger für Jahrzehnte in Ungnade gefallen war. Die Partei seiner Tochter Megawati Sukarnoputri war bei allen Wahlen seit der Demokratisierung des Landes 1998 immer unter den drei stärksten Fraktionen im Parlament – mit Sicherheit eher ein Tribut an ihre Herkunft als an ihre politischen Fähigkeiten. Selbst ihr politischer Gegner in der letzten Wahl 2014, Prabowo Subianto, hatte sich im Wahlkampf regelmäßig in Sukarno-Posen inszeniert, mit einem Stellvertreter namens Hatta an seiner Seite. Auch in der blühenden zeitgenössischen Kunstszene Indonesiens ist es durchaus im Trend, Sukarno oder mit ihm verbundene Symbole zu verwenden. Der Film »Soekarno« (so die alte Schreibweise) des Regisseurs Hanung Bramantyo wurde 2014 sogar als indonesischer Oscar-Beitrag ausgewählt – ungeachtet eines Streits mit der Familie des Republikgründers über die allzu freie historische Darstellung des Streifens.

Mit der Historie nehmen es viele Indonesier heute nicht mehr ganz so genau, besonders wenn es um Unterhaltung geht. Das gilt auch für den Nationalfeiertag. Gerade die jüngeren Teilnehmer warten schon während der Fahnenzeremonie ungeduldig auf den lustigeren Teil der Feierlichkeiten. Dazu gehören – neben viel leckerem Essen natürlich – Sackhüpfen in traditionellen Kleidern, *krupuk*-Wettessen oder eine Art Eierlauf mit Murmeln. Besonders typisch für diesen Tag ist »*panjat pinang*«. Dabei versuchen meist junge Männer einen mit Öl eingeschmierten Betelstamm zu erklimmen, an dessen Spitze allerlei Geschenke aufgehängt sind. Unter dem Grölen der Zuschauer steigen sie sich dabei gegenseitig auf Schultern und Köpfe, rutschen wieder ab und landen im Matsch, bevor es endlich einige öl- und schlammverschmierte Helden bis oben schaffen. Dieses Spiel stammt aus der Kolonialzeit. Bei großen Festen gönnten die europäischen Besatzer ihren einheimischen Untergebenen etwas Freude und schenkten ihnen Lebensmittel und Kleider. Diese hängten sie allerdings an einen hohen, mit Tierfett beschmierten Baumstamm. Für die armen indonesischen Arbeiter waren diese Geschenke sehr wertvoll, und sie versuchten alles, auch auf Kosten anderer Mitstreiter, irgendwie den glitschigen Baumstamm zu erklimmen – zur Belustigung der feinen Gesellschaft.

Neue Ordnung: Militärherrschaft und Kommunistenverfolgung

Glaubt man der Darstellung des Suharto-Museums im Dörfchen Kemusuk, dann war General Suharto ein absoluter Menschenfreund. Und noch viel mehr: ein liebender Vater, ein überlegener Staatsmann und ein vielfacher Retter der Nation. Ob im Unabhängigkeitskrieg gegen die Niederländer, bei der »Befreiung« Papuas oder im Kampf gegen die Kommunistische Partei. Selbst bei seinem Rücktritt habe er nur an das Wohl der Nation gedacht – um noch mehr Blutvergießen zu verhindern.

Hunderte von Menschen besuchen jede Woche das erst im Juni 2013 eröffnete »Memorial Jendral Besar HM Soeharto«, das ein Halbbruder des zweiten Präsidenten Indonesiens neben dessen Geburtshaus errichten ließ. Darunter viele Schulklassen, die die einseitige Geschichtsauffassung völlig unreflektiert präsentiert bekommen. Touchscreens, Audio- und Videobeiträge berichten von den Heldentaten des »lächelnden Generals«, unvermeidbar natürlich auch kleine Dioramen, ohne die seit Suhartos Zeiten offenbar kein indonesisches Museum auskommt. Bei der blutrünstigen Darstellung des angeblichen Putschversuches der Kommunistischen Partei Indonesiens (PKI) von 1965 dürfen – trotz vieler minderjähriger Besucher – die Fotos der geschändeten Leichen von sechs Generälen und einem Adjutanten nicht fehlen. Ihr Tod rechtfertige Suhartos Machtübernahme und den nachfolgenden Massenmord an mindestens einer halben Million Kommunisten. Familienväter knipsen sich in Suharto-Pose vor den grausigen Bildern, während ihr Nachwuchs daneben militärisch salutiert. Die Selfies werden selbstverständlich Minuten später auf Facebook hochgeladen. An Wochenenden laufen ganze Busladungen von Besuchern durch das Memorial. Viele interessieren sich dabei weniger für die historischen Dokumente als vielmehr für den Brunnen neben Suhartos Geburtshaus: Die angeblich magische Quelle soll schon Schwerkranke geheilt haben.

Viele junge Indonesier wissen heute nicht mehr viel über Suharto. Auf meine Frage an Oberschüler und Studenten, wofür der ehemalige »starke Mann« Indonesiens in ihren Augen stehe, erhielt ich recht unterschiedliche Antworten: Militärherrschaft, repressive Politik, kontrollierte Medien auf der einen Seite – Held der Bauern, stabile Preise und Zusammenhalt der Nation auf der anderen. Einig waren sich immerhin alle Befragten darüber, dass er die Korruption im Land gefördert habe. Detailfragen dagegen konnte keiner beantworten. Genauso wenig allerdings konnten die Jugendlichen definieren, was Kommunismus eigentlich bedeutet: grundsätzlich böse, unreligiös oder das Gegenteil von Demokratie waren die häufigsten Antworten. Und dass Suharto die Kommunisten bekämpft habe – irgendwie.

Suharto stammte aus einfachen Verhältnissen. Als Scheidungskind wuchs er bei verschiedenen Verwandten auf und beendete die Mittelschule erst mit 18 Jahren. Die Legende seines Lebens beginnt mit seinem Eintritt in die japanische Armee 1942. Dieser Schritt hatte anfangs mehr mit existentiellen als ideellen Gründen zu tun. Nicht so oft erwähnt wird, dass der spätere Unabhängigkeitsheld zuvor bereits in der niederländischen Armee gedient hatte.

Unter den Japanern erhielt Suharto ein Offizierstraining, das seine militaristisch-nationalistische Ideologie später stark beeinflussen sollte. Spätestens seitdem er den Generalangriff gegen die niederländischen Truppen bei der Befreiung von Jogjakarta am 1. März 1949 anführte, war klar, dass der damals 27-jährige Oberstleutnant nach Höherem strebte. 18 Jahre später, nämlich am 12. März 1967, trat Generalleutnant Suharto offiziell das Amt des Präsidenten der Republik Indonesien an. Die Macht jedoch übernahm er de facto schon anderthalb Jahre zuvor, nachdem er als Retter der Nation aus einem fehlgeschlagenen Putschversuch hervorging, für den offiziell allein die Kommunistische Partei Indonesiens verantwortlich gewesen sein soll – damals mit drei Millionen Mitgliedern die drittgrößte der Welt nach Russland und China. Diese Ereignisse haben bis heute entscheidenden Einfluss auf die moderne Politik Indonesiens.

In den frühen Morgenstunden des 1. Oktobers 1965 zogen – angeblich auf Befehl von Oberstleutnant Untung Syamsuri, dem Chef der Präsidentengarde – sieben bewaffnete Militäreinheiten los, um sieben Generäle zu entführen, allesamt Mitglieder des Generalstabs der Armee unter Präsident Sukarno. Drei der Opfer wurden noch in ihren Häusern erschossen. Drei weitere wurden in die Nähe des Militärflughafens Halim Perdanakusuma im Südosten Jakartas verschleppt und dort umgebracht. Der siebte General, Verteidigungsminister Abdul Harris Nasution, konnte fliehen, doch verschleppten die Entführer versehentlich seinen

Assistenten. Die Leichen wurden später in einem Brunnenloch in einem Dorf namens Lubang Buaya (Krokodilsloch) südlich von Jakarta gefunden.

Noch vor der Morgendämmerung besetzten rund 2000 Soldaten ostjavanischer Divisionen gewaltlos drei Seiten des Unabhängigkeitsplatzes im Zentrum Jakartas und hatten somit den Präsidentenpalast, den Staatsfunk Radio Republik Indonesia sowie das Verteidigungsministerium unter Kontrolle. Erstaunlicherweise versuchten sie gar nicht erst, die Ostseite des Platzes zu besetzen, wo die neu eingerichtete militärische Spezialeinheit KOSTRAD (Strategisches Heereskommando) unter Generalmajor Suharto ihren Sitz hatte. Dieser wusste nach eigener Aussage nichts von den Vorgängen, als er um halb sechs Uhr morgens geweckt wurde. Daraufhin eilte er zum KOSTRAD-Hauptquartier. Dort übernahm er in Abwesenheit seiner entführten Vorgesetzten das Oberkommando über die Armee.

Um sieben Uhr morgens verkündeten die Putschisten im Radio, dass eine interne Armee-Organisation mit Namen »Bewegung 30. September« (G30S) wichtige strategische Einrichtungen unter ihre Kontrolle gebracht habe, um einen geplanten Coup von »CIA-unterstützten« Generälen gegen Präsident Sukarno zu verhindern. Sukarno befände sich in ihrer Obhut. Dieser war am Morgen tatsächlich zum Flughafen Halim Perdanakusuma gefahren – also direkt zur Basis der Putschbewegung. Dort befanden sich zu diesem Zeitpunkt auch der Vorsitzende der Kommunistischen Partei, Dipa Nusantara Aidit, und der Kommandeur der Luftwaffe, Omar Dhani, der als kommunistenfreundlich galt. Beide wurden später für den Putsch mitverantwortlich gemacht.

Dieser war offenbar schlecht geplant, denn die Truppen am Unabhängigkeitsplatz schmorten stundenlang ohne Wasser und Verpflegung in der Hitze. Suharto konnte die Soldaten im Laufe des Tages überreden, sich kampflos zurückzuziehen. Um 19 Uhr hatte er sämtliche strategischen Einrichtungen im Zentrum Jakartas friedlich zurückerobert. Zwei Stunden später verkündete

Suharto gemeinsam mit dem geretteten Verteidigungsminister im Radio, dass er die Armee unter Kontrolle habe und alle aufständischen Elemente zerstören würde. Er behauptete auch, dass sich der Putschversuch in Wirklichkeit gegen Sukarno gerichtet habe und er den Präsidenten retten würde.

Nach Aussagen von Zeugen, die sich an jenem Tag in Halim befanden, wurde Sukarno dort nie gegen seinen Willen festgehalten. Am Abend konnte er den Flughafen problemlos in Richtung Bogor verlassen. Nach einem kurzen Kampf am Morgen des 2. Oktobers übernahm die Armee den Flughafen, und die aufständischen Truppen gaben auf. PKI-Chef Aidit war zuvor nach Jogjakarta geflogen. Dort hatten militärische Einheiten ebenfalls zwei hohe Armee-Offiziere entführt und umgebracht. In Zentraljava hatten Soldaten der Diponegoro-Division kurzfristig die Kontrolle über ihre Einheit übernommen. Außerhalb Jakartas waren dies die einzigen Aktionen der Bewegung G30S.

So weit die offiziell überlieferten Fakten. Die Legendenbildung begann unmittelbar danach: Am 4. Oktober 1965 wurden die Leichen der getöteten Generäle aus dem Brunnen in Lubang Buaya geborgen und einen Tag später feierlich begraben. Zu diesem Zeitpunkt machten bereits Gerüchte die Runde, dass die Opfer vor ihrem Tod fürchterlich gequält und gefoltert worden seien. Angeblich hätten Mitglieder der kommunistischen Frauenorganisation Gerwani nackt um die Generäle herumgetanzt und ihnen die Penisse abgeschnitten. Eine Behauptung, die nie mit Fakten bewiesen werden konnte und den Aussagen von Gerwani-Mitgliedern widerspricht: Einige Frauen berichten, dass sie selbst grausam gefoltert wurden, bis sie alles gestanden, was von ihnen verlangt wurde. Eine neutrale Untersuchung der Ereignisse liegt bis heute nicht vor. Bei insgesamt einem Dutzend Toten kann man nicht wirklich von einer nationalen Umsturzbewegung sprechen. Suharto und seine Verbündeten jedoch behaupteten genau dies und schoben die volle Verantwortung für den Putsch auf die Kommunistische Partei.

Im ganzen Land begannen Demonstrationen gegen die PKI. Sie gipfelten in brutalen Massenmorden, unterstützt von Spezialkräften der Armee und der Jugendbewegung der Nahdladul Ulama, der größten muslimischen Organisation im Land. Es begann eine Hexenjagd gegen jeden, der irgendwie mit kommunistischem Gedankengut in Verbindung gebracht werden konnte. Oft ging es dabei nur um Eigeninteressen: Großgrundbesitzer gegen landlose Bauern, Unternehmen gegen Arbeiterorganisationen, Ureinwohner gegen Migranten. Oder schlichtweg um persönliche Rache zwischen Nachbarn, Kollegen, Konkurrenten. Ein falsches Stück Papier in der Tasche konnte bereits den Tod bedeuten. Die Pogrome forderten mindestens eine halbe Million Opfer, die in unbekannten Massengräbern verscharrt wurden. Einige Quellen sprechen von bis zu drei Millionen Toten. Hunderttausende verschwanden ohne gerichtliche Verhandlung als politische Gefangene in berüchtigten Arbeitslagern. Manche für Jahrzehnte, einige kamen nie wieder zurück. Einer der schlimmsten Massenmorde des 20. Jahrhunderts – und einer, der bis heute nicht aufgearbeitet wurde. Unklar ist, ob und in welchem Ausmaß Aidit und seine Gefolgsleute an den Geschehnissen beteiligt waren. Es gibt keine neutralen Quellen, die die Schuld der Kommunisten am Putsch eindeutig beweisen – und keine offiziell anerkannten, die sie widerlegen. Die wichtigsten Zeitzeugen sind mittlerweile verstorben.

Der PKI-Vorsitzende D. N. Aidit wurde auf seiner Flucht gestellt und unter ungeklärten Umständen getötet. Luftwaffenchef Omar Dhani wurde 1966 zum Tode verurteilt, die Strafe jedoch nie vollstreckt. 29 Jahre später entließ man ihn aus dem Gefängnis. Als 2001 eine Biografie über ihn erschien, stellte er in einem Interview mit der Zeitschrift *Tempo* seine Sicht der Dinge dar: »Die PKI hatte keine Waffengewalt. Meiner Meinung nach war die CIA beteiligt und Suharto die ausführende Hand. Es gab keinen General in Indonesien, der fähig gewesen wäre, eine solch ausgeklügelte Geheimdienstaktion durchzuführen.«

Ein Jahr zuvor hatte bereits Oberst Abdul Latief, der einzige Überlebende aus dem inneren Zirkel von G30S, seine Biografie veröffentlicht: »Das Plädoyer von Oberst A. Latief: Suhartos Beteiligung an G30S«. Latief verbrachte 33 Jahre in Haft, zehn davon in einer Isolierzelle. Erst 1978 bekam er eine Gerichtsverhandlung. Seine einzige bemerkenswerte Aussage damals war, dass er Suharto vor der Aktion informiert habe. Dies wäre eigentlich nicht überraschend: Suharto war eng befreundet mit Latief und G30S-Führer Untung. Und es würde erklären, warum das KOSTRAD-Gelände nicht besetzt worden war. Es gibt unzählige Theorien und Abhandlungen über die wahren Hintergründe der »Bewegung 30. September«. So unterschiedlich die Ansichten sind: In jeder These spielen die USA eine entscheidende Rolle, die nach den Debakeln in Korea und Vietnam größtes Interesse daran hatten, ein weiteres kommunistisches Machtzentrum in Asien zu verhindern.

Nur zwei Wochen nach dem Putsch erhielt Suharto den Oberbefehl über die indonesische Armee. Präsident Sukarno entglitt zunehmend die Kontrolle über das Land. Er stellte sich gegen die Massenmorde, aber keiner hörte auf ihn. Auch weigerte er sich, die Kommunistische Partei zu verbieten, die immer eine der drei Säulen seiner Regierung repräsentiert hatte. Unter großem Druck von militärischer Seite und massiven Studentendemonstrationen übertrug er Suharto – mittlerweile Generalleutnant – am 11. März 1966 die Befehlsgewalt für alle notwendigen Maßnahmen, um die chaotische Situation im Land wieder unter Kontrolle zu bekommen. Gleich am folgenden Tag verbot Suharto die PKI, eigentlich ein Privileg des Präsidenten.

Die Unterzeichnung dieses *Supersemar* genannten Briefs (eine Abkürzung von »Befehl Elfter März« und zugleich ein Wortspiel mit der mythischen Schattenspielfigur Semar, dem Schutzgeist Javas) diente Suharto als Grundlage zur Festigung seiner Macht. In den folgenden Monaten boykottierte er zunehmend die Politik des amtierenden Präsidenten. Im September 1966 trat Indonesien wieder den Vereinten Nationen bei. Am 12. März 1967 enthob die Volksvertretung Sukarno seines Amtes und übertrug die Geschäfte an Suharto. Ein Jahr später wurde dieser offiziell als zweiter Präsident der Republik Indonesien eingesetzt. Dies war der Beginn der Neuen Ordnung, wie Suharto sein autoritäres Militärregime nannte – im Gegensatz zur Alten Ordnung seines Vorgängers. Sukarno stand danach bis zu seinem Tod 1970 unter Hausarrest. Die Kommunistische Partei ist in Indonesien bis heute verboten.

Meine erste Begegnung mit dem indonesischen Kommunismus fand 2003 in Paris statt. Und zwar in einem kleinen indonesischen Restaurant nahe des Jardin du Luxembourg: Eine Freundin aus Jakarta, die gerade an einem Band über Exil-Poesie arbeitete, hatte mir einen Zettel mit der Adresse in die Hand gedrückt. Ich sollte dort ein Buch übergeben. Ich wurde sehr freundlich empfangen und direkt zum Abendessen eingeladen. Das Essen war lecker, die Bambuseinrichtung etwas altmodisch, aber gemütlich. Die Namen meiner Gesprächspartner sagten mir damals nicht viel. Sie erklärten mir, dass das Restaurant eine Kooperative sei, in der alle Mitarbeiter gleich viel zu sagen haben und gleich viel verdienen. Und sie erzählten von der Feier zum 1. Mai, die erst einige Tage her war. Jemand spielte die Internationale auf seiner Gitarre. Vor dem Hintergrund des wiedervereinigten Europas kam mir das überholt vor. Allerdings nur so lange, bis ich verstand, wen ich da vor mir sitzen hatte.

Das Restaurant Indonesia wurde 1982 von vier politisch verfolgten Indonesiern gegründet, darunter Sobron Aidit, der jüngere Bruder des getöteten Kommunistenführers D. N. Aidit. Die linken Intellektuellen befanden sich im September 1965 im Ausland, auf Konferenzen oder bei Studienaufenthalten. Zu jener Zeit gehörten sie zur Elite ihres Landes. Nach dem Putschversuch gab es für sie kein Zurück, mit dem Auslaufen ihrer Pässe wurden sie staatenlos. Auf abenteuerlichen Wegen gelangten sie nach Frankreich, während andere in Russland und Tschechien (damals Sowjetunion und Tschechoslowakei), Deutschland oder den Niederlanden strandeten. Im Westen politisches Asyl zu erhalten, war für die Kommunisten ein schwieriges Unterfangen, schließlich pflegte Suhartos Indonesien gute diplomatische und wirtschaftliche Beziehungen zum antikommunistischen Teil der Welt. Ein Restaurant, so überlegten die Pariser Flüchtlinge, wäre daher wohl die effektivste und neutralste Art, um im französischen Exil überleben zu können. Das Lokal könnte anderen in der gleichen Situation helfen, wieder Boden unter die Füße zu bekommen, und zugleich als indonesisches Kulturzentrum dienen. Meine Gastgeber waren der Exildichter JJ Kusni und D. N. Aidits älteste Tochter Ibaruri Putri Alam. Sie sprachen von ihrer Flucht. Vom Überlebenskampf ohne Pass und der ständigen Sehnsucht nach der Heimat, in die sie nicht mehr zurückkehren konnten. Von der quälenden Ungewissheit, was mit ihren Angehörigen und Freunden in Indonesien nach 1965 geschehen war. Und vom schwierigen Leben in der Fremde, die Frankreich immer geblieben war. Das neue Indonesien allerdings bot ihnen auch keine Heimat mehr.

Die europäische Politik hat diese wichtigen Zeugen der Geschichte weitgehend ignoriert. Trotz der massiven Menschenrechtsverbrechen hatte der Westen wenig gegen die Entwicklung der Ereignisse in Indonesien einzuwenden. Selbst die Medienberichterstattung war zurückhaltend. Indonesien ist eines der ressourcenreichsten Länder der Erde – doch der Zugang für Investoren aus dem Ausland wurde durch Sukarnos nationale Selbstversorgungspolitik zunehmend schwieriger. Suharto dagegen öffnete die Pforten in bestimmten Sektoren wie Bergbau oder Leichtindustrie wieder weit für internationale Großinvestoren, vor allem aus den USA, Westeuropa und Japan. Diese dankten mit Entwicklungshilfe und militärischer Zusammenarbeit. Auch Deutschland trainierte indonesische Offiziere und lieferte zahlreiche Waffen an das Regime Suhartos, den Helmut Kohl »meinen lieben Freund« nannte.

Selbst als Indonesien 1969 die westliche Hälfte der Insel Neuguinea annektierte – oder laut Suharto: integrierte –, schwieg die restliche Welt. Denn die fortan Irian Jaya genannte Provinz im Osten des Landes bot Unmengen an bislang kaum genutzten Ressourcen und Bodenschätzen. Zwar hatten die Vereinten Nationen die Verwaltung der niederländischen Kolonie bereits 1962 an Indonesien übergeben, allerdings mit der Auflage, dass die Bevölkerung spätestens sieben Jahre danach über ihre Unabhängigkeit entscheiden könne. Diese lebte größtenteils noch nach traditionellen Stammesriten. Das indonesische Militär übernahm die Kontrolle der unzugänglichen Region und tötete und inhaftierte dabei Tausende Einwohner. Kurz vor Ablauf des Ultimatums inszenierte Suharto den »Act of Free Choice«. Das Militär selbst wählte 1026 Frauen und Männer unter den rund 800 000 Einwohnern aus, die durch Handheben ihre Zustimmung zur Eingliederung in den indonesischen Staat bekundeten. Damit war der Form Genüge getan.

Eine beispiellose Ausbeutung begann. Bereits zwei Jahre zuvor hatte die amerikanisch-britische Firma Freeport begonnen, den Abbau eines ganzen Berges im Distrikt Timika vorzubereiten – genau dort, wo die Ureinwohner die Geister ihrer Ahnen verehrten. 1973 eröffnete die Grasberg-Mine offiziell, die heute die größte Goldmine der Welt mit rund 20 000 Angestellten ist. Nur wenige davon kommen aus der Region. Freeport ist der größte Steuerzahler Indonesiens. Es kamen noch viele weitere Firmen und Minen hinzu. Die riesigen Regenwälder Papuas werden heute systematisch abgeholzt und in gewinnbringende Plantagen umgewandelt. Als Suharto 1975 auch noch die portugiesische Kolonie Osttimor gewaltsam besetzen ließ, gab es dann doch einen internationalen Aufschrei. Die Annexion wurde diesmal völkerrechtlich nicht anerkannt. Obwohl auch hier einige Länder, allen voran Australien, ein sehr konkretes Interesse an bislang ungenutzten Rohstoffen hatten – diesmal mussten sie warten.

Durch sein rigoroses Regiment bot Suharto den Indonesiern

zwar eine stabile Sicherheitslage, allerdings ohne demokratische Rechte. Der Form halber ließ er alle fünf Jahre wählen. Der selbsternannte »Vater aller Indonesier« kontrollierte die Staatsmedien und verfügte über ein landesweites Überwachungsnetz, das nach dem Prinzip Zuckerbrot und Peitsche funktionierte: Wer ihm bedingungslos folgte wurde belohnt, wer aufmuckte bestraft. Mit hohen Subventionen für Benzin, Gas, Dünger, Reis und andere Grundnahrungsmittel machte er sich beim Volk beliebt. So gewann seine *Golkar*-Partei – eine von ihm umgewandelte Militärorganisation – alle Wahlen mit absoluter Mehrheit. Seine Gegner zwang der Diktator über die Jahre, sich zu zwei leicht kontrollierbaren Parteien zusammenzutun: der Einheitlichen Entwicklungspartei (PPP) für die islamische Fraktion und der Demokratischen Partei Indonesiens (PDI) für die nationalistische Opposition.

Auch wirtschaftlich hatte Suharto bald die absolute Kontrolle. Durch Verhandlungen mit Investoren im In- und Ausland sorgte er für ein schnelles Wirtschaftswachstum – von dem vor allem seine Familie und eine kleine politische Elite profitierten. Rund 35 Milliarden US-Dollar Privatvermögen soll der autokratische Herrscher während seiner Regierungszeit angehäuft haben. Damit führt er die Hitliste der korruptesten Herrscher aller Zeiten an, die Transparency International 2004 veröffentlichte. Korruption, Kollusion und Nepotismus – seither KKN genannt – blühten überall im Land. Die chinesischstämmigen Indonesier, die den Handel dominierten, hatte Suharto gleich nach seiner Machtübernahme mit diskriminierenden Gesetzen stark eingeschränkt. Indem er ab 1983 alle Organisationen in Indonesien auf die Staatsideologie *Pancasila* einschwören ließ, verherrlichte er diese als Quasireligion und verdrängte so die muslimische Elite. Die eher vagen Ausformulierungen der fünf Prinzipien legte er nach seinen Interessen aus. Bis heute ist die *Pancasila* – trotz zunehmender Islamisierung – ein unantastbares Gedankengut in Indonesien.

Den geschätzten anderthalb Millionen politischen Gefangenen der Suharto-Ära haben die hehren Ideen der idealistischen Staatsphilosophie nicht geholfen. Während die Welt Indonesien in den 1980er und 1990er Jahren noch als aufsteigenden Pantherstaat feierte und Jakarta sich zur überfüllten Megacity mit Wolkenkratzer-Skyline entwickelte, erlebten sie Gewalt, Unterdrückung und Diskriminierung. Einer der prominentesten Langzeitgefangenen war der Schriftsteller Pramoedya Ananta Toer – bis zu seinem Tod ein Daueranwärter auf den Literaturnobelpreis. 14 Jahre verbrachte der Brieffreund von Günter Grass im berüchtigten Arbeitslager auf der Gefängnisinsel Buru, weitere 13 Jahre unter Hausarrest. Weil ihm als ehemaligem Führungsmitglied der sozialistischen Kulturorganisation LEKRA das Schreiben verboten war, erzählte er seine Geschichten anderen Mitgefangenen. Auf diese Weise entstand das berühmte *Buru-Quartett*, das als eines der wichtigsten literarischen Werke Indonesiens gilt.

Auch Putu Oka Sukanta schrieb seine Geschichten im Kopf. Wie Hunderttausende andere Indonesier wurde er 1965 festgenommen, geschlagen, gefoltert und verschwand im Gefängnis, ohne je von einem Gericht verurteilt worden zu sein. Der 1939 geborene Schriftsteller war ebenfalls LEKRA-Mitglied. Seine Familie wusste viele Jahre nicht, ob er noch lebte. Während seiner zwölfjährigen Haft erlernte er von einem chinesischen Mitgefangenen Akupunktur und traditionelle chinesische Medizin. Die Kräuter bauten sie selbst im Gefängnishof an. Statt Nadeln verwendeten sie eingeschmuggelte Gitarrensaiten. Auch nach seiner Entlassung durfte Putu Oka Sukanta nicht schreiben, also eröffnete er eine Praxis. Aus der Not wurde eine Tugend, und er gründete ein Zentrum für Naturmedizin in Bogor. Heute schreibt er wieder Bücher und verarbeitet darin seine Erfahrungen als politischer Gefangener – die noch lange nachwirkten: Bis 1998 stigmatisierte ein Stempel mit den Buchstaben »E. T.« *(Ex-Tapol* – ehemaliger politischer Gefangener) im Pass seine ganze Familie und verbot ihnen den Zugang zum Staatsdienst und öffentlichen Ämtern.

Nach dem Fall Suhartos 1998 erhielten sie neue Pässe ohne diesen Stempel. Auch durften sie wieder wählen gehen. Ihren einst konfiszierten Besitz jedoch erhielten sie nicht zurück, auch gestand der Staat nie eine Schuld ein. Im Gegenteil: Als das Nationale Komitee für Menschenrechte (Komnas HAM) in einem Bericht aus dem Jahr 2012 die »Säuberungen« von 1965 als grobe Menschenrechtsverletzung bezeichnete, lehnte die Oberste Staatsanwaltschaft eine gerichtliche Untersuchung ab. Angeblich reichte das Beweismaterial nicht aus, um Anklage zu erheben. Djoko Suyanto, der damals zuständige Koordinierende Minister für Politik, Justiz und Sicherheit – selbst ehemaliger Armeechef –, äußerte, dass die Aktionen jener Zeit gerechtfertigt gewesen wären, um den Staat zu retten und die Nation nicht in die Hände von subversiven Elementen fallen zu lassen.

Neue internationale Aufmerksamkeit für das alte Thema brachte im selben Jahr der Film »The Act of Killing« des Amerikaners Joshua Oppenheimer. In dem Oscar-nominierten Dokumentarfilm spielen alternde Massenmörder ihre eigenen Taten nach – ohne jegliche Reue zu zeigen. Obwohl der Film als bahnbrechend gilt, zirkuliert er in Indonesien nur im Untergrund. Der Regisseur hatte aus Angst vor einem Bann gar nicht erst versucht, ihn in die indonesischen Kinos zu bringen. Zu Recht, wie sich herausstellte: Als Oppenheimers Folgefilm »The Look of Silence« über Angehörige von Opfern der Massenmorde im Dezember 2014 an Universitäten in Malang gezeigt werden sollte, schritt das Militär ein. »Ich weiß nicht, worum es in dem Film geht, aber die Verbreitung verbotener Ideologien dürfen wir nicht erlauben«, äußerte der zuständige Befehlshaber in den Medien. In Jogjakarta wurden die Filmvorführungen in mehreren Einrichtungen von radikalen Islamisten gestürmt, um »die Verbreitung kommunistischen Gedankenguts zu verhindern«. Die Polizei konnte nach eigener Aussage nichts dagegen unternehmen. Mittlerweile hat die Staatliche Zensurbehörde den Film auf den Index gesetzt. Er sei nicht objektiv genug und würde zu wenige Hintergrundinformationen liefern.

Bis heute erfahren die Opfer des Suharto-Regimes immer wieder öffentliche Diskriminierungen. Zum Beispiel, als 2011 in Jogjakarta ein neues Buch vorgestellt werden sollte mit Geschichten von ehemaligen politischen Gefangenen. Obwohl die Veranstaltung bewusst nur kurzfristig in bestimmten Kreisen angekündigt worden war, saßen bereits nachmittags sogenannte Intel – meist von der Polizei bezahlte Spitzel – im Café, wo die Lesung abends stattfinden sollte. Sie warnten davor, dass radikal-islamische Gruppen die als kommunistisch gebrandmarkte Veranstaltung stürmen könnten. Am Ende wurde die Lesung abgesagt. Einige geladene Gäste, die bereits vor Ort waren, mussten durch ein Spalier muslimisch gekleideter Fanatiker laufen, die angespitzte Bambusstöcke in der Hand hielten. Dabei kamen sie noch glimpflich davon. Bei ähnlichen Veranstaltungen an anderen Orten kommt es immer wieder zu gewalttätigen Ausschreitungen. Die Polizei schaut einfach zu.

Suharto selbst stand seit 2000 unter Hausarrest und war wegen vielfacher Unterschlagung öffentlicher Gelder angeklagt. Er musste jedoch nie vor Gericht erscheinen, weil es seine Gesundheit angeblich nicht zuließ. Als er am 4. Januar 2008 an Organversagen starb, erhielt er ein militärisches Staatsbegräbnis in Anwesenheit des damaligen Präsidenten Susilo Bambang Yudhoyono. Zehntausende säumten die Straßen, um zu sehen, wie der Leichnam zum Astana Giribangun bei Solo überführt wurde. In dem monumentalen Mausoleum lag bereits Suhartos verstorbene Frau Siti Hartinah begraben, eine Angehörige der Sultansfamilie von Surakarta. Der Friedhofskomplex auf einem idyllischen Hügel ist ansonsten nur Adligen vorbehalten und hat in der javanischen Philosophie eine zutiefst mystische Bedeutung. Besucher aus ganz Indonesien pilgern hierher wie zum Grab eines Heiligen.

Immerhin wurde Suharto bislang nicht als Nationalheld anerkannt. Knapp drei Monate nach seinem Tod verurteilte ihn ein Zivilgericht wegen Korruption. Die von ihm eingerichtete Wohltätigkeitsorganisation Supersemar musste 110 Millionen

US-Dollar an den Staat zurückzahlen. Suhartos Halbbruder Probosutedjo war schon 2003 wegen Korruption in Höhe von zehn Millionen US-Dollar zu vier Jahren Haft verurteilt worden. Nach seiner Freilassung errichtete er das Suharto-Memorial im gemeinsamen Geburtsort Kemusuk. Die Souvenirläden am Ausgang des Museums verkaufen heute T-Shirts und Taschen mit dem Bild eines jovial lächelnden Suharto, der dem Betrachter zuwinkt. Darunter steht: »*Piye kabare, enak jamanku to*?« – »Wie geht's, zu meiner Zeit war's besser, oder?«

Reformasi: **Freiheit, Chaos, Korruption**

Die Stille vor dem Sturm. Normalerweise kam es einer Mutprobe gleich, die vielspurige Jalan Matraman im Zentrum von Jakarta zu Fuß zu überqueren. Doch plötzlich war kaum Verkehr, die gewohnte Geräuschkulisse vor dem damaligen Goethe-Institut einfach abgeschaltet. Es war der 11. November 1998, ein halbes Jahr nach dem Rücktritt von Präsident Suharto. Alex, ein langhaariger Philosophiestudent, der mit mir an einem Filmprojekt arbeitete, zog mich auf die Straße: »Komm, das musst du sehen!« Sein Gesicht glühte vor Aufregung, er war selbst aktiv in der Studentenbewegung, die den autoritären Herrscher mit zu Fall gebracht hatte.

Vom Norden her nahte ein riesiger Demonstrationszug. Trauben von Menschen hingen in den Türen und auf den Dächern von klapprigen Bussen und schwenkten Fahnen, die meisten liefen einfach nebenher. Diesmal waren es nicht nur Studenten, wie bei den meisten anderen Demonstrationen, die ich bisher erlebt hatte – diesmal marschierten auch Marktverkäufer, *bajaj*-Fahrer und Hausfrauen mit. Mehr als 12 000 sollen es an jenem Tag gewesen sein. Die Demonstranten wollten das gesamte System erneuern. Sie wollten freie Wahlen, sie wollten einen Rechtsstaat. »Demokrasi sampai mati«, sang die Menge, »Demokratie bis zum Tod«, viele tanzten, die Euphorie war ansteckend.

Die deutsche Botschaft verschickte damals regelmäßig Informationen an alle Deutschen in Indonesien. Jeder solle immer seinen Pass und ein Ausreiseticket bei sich tragen, um im Notfall sofort zum Flughafen fahren zu können. Regel Nummer eins: sich von Massenansammlungen fernhalten und sich niemals irgendwelchen politischen Kundgebungen anschließen.

Nach Plünderungen einige Monate zuvor hatten Banken und Geschäfte ihre Auffahrten und Eingänge mit dicken Stacheldrahtrollen verbarrikadiert. Das Militär hatte die wichtigsten Kreuzungen mit Panzern blockiert. Anstatt das Ende der Demonstration abzuwarten, lief ich mit einer Gruppe Menschenrechtler mit, die im Institut einen deutschen Gast abgeholt hatten. Wir stiegen in einen Kleinbus und fuhren zum Büro ihrer Organisation. Dort stand eigentlich eine Diskussion über Frauenrechte auf dem Programm. Doch dann klingelte das Telefon. Die Demonstration war aus dem Ruder gelaufen. Bewaffnete in Zivil waren mit den Demonstranten aneinandergeraten, es gab Verletzte. Studenten und Aktivisten planten weitere Kundgebungen am nächsten Tag, die Nacht wollten sie in ihren Universitäten ausharren. Sofort kam Bewegung in die Diskussionsteilnehmer, es wurden Aufgaben verteilt. Ich klapperte mit einigen Studenten die Straßenstände in der Umgebung ab, um Hunderte Reispakete zu kaufen. Andere besorgten Wasser, Decken, Verbandszeug. Da das Militär die Hauptstraßen der Stadt abgeriegelt hatte, gab es keinen Weg zurück ins Zentrum, es sei denn mit dem Rettungswagen. Also wurden zwei Minibusse mit improvisierten Rotkreuz-Markierungen beklebt.

Ausgestattet mit Kopftuch und Brille fuhr ich in einem der Kleinbusse mit. Wir wurden nur einmal angehalten, aber angesichts der Berge von Essen und Verbandszeug ohne Probleme durchgelassen. Die Universitäten wirkten auf den ersten Blick wie chaotische Sammellager, doch tatsächlich waren die Demonstranten gut organisiert: Jeder Campus hatte eine Organisationszentrale, einen Infopunkt, eine Sammelstelle für Essen und eine improvisierte Krankenstation. Wichtige Neuigkeiten wurden umgehend über Pieper weitergegeben. Die Studenten waren fest entschlossen, nicht nachzugeben, bis ihre Forderungen erfüllt würden.

Die Generation, die den Sturz des Autokraten einleitete, kannte Indonesien nur unter Suharto. Seit ihrer frühesten Kindheit standen diese jungen Leute stramm beim Fahnenappell, lernten die *Pancasila* auswendig und mussten zu jedem 30. September den martialischen Propagandafilm »Pengkhianatan G30S/PKI« ansehen, der den Putsch im Jahr 1965 aus Sicht des Suharto-Regimes zeigte. Die Kinder der 1965er-Generation haben die damaligen Geschehnisse mit ihren Eltern nie diskutiert – für sie gab es nur eine historische Wahrheit. Selbständiges Denken und Eigeninitiative waren nicht gefragt, militärischer Gehorsam und unbedingter Respekt der Hierarchien dagegen galten als gute Erziehung. Öffentliche Proteste waren theoretisch möglich, wurden praktisch aber immer sofort unterbunden.

Dies änderte sich Anfang der 1990er Jahre. Angesichts der grassierenden Korruption und massiver Menschenrechtsverbrechen gärte in einigen Gesellschaftsschichten schon lange eine tiefe Unzufriedenheit. Kritik wurde allerdings nur in kleinen Diskussionsrunden laut – in den Büros von Nichtregierungsorganisationen, auf dem Campus oder in Moscheen. Immer in der Angst vor dem Geheimdienst: Ob Kommilitone oder Putzmann, jeder konnte ein Spitzel sein. Als Sukarnos Tochter Megawati Sukarnoputri 1994 den Vorsitz der bislang gefügigen Demokratischen Partei Indonesiens (PDI) übernahm, bekam die Opposition auf einmal ein Gesicht. Im Juni 1996 inszenierten Megawatis Gegner mit Suhartos Unterstützung einen Parteikongress in Medan, bei dem sie wieder abgewählt wurde. Die Partei spaltete sich in zwei Lager, wobei Megawatis Anhänger die Zentrale im Zentrum Jakartas kontrollierten. Am 27. Juli 1996 stürmten ihre Gegner, unterstützt von Polizei und Militär, die PDI-Zentrale. Fünf Menschen starben dabei, 149 wurden verletzt, 136 verhaftet. Dieser sogenannte Graue Samstag war die Geburtsstunde der *Reformasi,* wie sich die Demokratiebewegung fortan selbst nannte. Zwar verbot die Regierung die PDI-Fraktion Megawatis, die sich seither den Zusatznamen *Perjuangan* (Kampf) anhängte. Doch konnte Suharto nicht verhindern, dass die Tochter seines ungeliebten Vorgängers immer populärer wurde.

In der folgenden Zeit verschwanden zahlreiche prominente Studentenführer und Aktivisten. Einige kamen wieder frei, wie der heutige PDI-P-Politiker Budiman Sujatmiko, damals Vorsitzender der neu gegründeten Demokratischen Volkspartei, die mit ihren sozialistischen Zielen dem verbotenen Kommunismus gefährlich nahestand. Manche tauchten nie wieder auf, wie der prominente Dichter Wiji Thukul. Bis heute ist unklar, was mit ihm geschah.

Zumindest für einen Teil dieser Entführungen war nachweislich der damalige Kommandeur der berüchtigten militärischen Spezialeinheit KOPASSUS (Kommando der Spezialkräfte) verantwortlich: Suhartos Schwiegersohn Prabowo Subianto. Ihm wird nachgesagt, dass er damals alles daransetzte, um die Kontrolle über das Militär zu übernehmen. Noch im März 1998 beförderte ihn Suharto zum Kommandeur der Spezialeinheit KOSTRAD (Strategisches Heereskommando), die er einst selbst befehligt hatte. Prabowo scheiterte jedoch – unter anderem an seinem Gegenspieler Wiranto, dem Oberbefehlshaber der Streitkräfte. Im August wurde Prabowo aus der Armee entlassen. Wenig später folgte die Scheidung von Suhartos Tochter Siti Hediyati.

1997 kam die Asienkrise. Geplatzte Kreditblasen, horrende Auslandsschulden und fehlende Absicherungen lösten einen rasanten Währungsverfall und infolgedessen einen Run auf die Banken aus. Die Indonesier zogen die Hälfte ihrer Bankeinlagen zurück, teils mit herben Verlusten. Die Preise für Nahrungsmittel, Benzin und Strom explodierten. Der Suharto-Clan profitierte davon, waren doch fast alle Unternehmen im Transport- und Energiesektor in Familien- oder Freundeshand. Auch unpolitische Menschen bekamen nun die Folgen der jahrzehntelangen Vetternwirtschaft zu spüren. Die Unzufriedenheit griff auf die gesamte Bevölkerung über. In vielen Provinzen kam es zu ethnischen Unruhen und Ausschreitungen gegen chinesischstämmige Indonesier, denen nachgesagt wurde, Geld zu horten. Trotz der politischen und finanziellen Anspannung im ganzen Land gewann Suhartos Golkar-Partei bei den Wahlen im Mai 1997 eine unglaubliche absolute Mehrheit von 75 Prozent. Es wurde erstmals offen über Wahlbetrug spekuliert. Im März 1998 bestätigte das Parlament Suharto dennoch einstimmig für seine siebte Amtszeit als Präsident. Als Stellvertreter wurde der in Deutschland ausgebildete Technologieminister Bacharuddin Jusuf Habibie bestimmt. Sein Kabinett besetzte Suharto mit Familienmitgliedern und engen Vertrauten.

Das brachte das Fass zum Überlaufen. Die Proteste griffen nun auf die ganze Bevölkerung über. In Jakarta versuchten am 12. Mai rund 10 000 Studenten, von der Trisakti-Universität aus zum Parlamentsgelände zu marschieren, doch bewaffnete Sicherheitskräfte zwangen die Demonstranten auf den Campus zurück. Angeblich flogen Steine auf Polizisten, woraufhin diese einfach in die Menge schossen. Vier Studenten starben. Am nächsten Tag brachen in der ganzen Stadt Unruhen aus. Zwei Einkaufszentren wurden in Brand gesteckt und Hunderte Geschäfte verwüstet, die meisten in Jakartas Chinatown. Mehr als 1000 Menschen starben in den Flammen. Nach Schätzungen von Menschenrechtsorganisationen wurden Hunderte chinesische Frauen vergewaltigt. 87 sagten später aus. Auch in anderen indonesischen Städten kam es zu ähnlichen Ausschreitungen. Zehntausende chinesischstämmige Indonesier und Ausländer verließen fluchtartig das Land. Viele kamen nie wieder zurück.

Viele Anzeichen deuten darauf hin, dass die Unruhen und vor allem die ethnischen Übergriffe und Vergewaltigungen organisiert waren. Fast immer waren Provokateure vor Ort, die die Menge anstifteten. Oft lagen schon Steine und Bambusstöcke bereit. Der mehrere hundert Seiten lange Bericht über die Vorfälle, den Suhartos Nachfolger Habibie bei einem unabhängigen Untersuchungsteam angefordert hatte, ist nie in voller Länge veröffentlicht worden. Viele Analysten spekulierten später jedoch, dass auch für diese organisierte Gewalt die Truppen von Prabowo Subianto verantwortlich gewesen seien.

Am 19. Mai 1998 besetzten rund 15 000 Studenten das indonesische Parlament. Die bunte Masse ergoss sich über die gewaltige Eingangstreppe bis auf das gewölbte grüne Dach hinauf. Niemand hinderte sie daran: Die Armee stand nicht mehr hinter Suharto. Am 21. Mai trat er zurück. Sein Amt übergab er an seinen Stellvertreter Habibie. Nur sieben Minuten dauerten die Ansprachen zu Rücktritt und Amtsübergabe, dann war die 32 Jahre lange Herrschaft Suhartos beendet. Die Euphorie unter den Demonstranten war immens – aber nur von kurzer Dauer.

Der Präsident hieß jetzt Habibie, doch sein Kabinett bestand weiterhin zu mehr als der Hälfte aus Suhartos Ministern. Der Kommandeur der Streitkräfte Wiranto wurde Verteidigungsminister. Studenten und Aktivisten beschlich das dumpfe Gefühl, betrogen worden zu sein. Statt *reformasi* verlangten die Demonstranten nun *revolusi*. Sie wollten den ganzen Apparat austauschen. Mit allen Konsequenzen: Menschenrechtsverbrechen sollten aufgeklärt und Suharto vor Gericht gestellt werden. Und die Armee sollte ihre Doppelfunktion als Sicherheitsorgan und politische Macht aufgeben. Das Ende der *dwifungsi*, der Doppelfunktion der Armee als gleichzeitig exekutiver und legislativer Kraft unter Suhartos Regierung, wurde zur Hauptforderung. Die Proteste spitzten sich wieder zu, als die Regierung im November zu einer außerordentlichen Sitzung zusammentrat, bei der über den zukünftigen politischen Kurs des Landes entschieden werden sollte. Nach der oben geschilderten Massendemonstration versuchten am 12. November geschätzte hunderttausend Demonstranten, von verschiedenen Seiten zum Parlamentsgebäude vorzudringen. Sicherheitskräfte hielten sie jedoch zurück, es kam wieder zu Ausschreitungen, Dutzende Menschen wurden verletzt. Tausende Studenten verbrachten die Nacht in der nahen Atmajaya-Universität, die an der kleeblattförmigen Semanggi-Kreuzung in der Nähe des Regierungskomplexes liegt. Als am kommenden Tag wieder Zehntausende in Richtung Parlament drängten, fingen die Soldaten an, von den Überführungen der Kreuzung aus wahllos auf das Campusgelände zu schießen. Angeblich mit Gummigeschossen. Bis in den frühen Morgen feuerten sie weiter, die Universität wurde zum belagerten Fort. Nachdrängende Demonstranten wurden mit Tränengas und Knüppeln abgehalten. Die Opferzahlen der sogenannten Semanggi-Tragödie variieren. Laut dem Freiwilligenteam für die Menschlichkeit (TRuK), dessen Aktivisten immer und überall dabei waren, starben 17 Menschen, fast 500 wurden verletzt. Der damalige Oberbefehlshaber Wiranto bestreitet bis heute jegliche Verantwortung für die Vorfälle.

Die Stimmung war bedrückend. Tagelang kreisten Militärhubschrauber über der Stadt, nachts herrschte Ausgangssperre. So als sei nach dieser neuen Gewaltwelle allen Seiten die Luft ausgegangen, kehrte im Dezember auf einmal Ruhe ein. Der Fastenmonat Ramadan begann, und Indonesien schien in sich zu gehen. Zum ersten Mal seit Monaten konnte man ohne Angst vor Militärblockaden oder Ausgangssperren herumfahren. Im Januar bat Präsident Habibie die Vereinten Nationen, in der umkämpften Provinz Osttimor ein Referendum zur Unabhängigkeit durchzuführen. Das Osttimor-Referendum endete blutig: Proindonesische Milizen hatten – unterstützt vom indonesischen Militär – mindestens 1400 Osttimoresen umgebracht und 300 000 zur Flucht nach Westtimor gezwungen.

Doch die Demokratiebewegung schöpfte wieder Hoffnung. Immerhin hatte Habibie schon kurz nach seiner Amtsübernahme die Gründung neuer politischer Parteien zugelassen und das Informationsministerium abgeschafft, Suhartos wichtigstes Kontrollinstrument über die Medien. Auf einmal herrschte Pressefreiheit. Unter dem Druck der Öffentlichkeit gab es im Juni 1999 die ersten freien Wahlen, früher als von Habibie ursprünglich geplant. Von 48 Parteien auf dem Wahlzettel schafften es 21 ins Parlament, viele nur mit je einem Sitz.

Megawatis PDI-P gewann mit knapp 34 Prozent vor der Suharto-Partei Golkar mit 22 Prozent. Den dritten Platz nahm die neu gegründete moderat-islamische Partei des Nationalen Erwachens (PKB) ein, deren Vorsitzender Abdurrahman Wahid anschließend vom Parlament zum Präsidenten gewählt wurde. Megawati schaffte es zum Ärger ihrer randalierenden Anhänger nur auf den Posten der Vizepräsidentin. Der als tolerant geltende islamische Intellektuelle Gus Dur, wie Wahid allgemein genannt wurde, schien aus demokratischer Sicht zunächst ein Glücksgriff. Der langjährige Führer der Nahdlatul Ulama (NU), der größten muslimischen Organisation Indonesiens, wollte möglichst alle wichtigen Parteien und Organisationen an der Regierung beteiligen. Er kündigte eine Reform des Militärs sowie den Kampf gegen die Korruption an. Er verhandelte mit Rebellenführern in Aceh und in Papua. Er hob das Verbot von chinesischen Schriften und Namen auf und machte das Chinesische Neujahr zum optionalen Feiertag. Selbst marxistisch-leninistische Lehren wollte er wieder zulassen und räumte eine Mitschuld der NU an den Massenmorden 1965/66 ein. Und er strebte Handelsbeziehungen zu Israel an.

All diese progressiven Schritte haben zu seinem baldigen Sturz mit beigetragen: zu viel radikales Umdenken in zu kurzer Zeit. Der halbblinde, respektverwöhnte Geistliche bewies zudem kein allzu großes diplomatisches Geschick gegenüber seinen Gegnern. Er entließ seine Minister gleich im Dutzend und drohte mit der Auflösung des Parlaments, das nicht so wollte wie er. Am 23. Juli 2001 kam ihm das Parlament zuvor, enthob stattdessen ihn seines Amtes und setzte Megawati als Präsidentin ein. Das Militär untermalte die Absetzung des zivilen Reformers mit einer wirkungsvollen Präsentation seiner Stärke: 40 000 Soldaten marschierten in Jakartas Innenstadt auf, tagelang standen Panzer mit ihren Rohren auf den Präsidentenpalast ausgerichtet, bis ein uneinsichtiger Gus Dur schließlich zur medizinischen Behandlung in die USA ausreiste.

Megawati entwickelte sich leider ebenfalls nicht zur starken Führungsfigur. Sie zeigte sich bei wichtigen Entscheidungen unentschlossen, hatte keine klare ideologische Linie und ließ sich eher von persönlichen Interessen leiten als von politischer Ratio. Genauso enttäuschend für viele Aktivisten war die Performance von Parlamentssprecher Amien Rais, Mitgründer der Nationalen Mandatspartei PAN. Der ehemalige Vorsitzende der muslimischen Massenorganisation Muhammadiyah galt als einer der führenden Köpfe der *Reformasi*. Viele sahen in ihm eine Figur, die die Demokratiebewegung einen könne. Doch statt durch klare Richtungsangaben tat er sich durch politisches Taktieren hervor. Und verschwand schon nach einer Legislaturperiode wieder von der großen politischen Bühne. Dennoch hat sich in dieser Amtszeit, entgegen aller Befürchtungen, der Demokratisierungsprozess stabilisiert. Es gab keinen Putsch, und das Militär zog sich tatsächlich aus Parlament und Regierung zurück. Das Verfassungsgericht und die Antikorruptionsbehörde (KPK) wurden neu eingerichtet. Das Wahlsystem wurde verbessert, und man führte direkte Präsidentschaftswahlen ein.

Bis 2002 bestimmte die Beratende Volksversammlung (MPR) als höchstes Verfassungsorgan Indonesiens den Präsidenten und seinen Stellvertreter. 2003 jedoch wurde sie auf eine Stufe gestellt mit dem »Rat der Volksvertreter« (DPR), dem Obersten Gerichtshof, dem Verfassungsgericht und dem Rechnungshof. Die einst tausendköpfige MPR setzt sich seither zusammen aus den 560 Abgeordneten des DPR und den 132 Mitgliedern der Regionalvertretung (DPD). Die Repräsentanten beider Parlamentskammern werden alle fünf Jahre gewählt. Während die Mitglieder der Regionalvertretung parteiunabhängig gewählt werden, können in die Volksvertretung seit 2012 nur noch Kandidaten einziehen, deren Parteien mindestens 3,5 Prozent der Stimmen gewinnen.

Der DPR kontrolliert die Regierung, verabschiedet den Staatshaushalt und bringt neue Gesetze ein, die allerdings die Zustimmung des Präsidenten benötigen. Die DPD hat Vorschlags- und Mitspracherecht bei allen regionalen Gesetzesentwürfen. Es bleibt jedoch weiterhin die Aufgabe der MPR, Verfassungsänderungen vorzunehmen oder gegebenenfalls über eine Amtsenthebung des amtierenden Präsidenten zu entscheiden.

Dieser wird ebenfalls alle fünf Jahre zusammen mit seinem Stellvertreter direkt von der Bevölkerung gewählt. Kandidaten dürfen nur von Parteien oder Koalitionen aufgestellt werden, die entweder mindestens 20 Prozent der Stimmen oder 25 Prozent der Sitze im DPR gewonnen haben. Stehen mehr als zwei Kandidatenpaare zur Wahl und keines gewinnt die absolute Mehrheit, gibt es eine Stichwahl zwischen den beiden Paaren mit den meisten Stimmen. Auch die Provinzgouverneure, die Regierungschefs der *kabupaten* (Regierungsbezirke) und die Bürgermeister von Städten werden seit 2005 alle fünf Jahre direkt von den Bürgern gewählt.

Eine der am schwierigsten umzusetzenden Neuerungen der *Reformasi*-Ära war die weitreichende Dezentralisierung des zuvor völlig zentralisierten, gesteuerten Staates. Um weiteren separatistischen Bestrebungen und gewalttätigen Konflikten entgegenzuwirken, sollte den Regionen mehr Eigenständigkeit zukommen. Allerdings nicht den Provinzregierungen, sondern den *kabupaten*. Jakarta kümmerte sich weiterhin um Außen- und Verteidigungspolitik, Justiz und Finanzpolitik sowie religiöse Angelegenheiten. Doch über Bildungs- und Gesundheitspolitik, Forstwirtschaft und Fischereiwesen durften die Regierungsbezirke von nun an selbst entscheiden. Auch über Investitionen. Auf diese Weise sollten die Regionen mehr am politischen Prozess beteiligt werden und selbst über ihre Ressourcen bestimmen können. Und da lag der Haken: Überall bestimmten plötzlich »Mini-Suhartos« in selbstherrlicher Manier über die Vergabe von Anlagen und Aufträgen und füllten sich ganz nebenbei die Taschen. Der Ausverkauf des Landes inklusive Abholzen der Regenwälder und Überfischen der Meere nahm eine beängstigende Geschwindigkeit an, die heute kaum noch zu stoppen ist. Die Zahl der *kabupaten* ist seit 1999 von rund 300 auf mehr als 500 gestiegen – schlichtweg weil es so lukrativ ist: 80 Prozent der Einnahmen aus natürlichen Ressourcen und 90 Prozent des Staatshaushalts für die Provinzen gehen heute an die Regierungsbezirke. Die Dezentralisierung hat den Regionen zwar tatsächlich etwas mehr Demokratie gebracht. Aber vor allem mehr Korruption.

2004 wählten die Indonesier zum ersten Mal direkt ihren Präsidenten. Megawati verlor die Stichwahl gegen ihren ehemaligen Minister, Exgeneral Susilo Bambang Yudhoyono, genannt SBY (gesprochen: ES-BE-JE). Er versprach Stabilität und Wirtschaftswachstum. Er brachte Indonesien zurück auf die Weltbühne als wirtschaftlichen Aufsteiger und wichtiges Mitglied der G20. Und er brachte Stagnation: Innenpolitische oder gesellschaftliche Konflikte saß er einfach aus. Er kümmerte sich weder um die Aufklärung vergangener Menschenrechtsverletzungen noch um die steigende religiöse Intoleranz im Land. Das Ausland sah darüber geflissentlich hinweg und pries Indonesien als wichtigen Wirtschaftspartner.

Die meisten ehemaligen *Reformasi*-Aktivisten hatten sich bei SBYs Amtsantritt bereits enttäuscht vom politischen Geschehen abgewendet. Sie arbeiteten inzwischen als Dozenten, Rechtsanwälte oder Marktforscher, in Kultur- oder Umweltorganisationen. Weder die Studenten noch die intellektuelle Elite waren auf den politischen Prozess vorbereitet gewesen, der auf den Umsturz Suhartos folgte. Es fehlte schlichtweg eine fähige, charismatische Führungspersönlichkeit. Am Ende blieb das alte Lager am Steuer: Bei jeder Präsidentschaftswahl bisher kandidierten ehemalige Generäle, Politiker aus Suhartos Zeiten oder einflussreiche Wirtschaftsmagnaten. Darunter die wegen Menschenrechtsverbrechen beschuldigten Exgeneräle Prabowo Subianto und Wiranto, bis heute politische Gegenspieler. Am Ende gingen die früheren Demonstranten aus Mangel an Alternativen nicht einmal mehr zu den freien Wahlen, für die sie einst gekämpft hatten.

Bis ein sympathischer Möbelhändler Bürgermeister von Solo wurde. Joko Widodo, genannt Jokowi, krempelte die konservativen Strukturen der zentraljavanischen Provinzstadt so gründlich um, dass selbst Jakarta darauf aufmerksam wurde. 2012 wurde der PDI-P-Politiker zum Gouverneur der Hauptstadt gewählt – zur großen Überraschung des alten Establishments um den bisherigen Amtsinhaber Fauzi Bowo. Dieser ging später als Botschafter nach Berlin. Jokowi indessen machte sich einen Namen als Freund der kleinen Leute. Er führte eine Gesundheits- und Bildungsversicherung für die gesamte Bevölkerung ein. Sein Markenzeichen waren unangemeldete Besuche in Slums, auf Märkten oder Volksfesten.

Nachdem Jokowi Anfang 2014 in sämtlichen Meinungsumfragen weit vorn lag, entschloss sich Megawati widerwillig, den neuen Politstar ihrer Partei als Präsidentschaftskandidaten zu küren, anstatt selbst zu kandidieren. Zum ersten Mal stand jemand für den höchsten Posten im Land zur Wahl, der weder Beziehungen zum Suharto-Clan noch zum Militär besaß. Der weder Führer einer islamischen Organisation war noch Kind einer elitären Unternehmerfamilie. »Ehrlich, einfach, fleißig: Unterstützt Jokowi, er ist zwar dünn und kommt vom Dorf, doch er ist aufrichtig und gibt uns Hoffnung. Jokowi ist einer von uns«, rappte Hiphopper Kill the DJ während des Wahlkampfes. Plötzlich war die Euphorie wieder da. Jeder Künstler und Intellektuelle, der etwas auf sich hielt, wurde auf einmal politisch aktiv.

Jokowi kündigte eine »mentale Revolution« an, die für mehr Toleranz und weniger Korruption sorgen solle. Seine Wahlkampfveranstaltungen verwandelten sich in fröhliche Partys, auf denen Studenten neben Rikschafahrern oder Frauengruppen tanzten. Ansonsten drängen sich auf solchen Kundgebungen üblicherweise größtenteils bezahlte Zuschauer, während vermummte Motorradgangs die Luft verpesten.

Dennoch ging die Wahl nur sehr knapp aus. Jokowis Gegner war ausgerechnet Prabowo Subianto, der alte Feind der *Refor-*

masi-Bewegung. Seit Jahren hatte der Exgeneral sein Vermögen in den Aufbau seiner religiös-nationalistischen Partei Gerindra (Bewegung Großindonesien) investiert, um diesmal auf zivilem Weg an die Macht zu gelangen. Im Wahlkampf trat er in militaristischer bis martialischer Manier auf, immer im strahlend weißen Hemd, mal auf einem Vollbluthengst reitend, mal vom Hubschrauber eingeflogen. Dabei versprach er den Indonesiern eine bessere Zukunft unter der Führung seiner starken Hand. Er wollte das lasche demokratische System straffen und vor allem den ausländischen Einfluss auf Politik und Wirtschaft reduzieren. Er steckte viel Geld in seinen Wahlkampf – so viel, dass er auf keinen Fall verlieren wollte. Am Tag der Wahl standen wieder Panzer bereit.

Glücklicherweise kamen sie nicht zum Einsatz. Wir hatten uns mit Freunden und Kindern zu Hause vor dem Fernseher versammelt aus Sorge vor eventuellen Straßenschlachten. Doch die Auszählungen in den Wahllokalen verliefen friedlich. Ein befreiendes Seufzen ging durch den Raum, als schon die ersten Hochrechnungen zeigten, dass Jokowi gewonnen hatte – wenn auch knapp. Prabowo bestand noch bis zum Ende der manuellen Auszählung zwei Wochen später auf den manipulierten Ergebnissen, die einige Medien aus seinem politischen Lager verbreiteten. Als die Wahlkommission den Sieg Jokowis bestätigte, zog Prabowo vor das Verfassungsgericht. Der Sohn einer ultrareichen politischen Elitefamilie konnte nicht hinnehmen, dass ihn ein mittelständischer Kaufmann aus der Provinz geschlagen hatte. Aber auch das Gericht schmetterte seine Klage ab. Allerdings hielt die Prabowo-Koalition die Mehrheit im Parlament, wenn auch eine bröckelnde. Jokowi ist zudem abhängig von politischen Oligarchen in seiner eigenen Koalition, deren Namen ebenfalls nicht für soziale Gerechtigkeit stehen.

Bereits hundert Tage nach seinem Amtsantritt war der neue Präsident entzaubert. Die Welt schockierte der angeblich so moderate Politiker damit, dass er alle Gnadengesuche von insgesamt

60 zum Tode verurteilten Drogenkriminellen ablehnte, darunter die von 34 Ausländern. Innenpolitisch verärgerte er seine Anhänger, indem er auf Druck seiner Koalition einen der Korruption beschuldigten Polizeichef ernennen wollte. Als die Antikorruptionsbehörde KPK sowie die breite Öffentlichkeit dagegen protestierten, gingen Polizei und Parteifunktionäre zum Angriff über: Sie zeigten den KPK-Chef und seine drei amtierenden Stellvertreter unterschiedlichster Verbrechen an – und machten sie so handlungsunfähig. Jokowi ließ zwar nach langem Zögern den beschuldigten Polizeichef fallen, suspendierte aber auch den angeklagten KPK-Vorstand und setzte vorerst einen moderateren Behördenchef ein. Es bleibt also fraglich, ob die Jokowi-Regierung den Umschwung zur wirklichen Demokratie schafft. Zu einem Rechtsstaat, der die Grundrechte seiner Bürger schützt und sich nicht davor scheut, seine dunkle Vergangenheit aufzuarbeiten. Zu einem Land, das seine wirtschaftlichen Gewinne und sozialen Errungenschaften gleichmäßig auf die Bevölkerung verteilen kann. Die Zukunft ist offen.

Religion

Toleranztest: Staatlich verordneter Glaube

Indonesien gilt seit Jahrzehnten als Vorbild für einen toleranten Islam: ein Vielvölkerstaat, in dem die größte muslimische Bevölkerung der Welt weitestgehend friedlich mit Christen, Hindus und anderen religiösen Minderheiten zusammenlebt. Ein Land, in dem Geisterglaube und animistische Rituale zum Alltag gehören. Eine säkulare Demokratie, deren Verfassung Religionsfreiheit garantiert.

Unzählige Mischehen, multireligiöse Familien und bekennende Synkretisten beweisen, dass die viel gerühmte Toleranz der größtenteils moderaten Indonesier nach wie vor dominiert. Zu Weihnachten und Ostern erhalte ich – meist per SMS – zahlreiche frohe Wünsche von muslimischen oder buddhistischen Freunden. Die Erinnerung an die wichtigen Feste der großen Religionen fällt leicht, denn sie sind alle gleichermaßen nationale Feiertage. Was bedeutet, dass in Indonesien fünfmal Neujahr gefeiert wird: muslimisch, christlich, hinduistisch, buddhistisch und »chinesisch«.

Leider hört die religiöse Toleranz des Staats hier auch schon auf. Obwohl die Verfassung der säkularen Republik von 1945 garantiert, dass jeder Indonesier seinen Glauben frei wählen kann, wurden lange Zeit nur fünf Glaubensrichtungen offiziell anerkannt: Islam (87 %), Protestantismus (6,9 %), Katholizismus (2,9 %), Hinduismus (1,7 %) und Buddhismus (0,7 %). Im Jahr 2000 kam Konfuzianismus (0,05 %) dazu. Seit 2014 dürfen auch die Bahai ihren Glauben offiziell praktizieren (diese wurden bei der letzten Volkszählung von 2010 noch nicht in Zahlen erfasst). Seit der Republikgründung ist Religion eine Staatsangelegenheit. Das erste Prinzip der Staatsphilosophie *Pancasila* fordert den Glauben an einen einzigen, allmächtigen Gott, akzeptiert also nur monotheistische Religionen. Um nach der Unabhängigkeit von der neuen Republik anerkannt zu werden, bezogen sich die balinesischen Hinduisten auf ihr oberstes göttliches Prinzip, *Sanghyang Widhi Wasa*. Darin vereinen sich nicht nur Brahma, Vishnu und Shiva, sondern auch alle anderen balinesischen Gottheiten, verehrte Ahnen und Naturkräfte zu einer einzigen höchsten göttlichen Ordnung.

Wer keiner der anerkannten Religionen angehört oder – noch schlimmer – Atheist ist, erhielt bisher keine offiziellen Dokumente und somit auch keine Bürgerrechte: Sowohl auf dem Personalausweis als auch im Familienbuch ist die Religion verzeichnet. Kinder werden so schon bald nach der Geburt entsprechend der Religion ihrer Eltern registriert, nicht selten ganz ohne zu fragen. Ein Einwohnermeldegesetz von 2006 erlaubt Antragstellern zwar, die Religionszeile leer zu lassen. In der Praxis allerdings weigern sich Beamte in vielen Regionen, Dokumente ohne Angabe eines Glaubens auszustellen. Seit der Einführung des elektronischen Personalausweises 2013 gibt es immerhin die alternative Kategorie »Sonstige«. Eine Lösung, die viele Andersgläubige und vor allem überzeugte Atheisten ebenfalls nicht glücklich macht. Als Innenminister Tjahjo Kumolo vorschlug, die Religionszeile in den Dokumenten ganz wegzulassen, kamen massive Proteste aus unterschiedlichsten politischen und religiösen Lagern. Also kündigte die Regierung zunächst an, die Option des Freilassens künftig besser zu implementieren.

Formal die Religion zu wechseln, ist auch nicht einfach. Abgesehen davon, dass Familie und Umgebung meist wenig Verständnis zeigen, verschleppen die Behörden solche Anträge gern. Vor allem, wenn es sich dabei um einen Austritt aus dem Islam handelt – was nach islamischem Recht gar nicht möglich wäre. Nach den Gesetzen der säkularen Republik Indonesien dagegen schon, auch wenn das einige islamische Parteien immer wieder zu ändern versuchen.

Mein früherer Yogalehrer, auf dem Papier ein Muslim, trat aus Überzeugung zum Buddhismus über. Er hatte lange bei einem Guru gelernt, buddhistische Schriften gewälzt und meditiert, meditiert, meditiert, bevor er seine Familie mit dem Entschluss konfrontierte. Er trat in den Tempel seines Gurus ein und bereitete alle notwendigen Papiere vor. Zwei Jahre nach seinem Antrag auf einen neuen Personalausweis war er in Jakarta immer noch als Muslim registriert. Erst nachdem er umgezogen war durfte der Yogalehrer auch amtlich Buddhist werden.

Immerhin gehört Buddhismus zu den anerkannten Minderheitsreligionen. Zum Judentum oder gar Atheismus hätte er sich gar nicht erst offiziell bekennen können. Einige religiöse Minderheiten, wie etwa Sikhs oder Animisten, werden zwar durchaus toleriert, auch wenn sie ihren Glauben nicht offiziell registrieren lassen können. Juden dagegen bedienen das meist sehr wenig differenzierte Feindbild der radikalen Muslime und verbergen ihren wahren Glauben schon allein aus Angst vor Verfolgung. Die wenigen verbliebenen jüdischen Gemeinden – meist Nachkommen von Händlern und Flüchtlingen, die in der Kolonialzeit nach Indonesien gekommen waren – haben sich unter anderen Religionen registrieren lassen. Die letzte Synagoge in Surabaya wurde 2013 von Unbekannten zerstört.

Noch schlimmer ergeht es Atheisten. Wer öffentlich zugibt, dass er gar keiner Religion folgt, setzt sich gesellschaftlicher Ächtung plus staatlicher Verfolgung aus. 2012 wurde ein Blogger in Westsumatra wegen Anstiftung zum religiösen Hass zu zweieinhalb Jahren Haft verurteilt, weil er sich auf Facebook dazu bekannt hatte, nicht an Gott zu glauben. Atheisten werden in Indonesien in der Regel automatisch gleichgesetzt mit Kommunisten – und diese gelten seit 1965 als Staatsfeinde.

Nur sehr wenige Indonesier wagen daher, offen zuzugeben, dass sie eventuell an gar keinen Gott glauben. Eine überraschende Ausnahme ist die Samin-Gemeinschaft in Zentraljava, deren Mitglieder sich selbst lieber *Sedulur Sikep* nennen, was etwa so viel heißt wie »Geschwister, die sich umarmen«. »Wir glauben an das, was der Mensch geschaffen hat, was wir mit eigenen Augen sehen und mit eigenen Ohren hören – nicht an Vorstellungen, die wir nicht beweisen können«, erklärt Gunretno, ein Sprecher der Samin-Gemeinschaft im Dorf Bombong. Seit mehr als 100 Jahren widersetzt sich diese Bauernbewegung von oben aufgezwungenen Regeln. Sie zahlt keine Steuern, verweigert die Schulpflicht und eben auch den Religionszwang. Erst nach langen Kämpfen mit den Behörden konnten sie durchsetzen, dass sie auch ohne Angabe von Religionszugehörigkeit Personalausweise erhalten. Geburten, Hochzeiten oder Beerdigungen melden die Samin-Anhänger gar nicht erst und feiern sie nach ihren eigenen Bräuchen. »Wir benötigen weder Papiere vom Staat noch irgendeinen religiösen Segen, um zu heiraten«, so Gunretno.

Die meisten Indonesier wollen jedoch lieber den staatlichen Segen. Vor allem wenn sie heiraten – die legale Voraussetzung, um zum Beispiel eine Vaterschaft anerkennen zu lassen oder erben zu können. Für eine legale Trauung wiederum ist eine staatlich anerkannte Religion gefragt: Eine Vermählung ist nur dann gültig, wenn sie entsprechend den Ritualen der jeweiligen Religion der Ehepartner vollzogen wurde. Rein standesamtliche Eheschließungen sind in Indonesien demnach nicht möglich. Obwohl der Gesetzestext nicht eindeutig festlegt, dass die Eheleute derselben Religion angehören müssen, verlangen die meisten Behörden genau dies – und erzwingen so bei gemischten Paaren den Übertritt eines Partners. Auch sind viele Geistliche, egal welcher Religion, nicht bereit, Paare unterschiedlichen Glaubens zu trauen.

Glücklicherweise sind die Indonesier improvisationsfreudig. So findet sich fast immer eine Lösung: Mal verspricht der muslimische Ehemann dem protestantischen Priester seiner Frau, dass die Kinder später getauft werden, wenn er dafür nicht in die Kirche eintreten muss. Oder die islamisch getraute Hinduistin »vergisst«, sich beim Meldeamt neu registrieren zu lassen. Mit zunehmender Digitalisierung der Behörden dürften solche Auswege allerdings schwieriger werden. Wer es sich leisten kann, heiratet daher lieber gleich im Ausland, vorzugsweise in Singapur. Oder so wie wir in Europa. Die Anerkennung der ausländischen Heiratsurkunde stellt dann wundersamerweise überhaupt kein Problem dar.

Zu den bürokratischen Hürden kommt nicht selten der Widerstand der Familien. Bei vielen Indonesiern hört die religiöse Toleranz an der familiären Türschwelle auf. Mein früherer WG-Mitbewohner Topan musste sich zum Beispiel ein Jahr lang an seinem einzigen freien Tag frühmorgens in die Sonntagsschule schleppen, bevor er seine katholische Braut heiraten durfte. Seine muslimische Familie blieb der kirchlichen Trauung demonstrativ fern. Und als der Bruder einer Kollegin seine Freundin schwängerte, wurde es richtig kompliziert: Weder die streng islamische Verwandtschaft des eher mäßig religiösen Bräutigams noch die kirchentreue Familie der Braut wollten nachgeben. Der Freundeskreis vermittelte, und am Ende gab es zwei Hochzeitszeremonien in einem leer stehenden Hochhausappartement. Sowohl der Priester als auch der Imam hatten Bedenken, die Vermählung in ihren jeweiligen Gotteshäusern durchzuführen. Sie hatten Angst, dass radikale Islamisten protestieren und die Hochzeit stören könnten, sollten Gerüchte über die doppeltreligiöse Zeremonie bekannt werden. Nicht dass eine zweifache Hochzeit bei gemischten Paaren eine absolute Seltenheit wäre – jedoch werden die verschiedenen Zeremonien meist mit zeitlichem Abstand und an den oft weit voneinander entfernten Heimatorten der Beteiligten abgehalten. Hier jedoch stammten beide aus dem Zentrum von Jakarta, und die Zeit drängte.

Erst 40 Jahre nach seiner Einführung im September 2014 beantragten fünf Jura-Absolventen der Universitas Indonesia in Jakarta eine gerichtliche Überprüfung des kontroversen Ehegesetzes beim Verfassungsgericht: Der Zwang bei einer Heirat, eine bestimmte Religion wählen zu müssen, widerspreche der indonesischen Verfassung, die jedem Bürger zugestehe, seine Religion frei zu wählen und unabhängig davon eine Familie zu gründen. Obwohl Experten aus dem In- und Ausland den mutigen Schritt der jungen Juristen lobten, bestehen geringe Chancen auf einen Erfolg. »Wir sind zwar kein muslimisches Land, aber ganz klar auch kein säkularer Staat«, kommentierte Verfassungsrichter Arief Hidayat in der Zeitung *Jakarta Post*, während der Ausgang der Überprüfung noch offen war. »Wenn wir eine Hochzeit als rein zivile Vereinbarung zwischen Mann und Frau interpretieren, dann würde ja allen Ehen in Indonesien künftig die heilige Grundlage fehlen.«

Bereits 2010 scheiterte eine Koalition indonesischer Menschenrechtsorganisationen bei einer rechtlichen Überprüfung des Blasphemie-Gesetzes aus dem Jahr 1965, das nach Auffassung der Kläger ebenfalls der verfassungsmäßigen Garantie auf Religionsfreiheit widerspricht. Danach ist es illegal, Glaubensinterpretationen öffentlich zu praktizieren oder gar weiterzuverbreiten, die nicht den orthodoxen Religionsauffassungen entsprechen. Eine Behörde mit dem sperrigen Namen »Amt für die Koordination der Überwachung mystischer Glaubensrichtungen in der Gesellschaft« kontrolliert bereits seit 1952, dass keine unliebsamen Interpretationen der anerkannten Religionen in Umlauf gelangen. Ihr Augenmerk liegt dabei vor allem auf Interpretationen des Islams, die nicht der Hauptrichtung *Sunna* entsprechen.

Besonders hart bekamen das seit 2008 die Anhänger der Ahmadiyya zu spüren, die sich zwar zum Islam bekennen, aber nicht glauben, dass Mohammed der letzte Prophet war. Nach mehreren gewaltsamen Übergriffen radikaler Islamisten mussten sich viele Ahmadiyya-Anhänger auf Java verstecken. Auf der Insel Lombok hausen Hunderte von Familien seit vielen Jahren in Flüchtlingslagern, weil sie sich nicht in ihre Heimatdörfer zurück wagen. Anstatt die Angreifer zu bestrafen, verbot die Regierung alle öffentlichen Aktivitäten der Ahmadiyya. »Das Blasphemie-Gesetz ist der größte Rückschlag für die Demokratie und den Pluralismus in der Geschichte unserer Nation«, erklärte damals der international ausgezeichnete Filmemacher Garin Nugroho als Zeuge vor Gericht. Die Verfassungsrichter bestätigten die umstrittenen Paragrafen dennoch. Mit nur einer Gegenstimme entschieden sie, dass das alte Gesetz »unverzichtbar für die religiöse Harmonie im Land« sei.

Hunderte von lokalen und regionalen Scharia-Verordnungen dagegen schaden der religiösen Harmonie offenbar nicht – zumindest aus Sicht der Obrigkeit. Die Nationale Kommission für Frauenrechte zählte bis August 2013 insgesamt 342 »von der Scharia inspirierte« lokale und regionale Gesetzesverordnungen, die seit Beginn der Dezentralisierung Indonesiens 1999 erlassen wurden. Fast immer geht es dabei vor allem um einen intensivierten Koranunterricht für Schulkinder, Kleidervorschriften für Frauen oder Strafen bei unehelichem Sex, Alkoholmissbrauch und Glücksspiel. »Die Lokalpolitiker wollen mit diesen Verordnungen bei den Islamisten Stimmen sammeln«, meint Andy Yentriyani, bis 2014 stellvertretende Vorsitzende der Nationalen Frauenrechtskommission.

Eine Sonderstellung hat Aceh. In der streng islamischen Provinz kämpfte rund 30 Jahre lang die Bewegung Unabhängiges Aceh (GAM) gegen das indonesische Militär. Weil alle Bemühungen um ein Friedensabkommen scheiterten, gestand die Regierung in Jakarta der teilautonomen Provinz im Jahr 1999 erstmals die Einführung der Scharia zu. Mit einer Stärkung der islamischen Geistlichen, so der Hintergedanke, ließen sich die kriegerischen Elemente in Aceh besser kontrollieren. Der Plan ging zunächst nicht auf, die Verordnungen wurden nicht konsequent durchgesetzt. Doch dann kam der 26. Dezember 2004: Nach einem Seebeben der Stärke 9,1 überrollte der größte Tsunami unserer Geschichte die Küsten des Indischen Ozeans. Allein in Aceh starben 170 000 Menschen. Die GAM verlor zahlreiche Mitglieder und Versorgungsstellen. Die Augen der Welt auf sich gerichtet, nutzte die damals neu gewählte Regierung unter Susilo

Bambang Yudhoyono die Gunst der Stunde und schloss mit Hilfe internationaler Vermittlung im August 2005 ein Friedensabkommen, das seither nicht gebrochen wurde.

Stattdessen kam die Scharia. Das islamische Recht wurde erstmals massenwirksam durchgesetzt, als 2005 die Religionspolizei anfing, auf den Straßen der Provinzhauptstadt Banda Aceh zu patrouillieren. Seither laufen unverheiratete Liebespärchen oder unvorsichtige Pokerrunden in der ehemaligen Bürgerkriegsregion Gefahr, öffentlich vor einer Moschee mit Rattanstöcken verprügelt zu werden. Im September 2014 wurden die Strafen noch einmal verschärft. Auch homosexuelle Handlungen können nun bis zu 100 Stockschläge nach sich ziehen. Seither gilt die Scharia in Teilen auch für Nichtmuslime: nämlich bei moralischen Vergehen, die nach dem nationalen Strafrecht nicht strafbar sind.

Seltsamerweise haben darauf weder die nationale Politik noch die Zivilbevölkerung bemerkenswert reagiert. »Kein Muslim will mit einer Kritik an der Scharia den Eindruck erwecken, dass er den Islam in Frage stelle. Das ist ein Tabu, das die Acehnesen aufgrund ihres Glaubens und ihrer Erziehung einfach nicht brechen können«, erklärt die acehnesische Frauenrechtlerin Azriana Rambe Manalu. »Doch hier geht es nicht darum, das islamische Recht an sich zu kritisieren, sondern um die Art der Interpretation und Anwendung, die letztendlich Frauen und ärmere Leute diskriminiert.« Der prominente Anwalt Todung Mulya Lubis bezeichnete sämtliche lokalen Scharia-Verordnungen auf einem internationalen Seminar 2012 als Zeitbombe: »Religiöse *Bylaws*, die einer übergeordneten Rechtsprechung oder der Verfassung widersprechen, könnten das Ansehen Indonesiens als Rechtsstaat zerstören.«

Noch schert sich ein großer Teil der indonesischen Zivilgesellschaft im Alltag wenig um die genaue rechtliche Auslegung religiöser Verhaltensweisen. So huldigen Muslime wie Christen in vielen Provinzen nicht allein ihrem einen Gott, sondern auch Naturerscheinungen, Berggeistern oder Meeresgöttinnen. Und als der ultrakonservative Islamische Gelehrtenrat Indonesiens im Dezember 2012 Muslimen verbot, Christen eine frohe Weihnacht zu wünschen, habe ich besonders viele SMS mit netten Botschaften erhalten. Doch die Zeitbombe tickt: Das Setara-Institut für Demokratie und Frieden hat einen deutlichen Anstieg von religiöser Intoleranz festgestellt. Das Ausmaß von sozialer Diskriminierung und gewalttätigen Übergriffen auf religiöse Minderheiten stieg demnach von 91 gemeldeten Fällen im Jahr 2007 auf 222 gemeldete Fälle im Jahr 2013. In 117 dieser Fälle waren staatliche Organisationen involviert, passiv wie aktiv, vor allem Polizei sowie Lokal- und Regionalregierungen.

Bleibt die Hoffnung, dass die Regierung unter Präsident Joko Widodo dieser Entwicklung entschlossener entgegenwirkt als ihre Vorgänger. Religionsminister Lukman Hakim Saifuddin kündigte Ende 2014 einen neuen Gesetzentwurf an, der allen religiösen Minderheiten ermöglichen würde, ihren Glauben offen zu praktizieren. Das bedeutet, dass sie auch ohne staatlich anerkannte Religionszugehörigkeit alle offiziellen Papiere erhalten würden und der Staat sie gegen eventuelle Verfolgungen schützen müsste.

Islam ist nicht gleich Islam

Immer wenn es knallt, erinnern sich die westlichen Medien daran, dass Indonesien das Land mit den meisten muslimischen Bewohnern auf der Welt ist. Vor allem wenn christliche Einrichtungen oder westliche Touristen unter den Opfern sind, schaut die Welt nach Fernost. Regierungen sprechen Warnungen aus, Reiseveranstalter nehmen Umbuchungen entgegen, die Schlagworte Extremismus, Islamisierung und Scharia schwirren über den Äther. Wenn eine Weile nichts passiert ist, gerät das Geschehen wieder in Vergessenheit. Internationale Politiker preisen Indonesien erneut als Vorzeigebeispiel für eine funktionierende

Demokratie in einem mehrheitlich islamischen Land, loben das friedliche Zusammenleben der Religionen, Investoren investieren, und das Tourismusgeschäft boomt.

Beide Extreme haben nicht viel mit dem indonesischen Alltag zu tun. Auf der einen Seite findet seit Jahren eine schleichende Islamisierung statt. Die jungen Muslime in Indonesien gehen ihren religiösen Pflichten mit viel größerer Intensität nach als noch vor zehn bis 20 Jahren. Islamische Lehren und äußere Symbole wie der *jilbab*, die Kopfbedeckung muslimischer Frauen, haben klar an Bedeutung gewonnen. Die meisten Schülerinnen staatlicher Schulen haben zum Beispiel früher nur freitags Kopftuch getragen. Heute ist der soziale Druck so groß, dass muslimische Mädchen spätestens ab der Pubertät auch in säkularen Schulen fast immer Kopftuch tragen. Auf dem Campus geht es oft gar nicht mehr ohne: Muslimische Studentinnen der Staatlichen Universität Jogjakarta etwa, immerhin eine der größten des Landes, werden von ihren Dozenten zum Gespräch zitiert und empfindlich getadelt, wenn sie ohne Kopftuch erscheinen. An vielen Hochschulen kontrollieren islamische Studentengruppen sogar, wie oft ihre Kommilitonen beten gehen. Wer nicht mitmacht, wird ausgeschlossen – in der kollektiven indonesischen Gesellschaft die Höchststrafe.

Dieser Trend spiegelt sich bislang nicht direkt in der Politik wider. Bei den Parlamentswahlen 2009 und 2014 haben nur rund 26 beziehungsweise 31 Prozent der Wähler für islamische Parteien gestimmt. Gewonnen haben beide Male nationalistische Parteien. Jedoch in Koalitionen mit islamischen Parteien. Im Gegenzug für deren Unterstützung fanden daher seit der *Reformasi* trotzdem immer mehr islamische Themen ihren Weg in die politische Agenda, wie etwa mancherorts die umstrittenen Scharia-Verordnungen. Oder das sogenannte Antipornografiegesetz: Obszöne Handlungen oder auch nur ihre Darstellung in Bild oder Wort sind demnach verboten, sobald sie die Werte der Gesellschaft verletzen – eine sehr unklare Definition. Darunter fallen je nach

Interpretation Bikinis am Strand genauso wie freizügige Kostüme traditioneller Tänzerinnen, Aktdarstellungen in der Kunst oder öffentliches Knutschen. Das bislang prominenteste Opfer dieser Verordnung war Popsänger Nazril Irham, besser bekannt als Ariel. Er saß dreieinhalb Jahre im Gefängnis, weil ein privates Video im Internet zirkulierte, das ihn beim Sex mit zwei ebenfalls prominenten Exfreundinnen zeigte. Wer das Video online gestellt hat, ist unklar.

Während sich die internationalen Medien vor allem auf solche Nachrichten stürzen, bleibt im Ausland weitgehend unbeachtet, dass vor allem die innerislamischen Konflikte in Indonesien drastisch zugenommen haben. Islamische Minderheiten wie Anhänger der Schia oder Ahmadiyya sind brutalen Verfolgungen ausgesetzt. Ein Blick auf die Geschichte hilft, die widersprüchlichen Strömungen des Islams in Indonesien besser zu verstehen. Vermutlich verkehrten bereits seit dem achten Jahrhundert muslimische Händler aus Arabien und China im indonesischen Archipel. Die Verbreitung der Religion begann jedoch erst relativ spät: Ende des 13. Jahrhunderts adaptierte als Erster der Staat Perlak, das heutige Aceh, den Islam. Im Laufe des 15. und 16. Jahrhunderts verbreitete sich die Religion dann von den Hafenstädten aus weitgehend friedlich über die Inseln Sumatra, Java, Sulawesi und noch weiter in den Osten. Bis zum 18. Jahrhundert jedoch blieb der Islam eine Religion der Eliten, die vor allem von Königshöfen adaptiert wurde. Die einfache Bevölkerung praktizierte weiterhin eine Mischung aus animistischen, hindu-buddhistischen und lokalen Riten. Bis heute mischen sich vor allem auf dem Land islamische Traditionen mit alten hinduistischen oder animistischen Bräuchen. Die Bewohner arabischer Staaten sehen Indonesier daher oft als Muslime zweiter Klasse an. Das veranlasst immer mehr islamische Organisationen und Gläubige in Indonesien, puristischen Auslegungen des Islams nach arabischem Vorbild zu folgen, um die Reinheit ihres Glaubens zu beweisen. Dazu gehören äußere Symbole wie Kleidung, die Verurteilung des Valentinstags als unmoralischen, westlichen Einfluss sowie die Teilnahme an der staatlich organisierten Hadsch-Pilgerfahrt, aber auch die Ablehnung aller abweichenden Glaubensrichtungen.

Nach der Unabhängigkeit forderte die politisch starke Bewegung *Darul Islam*, dass der Islam die Grundlage der neu gegründeten Republik werden sollte. Die Regierung unter Präsident Sukarno lehnte dies ab, um nicht alle anderen Bevölkerungsgruppen zu benachteiligen. Dies führte zur Radikalisierung von Splittergruppen und zu Abspaltungsversuchen einzelner Regionen, die das Militär gewaltsam unterdrückte. Unter der Neuen Ordnung Suhartos war der politische Islam lange Zeit ganz tabuisiert. Auf diese Weise wurden viele Intellektuelle geradezu in die Moschee gedrängt, dem einzigen Ort, an dem sie ihre Meinung frei äußern konnten. Bis heute ist unter indonesischen Muslimen der Gedanke weit verbreitet, dass die Mehrheit vor der Minderheit geschützt werden müsse. Zum anderen tragen aber auch undefinierte Geldströme aus arabischen Ländern entscheidend zur Verbreitung wahabitischer Lehren und der allmählichen »Purifizierung« des indonesischen Islams bei.

Als ich 1998 zum ersten Mal nach Indonesien kam, hatte ich nur sehr oberflächliches Wissen über den hiesigen Islam. Indonesien war in jeder Hinsicht eine fremde Welt, die Religion erschien mir ein Aspekt von vielen. Ich bewegte mich unter Studenten, Aktivisten und Künstlern, die damals zwar viel über Politik, aber nur gelegentlich über Religion diskutierten. Bei vielen Bekannten und Gesprächspartnern erfuhr ich erst spät, welchem Glauben sie angehörten. Ende der 1990er Jahre trugen bei weitem noch nicht so viele Frauen Kopftücher wie heute. Ich war regelrecht überrascht, als mir eine Kollegin direkt nach dem Beten noch im weißen Gewand entgegenkam. Davor hatte ich sie immer nur in modischer Alltagskleidung gesehen. Überhaupt war ich beeindruckt von den selbstbewussten indonesischen Frauen, die – mit oder ohne Kopftuch – so gar nicht das Klischee der zurückgezogenen Hausmütterchenrolle erfüllten, die den Musliminnen im Westen oft zugeschrieben wird.

Selbst während des Fastenmonats war mir anfangs nicht ganz klar, wer in meinem indonesischen Freundeskreis eigentlich dem Islam angehörte und wer nicht. Einige Christen fasteten aus Solidarität mit, einige Muslime wiederum hielten sich an gar keine Regeln, tranken Alkohol und aßen sogar Schweinefleisch. Bei meinem ersten *Idul-Fitri*-Fest zum Ende des Ramadans war ich zum großen Festessen bei der Familie einer Freundin eingeladen, bei dem verschiedenste Glaubensrichtungen vertreten waren. Die Gegeneinladung kam zu Weihnachten von einem protestantischen Ehepaar, das mangels eigener Nachkommen immer gern eine adoptierte Großfamilie um sich scharte, ebenfalls ungeachtet jeder religiösen, ethnischen oder nationalen Zugehörigkeit.

Dass es Menschen gab, denen diese multireligiöse Idylle nicht gefiel, erfuhr ich Weihnachten 2000. In drei Kirchen Jakartas gingen Bomben hoch, in sechs anderen Städten waren neun weitere Bomben explodiert. Insgesamt starben 29 Menschen bei den Anschlägen, die der radikal-islamischen Terrorgruppe *Jemaah Islamiyah* zugeschrieben wurden.

Im selben Jahr hatte es in Jakarta bereits Bombenanschläge auf die philippinische und die malaysische Botschaft sowie auf die Börse gegeben. Diese Attentate konnten jedoch zunächst nicht eindeutig religiösen Gruppierungen zugeordnet werden. Viele spekulierten, dass die Terrorattacken den Staat destabilisieren sollten. Linke Gruppen rätselten, ob Anhänger des gestürzten Expräsidenten Suharto oder das Militär hinter den Anschlägen stecken könnten. Die Gegenseite wiederum verdächtigte »anarchistische oder kommunistische Elemente«.

Der Terror am Heiligabend 2000 war ein Schock für ganz Indonesien. Der letzte islamistische Bombenanschlag im Land lag damals 15 Jahre zurück: 1985 zersprengten zwei Jihadisten neun Stupas des weltberühmten buddhistischen Borobudur-Tempels in Zentraljava. Menschen wurden nicht verletzt. Die Attentäter waren vermutlich bereits mit dem späteren *Jemaah-Islamiyah*-Netzwerk verlinkt. Unter dem militaristischen Überwachungsapparat Suhartos ließen sich terroristische Aktivitäten jedoch besser unterdrücken. Aber jetzt galt Demokratie – jeder konnte mehr oder weniger sagen und tun, was er wollte. Auch radikale Randgruppen hatten auf einmal die Freiheit, ihre Meinung kundzutun, selbst wenn sie der Mehrheit nicht passte. Fast jeder war mit seinen eigenen Zielen und Wünschen beschäftigt. Das im Untergrund wachsende Terrornetz islamistischer Organisationen fand in den ersten Jahren wenig Beachtung.

Die Weihnachtsbomben waren der Startschuss für eine tragische Serie von Bombenattentaten in den kommenden Jahren, die sich vor allem gegen vermeintlich christliche beziehungsweise westliche Einrichtungen oder Unternehmen richtete, darunter KFC- und McDonalds-Filialen, die Australische Botschaft sowie das Marriott Hotel in Jakarta. Trauriger Höhepunkt des Bombenterrors war am 12. Oktober 2002 der Selbstmordanschlag auf zwei Nachtclubs in Balis Touristenzentrum Kuta. 202 Menschen starben dabei offiziell, darunter 164 Ausländer.

Zwar repräsentierten die Urheber des schrecklichen Anschlags keineswegs die indonesische Zivilbevölkerung, doch war Indonesiens Image der Toleranz im Ausland stark angekratzt. Das mit der Al-Quaida verlinkte Terrornetzwerk *Jemaah Islamiyah* schien außer Kontrolle geraten zu sein. Das Ferienparadies Bali hatte seine Unschuld verloren, und der Tourismus brach dramatisch ein.

Am schlimmsten jedoch war die Schockwirkung auf die Indonesier selbst. Kaum ein Durchschnittsbürger hätte sich einen Selbstmordanschlag solchen Ausmaßes vorstellen können – ausgerechnet im hinduistischen Bali. Auch die religiösen Führer des Landes waren entsetzt und gaben glaubensübergreifende Pressekonferenzen. Der deutschstämmige Jesuitenpater Franz Magnis-Suseno, eine wichtige Figur des interreligiösen Dialogs in Indonesien, wurde damals nicht müde, immer wieder zu betonen, dass man den Islam als solchen nicht mit Terrorismus gleichsetzen dürfe. Dass der Islam in Indonesien überhaupt so moderat sei, schreibt Magnis-Suseno vor allem den muslimischen Massenorganisationen Nahdlatul Ulama (NU) und Muhammadiyah zu. Mit rund 40 Millionen Mitgliedern ist die NU eine der größten Muslimorganisationen der Welt und eine wichtige politische Kraft in Indonesien. Ihre Anhänger stammen vor allem aus der Landbevölkerung in Zentral- und Ostjava und tolerieren auch synkretistische Auslegungen des Islams oder spirituelle Konzepte wie die der Sufi-Brüderschaften. Im Gegensatz dazu vertritt die Muhammadiyah, die zweitgrößte Muslimorganisation Indonesiens mit 30 Millionen Anhängern, einen reinen, moralistischen Islam und verurteilt eine Vermischung mit anderen Traditionen. Die Muhammadiyah-Mitglieder stammen hauptsächlich aus der städtischen Mittelschicht. Beide Massenorganisationen haben sich ausdrücklich immer wieder öffentlich gegen Gewalt ausgesprochen und die Terroranschläge der vergangenen Jahre verurteilt.

Doch bei den Ausschreitungen gegen islamische Minderheiten haben sich weder NU noch Muhammadiyah mit Ruhm bekleckert. Zwar haben sie die Gewalt gegen Schia-Anhänger verurteilt – zugleich lehnen sie aber die schiitische Auslegung des Islams als falsche Lehre ab –, noch haben sie irgendeinen Schritt gegen die Verfolgung von Mitgliedern der Ahmadiyya unternommen, die beide Organisationen bereits in der ersten Hälfte des 20. Jahrhunderts als Irrlehre bezeichneten. Die seit langem schwelende Intoleranz gegen die Ahmadis gipfelte im Februar 2011 in einem orchestrierten Massenangriff auf ein Versammlungshaus von Ahmadiyya-Anhängern im Bezirk Cikeusik in der Provinz Banten. Drei Angehörige der Ahmadiyya wurden dabei zu Tode geprügelt. Polizei und Militär sahen tatenlos zu.

Der damalige Religionsminister Suryadharma Ali forderte daraufhin ein Verbot der Ahmadiyya. Es seien die Ahmadis mit ihrem abweichenden Glauben, die das friedliche Zusammenleben der Muslime störten, äußerte der einstige Vorsitzende der konservativ-islamischen Vereinigten Entwicklungs-Partei (PPP) bereits einige Monate vor dem Vorfall. Nicht viel anders war seine Haltung, als auf der Insel Madura 2012 eine schiitische Gemeinde mit Brandstiftung und Macheten vertrieben wurde. Er schlug vor, den Konflikt zu lösen, indem die Schiiten zur sunnitischen Lehre konvertierten. Suryadharma Ali musste übrigens noch vor Ende seiner Amtszeit zurücktreten, weil er Gelder aus dem riesigen Staatsfonds für die Hadsch-Pilger veruntreut haben soll. Seither versucht sein Nachfolger Lukman Hakim Saifuddin – interessanterweise von derselben Partei –, Schadensbegrenzung zu betreiben und den religiösen Minderheiten wieder mehr Anerkennung und staatlichen Schutz zukommen zu lassen.

Als eine der größten Gefahren für den toleranten Islam in Indonesien erscheint Kritikern die Vermischung von Politik und Religion, die unter der zehnjährigen Regierung von Präsident Susilo Bambang Yudhoyono zugenommen hat. Laut Human Rights Watch gab es 2013, ein Jahr vor Yudhoyonos Amtsende, statistisch gesehen jeden zweiten Tag einen religiös motivierten, gewalttätigen Übergriff in Indonesien. »Dabei handelt es sich um eine neue Qualität religiöser Gewalt, da diese in den letzten Jahren zunehmend von der Regierung gebilligt oder sogar mit Hilfe von staatlichen Einrichtungen ausgeführt wird«, erklärt Human-Rights-Watch-Vertreter Andreas Harsono. Angesichts des geld- und machtpolitischen Einflusses einiger radikaler muslimischer Organisationen in ihrem Land sprechen andere Menschenrechtler gar vom Risiko einer »Talibanisierung« Indonesiens.

So gilt zum Beispiel die radikal-islamische Front der Verteidiger des Islams (FPI) als eine der reichsten Nichtregierungsorganisation des Landes. Diese Annahme zu beweisen, fällt allerdings schwer, da die einzelnen Ableger der Massenbewegung längst nicht alle offiziell registriert sind. Als sicher gilt, dass die Organisation, die nach eigenen Angaben mehrere Millionen Mitglieder hat, einen Großteil ihrer Einkünfte aus Schutzgelderpressungen bezieht. Damit unterstützen die gewaltbereiten Anhänger häufig lokale und regionale Politiker, die sich mit einer entsprechenden politischen Agenda revanchieren. Ihre Aktionen koordiniert die FPI oft genug mit dem Polizei- und Militärapparat.

Noch repräsentieren radikale Gruppen, die gewalttätige Anschläge gegen Andersgläubige verüben, nicht die Mehrheit der Bevölkerung. Leider wagt kaum ein demokratisch gewählter Politiker gegen diese lautstarken Truppen vorzugehen, um nicht als Ungläubiger bloßgestellt zu werden – selbst dann nicht, wenn diese sich so gar nicht demokratisch, sondern höchst kriminell verhalten. Ganz im Gegenteil: So manche Wahlkämpfer benutzen militant-islamische Gruppen als Mittel zum Zweck, um mehr Aufmerksamkeit zu erreichen oder Gegenspieler unter Druck zu setzen. Einer der ersten Politiker, die gegen die kriminellen Ausschreitungen der FPI vorzugehen wagten, ist der Gouverneur von Jakarta, Basuki Tjahaja Purnama, ein Christ chinesischer Abstammung. Als der ehemalige Stellvertreter des jetzigen Präsidenten in seine heutige Position aufrücken sollte, randalierte die radikale Organisation tagelang vor dem Rathaus in Jakarta. Der für seine Direktheit bekannte Politiker forderte die Auflösung der FPI. Es folgten Gerichtsverhandlungen gegen die Rädelsführer der Ausschreitungen. Zur Auflösung der FPI kam es natürlich nicht.

Leider werden die vielen moderaten Stimmen daneben immer leiser, oft schon aus Angst vor Vergeltung. Und die Zahl der passiven Sympathisanten wächst. Nach dem Zusammenbruch des Suharto-Regimes und der Asienkrise nahmen Massenarbeitslosigkeit und Armut landesweit zu. Viele Menschen sind von den sozialen und wirtschaftlichen Ungerechtigkeiten des korrupten Systems enttäuscht, das immer noch zahlreiche Erblasten aus der Suharto-Zeit mit sich herumschleppt. Vor allem junge Leute suchen zwischen der autoritär-patriarchalischen Gesellschaft und der wenig regulierten demokratischen Freiheit nach einem Halt. Diesen Halt bietet die Religion mit ihrem festen Wertesystem. Radikale Prediger nutzen den Frust sowie das meist unzureichende religiöse Halbwissen der Unzufriedenen aus, um ihnen fundamentalistische Werte als Lösung zu präsentieren. Und sie politisch zu mobilisieren.

Doch es gibt Hoffnung. Eine Studie des Goethe-Instituts und der Friedrich-Naumann-Stiftung für die Freiheit aus dem Jahr 2011 zeigt, dass die jungen Muslime in Indonesien durchaus eine tolerante Grundhaltung haben. Wie Jugendliche in aller Welt wollen sie das Leben genießen und sind offen für Neues. Selbst wenn sie verstärkt moralischen Halt in ihrer Religion suchen, wünschen sie sich ebenso politische und soziale Werte, an denen sie sich orientieren können. Zum Beispiel ein besseres Bildungssystem sowie die Bekämpfung der Korruption.

Kejawen, Spiritualismus, Geisterglaube

Jedes Jahr zum ersten *Suro,* dem Neujahrstag des javanischen Kalenders, steigt eine feierliche Prozession den Hang des Vulkans Merapi hinauf. Vorneweg laufen Dutzende Angehörige des Sultanshofs von Jogjakarta in traditioneller javanischer Kleidung, bepackt mit dicken Bündeln, manche barfuß. Dahinter folgen Stadt- wie Dorfbewohner, Schaulustige, Naturfreunde, Touristen, im Gänsemarsch einen schmalen Trampelpfad entlang. Dieser endet etwa zwei Kilometer unterhalb des immer rauchenden Kraters. Hier breiten die Pilger die mitgebrachten Gaben auf Felsen aus – Reis, Gemüse, Früchte, Blumen. Der Hüter des Merapi, der vom Sultan auf Lebenszeit bestimmt wird, führt das Ritual durch. Er bittet den Berggeist, Jogjakarta und seine Bewohner von jeglichem Unglück zu verschonen. Zwei Wochen später pilgert eine ähnliche Prozession zum schwarzen Lavasandstrand von Parangkusumo, rund 60 Kilometer weiter südlich. Diesmal opfern die Teilnehmer die mitgebrachten Reiskegel und andere Gaben der Göttin der Südsee. Angesichts der wilden Brandung gar kein so einfaches Unterfangen: Tausende Zuschauer warten schon darauf, wiederangeschwemmte Opfer einzusammeln. Nicht etwa um sie aufzuessen, sondern weil sie glauben, dass die zurückgebrachten Blumen oder Früchte ihnen Glück und Sicherheit bringen.

Tatsächlich fällt der erste *Suro* immer auf den ersten *Muharram,* den islamischen Neujahrstag. Nicht zufällig: 1625 passte Sultan Agung, Herrscher des mächtigen Mataram-Reiches, den aus hinduistischen Zeiten stammenden Saka-Kalender dem islamischen Mondkalender an. Er wollte so den Islam besser in der javanischen Kultur verankern. Zugleich schrieb er mystische Erzählungen. Auch die meisten Teilnehmer der mystischen Zeremonien am Merapi und in Parangkusumo sind gläubige Muslime. Genauso wie der amtierende Sultan. Wie viele Indonesier praktizieren sie einen synkretistischen Glauben, der kulturelle und verschiedene religiöse Traditionen integriert: *Kejawen*, die »Religion Javas«. »*Kejawen* ist eher eine spirituelle Lebensweise, eine Ideologie. Meine Religion ist katholisch«, erklärt *Kejawen*-Anhänger Widjanarko, ein Freund unserer Familie. Das wichtigste Ziel der javanischen Glaubensphilosophie ist, ein Gleichgewicht zwischen dem unendlichen Makrokosmos der Schöpfung und dem eigenen Mikrokosmos zu finden. »Wer die höhere Macht, die alles Leben lenkt, verstehen will, muss erst einmal sich selbst verstehen«, sagt der pensionierte Geologe, der gern und viel meditiert.

Ähnliche Glaubenstraditionen gibt es auch auf anderen Inseln. Auf Lombok etwa steigen seit Jahrhunderten Muslime wie Hinduisten auf den 3726 Meter hohen Vulkan Rinjani, um an dessen Kratersee zu höheren Mächten zu beten. Und die größtenteils protestantischen Batak in Nordsumatra opfern in einer traditionellen Zeremonie Wasserbüffel auf der Insel Samosir mitten im Toba-See. Die Vermischung von mythologischen und kulturellen Elementen mit verschiedenen Religionen zu einem scheinbar widersprüchlichen Ganzen wird von Puristen – egal welchen Glaubens – oft kritisiert. Angesichts der zunehmenden religiösen Gewalt im Land beten viele Gruppen, die von den Hauptglaubensrichtungen abweichen, nur noch hinter verschlossenen

Türen. Oder sie deklarieren Rituale wie die Zeremonie auf dem Merapi zu einer rein kulturellen Tradition, die nichts mit Religion zu tun habe. »Synkretismus wird oft negativ gesehen. Dabei werden lediglich Elemente einer älteren Kultur oder Religion mit Elementen einer neueren Kultur oder Religion verknüpft. Das ist doch sehr menschlich«, sagt Professor Muhammad Machasin, der an der Staatlichen Islamischen Universität Sunan Kalijaga in Jogjakarta Geschichte lehrt. »Ich wurde auf Java geboren, wo hinduistische, buddhistische und andere Traditionen existierten, bevor der Islam kam. Obwohl ich streng islamisch erzogen wurde und Islamwissenschaften studiert habe, weiß ich nicht, wie viel Prozent dieser Lehren in Wirklichkeit auf javanischen Traditionen beruhen. Demnach bin ich auch Synkretist. Ich sehe das positiv, solange wir rational damit umgehen.«

Genauso wie die verschiedenen Sprachen und Kulturen waren auch die Religionen des Inselstaats über Jahrtausende vielen verschiedenen Einflüssen ausgesetzt. Die ersten Einwohner waren Animisten, die an eine beseelte Natur glaubten und ihre Ahnen verehrten. Bis heute gibt es noch Volksstämme, die diese alten Bräuche pflegen, zum Beispiel in Kalimantan, Papua oder auf den Mentawai-Inseln. Als sich die ersten Agrargesellschaften entwickelten, entstanden neue Verhaltensregeln, die später die Grundlage für ein traditionelles Gewohnheitsrecht bildeten, *adat* genannt. Dieses gilt heute noch in vielen Teilen Indonesiens. Als sich Hinduismus und Buddhismus im Archipel verbreiteten, ersetzten sie nicht einfach die alten Traditionen, sondern mischten sich mit ihnen. Ähnlich verlief die weitgehend friedliche Islamisierung: Der neue Glauben legte sich über die früheren Traditionen, löschte sie jedoch nicht ganz aus. Die europäischen Missionare konnten ihren Konvertiten ebenfalls nicht alle alten Rituale austreiben. Bis heute werden beim *wayang*, dem traditionellen Schattenpuppenspiel, die hinduistischen Epen Mahabharata und Ramayana nachgespielt, selbst wenn es zu Ehren eines muslimischen oder katholischen Hochzeitspaares aufgeführt wird. Bei der Geburt eines Kindes wird die Plazenta niemals unachtsam weggeworfen: Sie gilt als Teil des Kindes, gar als Geschwisterchen. Die Javaner und einige andere Völker begraben die Plazenta mit allerlei symbolischen Gaben wie Reis, Blüten oder Münzen, möglichst in Hausnähe. 40 Tage lang brennt ein Öllämpchen an der Stelle, so lange, wie das Wochenbett dauert. Auch die bunten *Selamatan*-Feiern – ob zu Geburt, Hochzeit, Erinnerung eines Todestags, Umzug oder Genesung von schwerer Krankheit – sind eine Mischung diverser Traditionen. Geht es um eine einfache Geburt oder Hauseinweihung, betet meist der Hausherr selbst für eine glückliche Zukunft. Je nach Status des Gastgebers und der Größe seines Vorhabens werden allerdings nicht selten Tiere geopfert und neben Predigern der jeweiligen Religion auch Schamanen oder Geisterbeschwörer eingeladen.

Mancher Manager eines internationalen Großunternehmens in Jakarta wäre überrascht, wenn er wüsste, was sich unter dem Fundament seines Büroturms alles so befindet: von wertvollen antiken Münzen bis zu Büffelköpfen – je nach Herkunft und Glauben des Bauherren. Als wir mit dem Bau unseres Hauses beginnen wollten, bat meine Schwiegermutter darum, dass ihr Vater beim ersten Spatenstich ein Gebet sprechen dürfe. Als gestandener Hadschi könne der ehrwürdige Urgroßvater meiner Kinder am ehesten dafür sorgen, dass während des Hausbaus alles gut verlaufe. Wir waren schon deswegen sofort einverstanden, weil eine solche Segenszeremonie die Bauarbeiter mit Sicherheit positiv motivieren würde. Es folgte eine Diskussion über das Datum der Zeremonie, das wir eigentlich schon festgelegt hatten. Die Familie müsse erst noch prüfen, ob es sich dabei auch um ein »glückliches« Datum nach dem komplizierten javanischen Kalender handele. Alles kein Problem, diese Prozedur kannte ich schon von meiner Hochzeit. Die nächste Frage irritierte mich dann aber doch: Ob denn das Grundstück schon gesäubert worden sei. »Vom Müll?«, fragte ich naiv. Nein, von schlechten Energien. Schließlich sei das Land seit langem nicht bewohnt. Und dann die vielen Bäume. Da könnten sich doch alle möglichen Geister verbergen. Wir einigten uns also darauf, eine geisterkundige Person zu suchen, die das Grundstück noch vor der Grundsteinlegung von allen unerwünschten Erscheinungen säubern würde. Diesmal wollte ich kein Risiko eingehen. Vor vielen Jahren war ich nämlich daran schuld, dass unsere Hochzeit fast ins Wasser gefallen wäre: Ich hatte mich geweigert, einen Regenbeschwörer zu bestellen – in Indonesien eine übliche Vorsichtsmaßnahme bei allen größeren Veranstaltungen. Glücklicherweise hatte der Platzregen damals auch ohne schamanische Hilfe kurz vor der Zeremonie wieder aufgehört.

Seither habe ich dazugelernt. Nämlich, dass nicht nur meine eigentlich pragmatische, Kopftuch tragende Schwiegermutter an verborgene Energien glaubt, sondern dass fast jeder Indonesier, den ich kenne, an irgendeinem Punkt wie selbstverständlich von übernatürlichen Kräften spricht. Zum Beispiel meine allesamt studierten WG-Mitbewohner, als ich noch in Jakarta lebte. Wir übernachteten am Wochenende häufig bei einer befreundeten Bildhauerin, die ein großes Stück Land am Stadtrand besaß. Hinter hohen Bäumen und großen Statuen philosophierten und tanzten wir dort bis spät in die Nacht. Ihr Gästezimmer bestand aus einem einfachen Holzanbau mit Matratzenlager. Eines Morgens erzählte einer ihrer Assistenten, dass ihm dort nachts ein Geist auf der Brust gesessen und ihn fast erwürgt hätte. Alle lachten. Doch bei den nächsten Besuchen schliefen nach und nach immer mehr Gäste lieber auf den harten Holzbänken auf der moskitoverseuchten Veranda. Nun ja, der Geist wäre ja immer noch im Raum, so ihre verlegene Erklärung. Ich brauchte einige Zeit, um zu verstehen, dass meine sonst so progressiven Freunde die Geschichte des Assistenten ernst nahmen. Ähnlich erging es mir bei vielen anderen Gelegenheiten: eine weibliche Erscheinung im Badezimmer eines Bekannten, die ich als Einzige nicht wahrnahm. Oder ein großer Drachen, der nach dem Erdbeben in Jogjakarta über die Stadt geflogen sein soll.

»Vor wenigen Jahrhunderten habt ihr in Europa auch noch an Hexen und Drachen geglaubt«, erinnert mich schmunzelnd unser Freund Widjanarko. »Nur haben sich Wissenschaft und Bildung bei euch so schnell entwickelt, dass ihr heute nur noch glaubt, was sich empirisch beweisen lässt«, meint der studierte Naturwissenschaftler. »Ihr habt verlernt, auf euer Gefühl zu hören. Deswegen könnt ihr nicht mehr zwischen Spiritualismus und Aberglauben unterscheiden.«

Genau mit dieser Unterscheidung nehmen es die indonesischen Medien nicht so genau. Dort wimmelt es nur so von Geisterbeschwörern, Wahrsagern oder andern Menschen mit angeblich spirituellen Fähigkeiten. Jeden Abend flimmern Shows mit Titeln wie »Ghost Game« oder »Paranormale Spuren« über den Bildschirm. In fast allen Sendungen treten schwarz angezogene, finster dreinblickende Geisterbeschwörer auf, in letzter Zeit auch zunehmend Beschwörerinnen im Domina-Stil. Meist führen sie einen »normalen« Kandidaten mitten in der Nacht in ein verlassenes Gebäude oder auf ein abgelegenes Stück Land. Wer es hier allein, nur von Infrarot-Kameras beobachtet, eine bestimmte Zeit aushält, ohne wegzulaufen, einzuschlafen oder in Ohnmacht zu fallen, gewinnt ein Preisgeld. Das Highlight bildet der abschließende Auftritt der paranormalen Helden, die alle Erscheinungen bezwingen. Gelegentlich gibt es sogar Gruppenduelle in bester Harry-Potter-Manier. Von den Geistern ist dabei natürlich nicht viel zu sehen. Dafür umso mehr Action ihrer Jäger: Unter Stöhnen, Brüllen und kampfkunstähnlicher Akrobatik vertreiben sie die unsichtbaren Störenfriede durch Fenster und Türen oder pressen sie in Flaschen oder Tontöpfe. Oft murmeln sie dabei Suren aus dem Koran, zünden Räucherstäbchen an oder legen geweihte Gegenstände aus. Gelegentlich müssen sie auch einen Kandidaten erlösen, in den während der Sendung ein Dämon gefahren ist. Meist reicht eine Handbewegung, um den Besessenen zurückzuholen, der sich hinterher natürlich an nichts mehr erinnert.

Geisteraustreibungen kommen im Alltag immer wieder vor, meist deutlich weniger spektakulär. Zum ersten Mal habe ich ein solches Ritual während der Studentendemonstrationen 1998 in Jakarta erlebt. Im verdunkelten Seminarraum eines besetzten Universitätsgebäudes saßen rund ein Dutzend Studenten im Kreis und rezitierten in monotonem Singsang Suren aus dem Koran. In ihrer Mitte lag ein bewusstloser junger Mann. Vermutlich übermüdet und dehydriert. Die Versammlung beschwor anschließend die bösen Geister, ihren Freund freizugeben, damit er wieder zurück ins Leben finde. Wenig später kam eine Ärztin. Sie verpasste ihm eine Elektrolytlösung und betete mit, bis er wieder zu sich kam.

Viele Indonesier suchen in Zeiten der Krise Halt in übernatürlichen Erklärungen. Dabei spielt ihr Bildungsniveau keine Rolle. Anstatt zum Anwalt oder zum Arzt gehen sie lieber erst einmal zu einem Geistlichen oder einem traditionellen Heiler. Oder auch zu einem Wahrsager. Ein Kollege nahm mich einmal mit zu einer der berühmtesten Hellseherinnen des Landes, der 2010 verstorbenen Mama Lauren. Sie stammte aus den Niederlanden und lebte seit den 1950er Jahren in Indonesien. Sie empfing uns in einem dämmerigen Raum, vollgestopft mit Statuen und Bildern von Jesus, Buddha und Hindu-Gottheiten. Die alte Dame war ganz normal gekleidet und las weder aus der Hand noch in den Karten. Nach eigenen Angaben fühlte sie die Aura ihrer Besucher. Auf diese Weise analysierte sie Krankheiten oder Familienprobleme. Außerdem hatte sie Visionen: Sie soll angeblich die Bali-Bomben und den Tsunami in Aceh vorhergesehen haben. Hohe Politiker, Filmstars und sogar religiöse Führer fuhren vor ihrem komfortablen Haus im Osten Jakartas vor – natürlich inkognito und hinter verdunkelten Autofenstern.

Inzwischen haben andere den Platz von Mama Lauren eingenommen. Als Außenseiter ist es schwierig zu beurteilen, wo die kommerzialisierte Geisterwelt aufhört und der spirituelle Glaube beginnt. »Wer in einem unbewohnten Haus überall Geister sieht, der projiziert nur seine eigenen Ängste. Das hat nichts mit Spiritualismus zu tun«, erklärt mir Widjanarko. »Aber was ist, wenn jemand gerade gestorben ist, und die Angehörigen spüren ihn noch? Niemand kann beweisen, dass die Seele eines Menschen gleichzeitig mit seinem Körper stirbt.« Wenn in Java ein Mensch stirbt, egal welcher Religion, halten Verwandte und Freunde während der ersten sieben Tage danach gemeinsam eine Art Totenwache, obwohl der Leichnam immer möglichst gleich am Todestag beerdigt wird. Man sitzt zusammen, isst und teilt Anekdoten. Natürlich wird auch gebetet: islamisch, katholisch, hinduistisch. Es heißt, der Geist des Verstorbenen befinde sich noch bis zu 40 Tage an dessen Wohnort. Manchmal könne die Familie ihn spüren, gar mit ihm kommunizieren. Am 40. Tag gibt es daher erneut ein Ritual, ein weiteres nach 100 Tagen. Eine abschließende Feier findet 1000 Tage nach dem Tod statt, wenn der Körper endgültig zu Staub zerfallen ist. So entlässt man die Seele des Verstorbenen nach und nach aus unserer Welt. Das Schöne daran ist, dass der Tote nicht so schnell vergessen wird. Und die Familie nicht so allein bleibt mit ihrer Trauer.

Ob Mystik oder Spiritualismus: Wer Indonesien verstehen will, darf solche Rituale nicht einfach als Unsinn abtun. Auch in Europa können wir nicht immer alle natürlichen oder sozialen Phänomene rein rational begründen. Wir suchen nur nach anderen Erklärungsmustern. Nicht selten fällt der Ausdruck »höhere Gewalt«. Die Bewohner Indonesiens sind seit Jahrtausenden extremen Naturkatastrophen ausgesetzt. Das spielt eine nicht zu unterschätzende Rolle in ihrem Glaubensverständnis. Dazu die Mischung unzähliger Religionen und Kulturen: Eine »reine« Religion – und sei es klare Vernunft – passt zu Indonesien wie die Wüste in den Urwald.

Lebenswelten

Nicht ohne mein Gadget: Die neue Mittelschicht

Abendessen mit Freunden. Vor zehn Jahren noch holten wir uns Nasi Goreng vom Straßenstand und teilten uns zu Hause einen analogen Internetanschluss. Heute treffen wir uns in hippen Cafés, natürlich mit WiFi-Verbindung. Es gibt Mezes, Sashimi oder Pasta-Kreationen und zum Nachtisch Chocolat Fondant. Neben jedem Teller liegen ein Blackberry oder iPhone, dazu mindestens noch ein »normales« Smartphone. Und die sind pausenlos im Einsatz. Für mein altmodisches Nokia-Handy ernte ich höchstens ein spöttisches Lächeln. Absolutes Unverständnis dagegen für meine Bitte, die elektronischen Spielzeuge während des Essens wegzulegen.

Neben der tsunamiartigen Fahrzeugschwemme auf den Straßen steht wohl kaum ein anderes Symbol so sehr für den zunehmenden Wohlstand der Indonesier wie ihre Sucht nach den neuesten Gadgets. Mit 69 Millionen Usern, mehr als die Gesamtbevölkerung von Frankreich, war Indonesien 2014 die viertgrößte Facebook-Nation der Welt. Jakarta gilt gar als globale Twitter-Hauptstadt: Nirgendwo anders auf der Welt wird so viel getwittert. Dazu bimmelt, piept oder plingt ständig irgendeine Nachricht von WhatsApp, Instagram oder Path. Und das, obwohl nach offiziellen Zahlen nur 23 Prozent der Bevölkerung einen Internetzugang haben. Das Wachstumspotential ist also enorm.

Seit Jahren wird Indonesien als einer der wichtigsten Aufsteiger der globalen Wirtschaft gepriesen. Präsident Susilo Bambang Yudhoyono verschaffte seinem Land eine wichtige Stimme innerhalb der G20 sowie als größte Nation in der ASEAN-Gemeinschaft. Die Regierungschefs von China, den USA, Großbritannien und Deutschland geben sich die Klinke in die Hand. Riesige Rohstoffvorkommen, die strategische Lage zwischen Indischem und Pazifischem Ozean sowie ein konstantes Wachstum von rund sechs Prozent im Jahr locken immer mehr ausländische Investoren an. Mit knapp 250 Millionen Einwohnern – davon mehr als die Hälfte jünger als 30 Jahre – bietet das Land mit der viertgrößten Bevölkerung der Welt einen riesigen Markt. Ein vielzitierter Bericht des McKinsey Global Institute orakelte 2012, dass Indonesien bis 2030 zur siebtgrößten Volkswirtschaft aufsteige. 135 Millionen Indonesier würden bis dahin dem Mittelstand angehören. Die Boston Consulting Group sah ein Jahr später sogar ein Anwachsen der Mittelschicht auf 141 Millionen Indonesier bereits bis zum Jahr 2020 voraus, fast doppelt so viel wie 2013. Unter Experten gilt eine wachsender Mittelstand als Zeichen der wirtschaftlichen Transformation eines Landes: Bei zunehmender Kaufkraft überlegen sich immer mehr multinationale Unternehmen, nicht nur nach Indonesien zu exportieren, sondern auch ihre Produktion hierhin zu verlagern. Das wiederum schafft neue Arbeitsplätze und mehr Einkommen, das ausgegeben werden kann.

Der Haken an diesen Statistiken ist, dass die Mittelschicht allein über ihre finanziellen Mittel definiert wird. Jede Studie legt andere Parameter fest, doch in der Regel gehört dazu, wer über dem Mindesteinkommen liegt (je nach Provinz zwischen 1,5 und 2,7 Millionen Rupiah), seine Grundbedürfnisse decken und sich darüber hinaus weitere Wünsche erfüllen kann, typischerweise Fernseher, Kühlschrank, Waschmaschine, Kommunikationsgeräte und Fahrzeuge. Der soziale Status, Bildungsstand oder Wertevorstellungen spielen in den Auswertungen keine Rolle. Dabei reden wir von einem Vielvölkerstaat, dessen Bewohner auf völlig unterschiedlichen Entwicklungsstufen stehen und durchaus nicht alle die Voraussetzungen – oder gar den Willen – mitbringen, in eine global definierbare Mittelklasse aufzusteigen. In den Zahlenspielen der Wirtschaftswachstumswahrsager jedoch werden Stammesangehörige, die urzeitliche Rituale pflegen, genauso miteinberechnet wie twitternde Mode-Aficionados aus Jakarta.

Welche Menschen also repräsentieren tatsächlich die indonesische Mittelschicht, von der alle Welt redet? Welche Ideen, Wünsche, Ängste treiben sie um? Mir kam sofort eine alte Bekannte in den Sinn, die ein Mittelstandsleben wie aus dem Bilderbuch zu führen scheint: Meilina Sari träumte Ende der 1990er Jahre von einem Psychologiestudium in München. Sie arbeitete hart für ein Stipendium, doch ihre Eltern verlangten, dass sie erst heiraten müsse. Dann kam die Asienkrise, und ihre Träume platzten. Heute arbeitet sie als Personalmanagerin für einen Mobilfunkanbieter und somit wie 45 Prozent aller Beschäftigten in Indonesien im stetig wachsenden Dienstleistungssektor, der mittlerweile für zwei Drittel des wirtschaftlichen Wachstums im Land verantwortlich ist. Mit ihrer Familie wohnt Meilina in einer riesigen Wohnanlage in der Vorstadt Cibubur etwa 30 Kilometer südlich der Hauptstadt. Ein Haus hier kostet zwischen 45 000 und 120 000 Euro, je nachdem, in welchem der themenparkähnlichen Quartiere man sich ansiedeln will. Die 45-jährige Melina und ihr zwei Jahre älterer Mann Edwin haben sich in den vergangenen 16 Jahren vom disneyartigen Amerika-Viertel in das japanisch gestylte Kyoto-Viertel hochgearbeitet. Ihr Haus ist vollgestopft mit den neuesten elektronischen Errungenschaften vom Flachbildschirm bis zum Multifunktionsofen. Am Wochenende bummeln sie mit ihren zwei Töchtern in der nächstgelegenen Mall. Und manchmal fliegen sie mit Air Asia nach Singapur.

Für diesen hart erarbeiteten Luxus nehmen Meilina und Edwin in Kauf, dass sie jeden Tag insgesamt fünf Stunden im Stau stehen, um zur Arbeit ins Zentrum Jakartas und wieder nach Hause zu fahren. Die Töchter sehen sie während der Woche nur zum Gute-Nacht-Kuss. Den Rest erledigen eine Haushälterin sowie die Ganztagsbetreuung einer internationalen Schule. Dennoch sind die beiden stolz auf ihr Leben. Sie stammen aus der einfachen städtischen Mittelschicht: Ihre Eltern waren Bankangestellte, sein Vater verkaufte Baumaterial. Ersparnisse investierte die Nachkriegsgeneration ins Familienheim und die Ausbildung der Kinder. Ausgaben für Reisen oder andere Extras gab es nicht. Das holen die Nachkommen jetzt nach: Sie wollen ein bequemes Leben mit allen Annehmlichkeiten.

Außer für Motorräder und Mobiltelefone geben die Indonesier im Alltag auch für Modeaccessoires, Kosmetik und Zigaretten immer mehr Geld aus. Die Industrie, die all diese Dinge herstellt, trägt mit 47 Prozent mittlerweile den größten Teil des indonesischen Bruttoinlandsprodukts und hat den einst führenden Agrarsektor, in dem immer noch mehr als ein Drittel aller Beschäftigten arbeiten, seit langem verdrängt. Außerdem wird Reisen immer wichtiger: In allen Städten poppen moderne, schicke – und bezahlbare – Mittelklassehotels in die Höhe. Dazu gehört gutes Essen. Überall machen neue Pizzerien, Sushi-Bars oder Fusion-Food-Restaurants auf. An jeder Ecke finden sich mittlerweile eine Bäckerei oder ein Café im westlichen Stil. »Wir haben uns lange umgesehen, welcher Trend Erfolg haben könnte. Und der französische Stil kommt gut an«, berichtet die 31-jährige Everyandani Sri Rezeki, Managerin des schicken Trendcafés »Chez Moi«. Die Tochter eines Ölpalmenplantagenarbeiters stammt aus Nordsumatra und kam zum Kommunikationsstudium in die Studentenmetropole Jogjakarta. »Der hohe Bildungslevel hier sorgt für mehr Toleranz. So kann ich auch als Frau Familie und Geschäftsleben unter einen Hut bringen«, sagt die Mutter eines zweijährigen Sohns. Zu einer eng anliegenden Bluse, Stretchjeans und Schlangenledersandalen trägt sie *jilbab*, das islamische Kopftuch. Und folgt so ganz dem *Jilboob* genannten Trend, der bei jungen Indonesierinnen gerade in ist: Wie es von ihnen erwartet wird, bedecken sie Kopf, Arme und Beine, betonen aber trotzdem modisch ihre Figur – zum Ärger vieler konservativer Muslime. Everyandani betont allerdings, dass sie das Kopftuch nicht aus modischen Gründen trage, sondern aus Überzeugung.

Religion steht bei den Aufsteigern hoch im Kurs, egal welchem Glauben sie angehören. Seit der Demokratisierung 1998 zeichnet sich eine zunehmende Rückbesinnung auf religiöse Werte ab, gerade bei jungen Leuten. In der Unterschicht führt dies nicht selten zur Radikalisierung. Die Mittelschicht dagegen zeigt sich besorgt um die »moralische« Erziehung ihrer Kinder. Diese sollen in einer zunehmend globalisierten Welt nicht die Orientierung verlieren. Leider geht es häufig um Äußerlichkeiten wie Kleidervorschriften oder Alkoholverbot und eher selten um ein tieferes religiöses Verständnis. So tragen manchmal schon Kindergartenmädchen Kopftücher – verziert mit Micky-Maus-Ohren. Und beim Festumzug zu *Idul Fitri* laufen die Kinder mit Sponge Bob und Shaun dem Schaf als Lampions durch die Straßen.

Familie ist ebenfalls sehr wichtig. Das Durchschnittsheiratsalter in Indonesien liegt bei 19 Jahren, und selbst viele Akademiker haben mit Mitte zwanzig bereits Kinder. Wie hoch angesehen Heiraten und Kinderkriegen immer noch ist, bekommt mein ehemaliger Friseur Andry Kurniawan zu spüren, den alle nur Boy nennen. »In meinem Heimatdorf auf Sumatra halten mich alle für abnormal, weil ich noch keine Familie habe«, erzählt der 33-jährige Junggeselle, der heute als Agent einer Singapurer Kunstgalerie arbeitet. Er vertritt einige der wichtigsten Künstler Indonesiens, jettet zwischen Singapur, Hongkong und Taiwan hin und her und präsentiert vor Kunstsammlern wie Louis Vuitton oder der New Yorker Asian Society. Zu unserer Verabredung kommt er mit Laptop, iPad, Blackberry und Zweithandy. »Das alles bedeutet nichts, wenn ich nach Hause fahre. Dort geht es nur darum, wann ich endlich heiraten werde«, erklärt Boy.

Noch schwieriger haben es alleinstehende Frauen. Cicilia Indah Setyawati verlor bei ihrer Scheidung vor sieben Jahren Haus und Arbeit und muss nun ihren Sohn allein großziehen. Doch die Polizistentochter schaffte, was einer geschiedenen Frau vor 20 Jahren noch unmöglich gewesen wäre: In Surabaya arbeitete sie sich als Produktmanagerin einer Schweizer Vertriebsfirma für medizinische Geräte so weit hoch, dass sie sich heute ein eigenes Haus und ein Auto leisten kann. Ihr Sohn geht auf eine islamische Schule, »damit er alles über seine Religion erfährt«. Doch bei aller Unabhängigkeit haftet der 39-Jährigen das Stigma einer Witwe an, wie in Indonesien auch Geschiedene genannt werden. »Meine Eltern drängen mich ständig, wieder zu heiraten. Und auf der Arbeit werde ich oft angemacht«, erzählt sie. »Es wäre schön, wieder einen Mann zu haben. Schon allein wegen der Sicherheit.«

Wie diese Beispiele zeigen, spielen traditionelle Werte und Vorstellungen in der indonesischen Gesellschaft immer noch eine große Rolle. Gerade in der städtischen Mittelschicht. Die meisten jungen Indonesier folgen den Wünschen der Familie, der oft einzigen sozialen Absicherung, die sie haben. Sie beugen sich Heiratsplänen der Eltern oder gesellschaftlichen Verhaltensvorschriften. Denn wehren sie sich dagegen, balancieren sie meist ohne Sicherheitsnetz weiter: Während mittlerweile immerhin rund die Hälfte der Bevölkerung eine Krankenversicherungskarte besitzt, hat praktisch niemand eine Arbeitsunfähigkeits- oder Pflegeversicherung, ganz zu schweigen von Haftpflicht- oder Rechtsschutzversicherung. Gerade einmal 3,5 Millionen Indonesier hatten im Jahr 2014 eine Rentenvorsorge – weniger als zwei Prozent.

Matthew Wai-Poi von der Weltbank in Jakarta definiert die Mittelschicht daher nach einem anderen Kriterium als McKinsey und Co: diejenigen, die nicht Gefahr laufen, nächstes Jahr schon wieder in Armut zu versinken. Das Leben des indonesischen Mittelstands ist nicht vergleichbar mit dem Standard in westlichen Industrienationen. In den unteren Einkommensklassen teilen sich Großfamilien ein Zweizimmerhaus, holen sich ihr Wasser aus dem Brunnen und essen höchstens einmal die Woche Fleisch. Laut Weltbank lebten 107 Millionen Indonesier Anfang 2014 zwar über der Armutsgrenze von zwei US-Dollar am Tag, verdienten aber nicht mehr als 4,50 US-Dollar am Tag. Das reicht für ein einfaches Haus im *kampung*, ein Moped, diverse Elektrogeräte und die Schulausbildung der Kinder. Aber eben nicht für Notfälle. Krankheiten oder der Verlust des Hauptverdieners kann eine Familie aus dieser unteren Mittelschicht sofort wieder unter die Armutsgrenze werfen. Nicht zu vergessen Naturkatastrophen, die in Indonesien ständig passieren. Es geht also darum, soziale Sicherheiten zu schaffen. Die neue Regierung arbeitet daran. Doch fast 250 Millionen Indonesier mit Kranken- und Rentenversicherungen zu versorgen, dürfte wohl etwas länger dauern als bis zum Jahr 2020.

So lange müssen die potentiellen Mittelständler sich selbst vorsorgen. Die meisten meiner Bekannten tun dies in Form von Bildungsversicherungen. Denn das größte Kapital der jungen Aufsteiger ist ihre Bildung – beziehungsweise die ihrer Kinder. Ob Meilina und Edwin, Everyandani, Boy oder Cicilia: Alle sind überzeugt, dass für den wirtschaftlichen und sozialen Fortschritt Indonesiens ein besseres Bildungssystem entscheidend sei – bislang eher eine der größten Schwachstellen in der Entwicklung des Landes. Trotz neun Jahren Schulpflicht und einem beachtlichen Bildungsetat landete Indonesien bei der Pisa-Studie von 2013 auf Platz 64 von 65 teilnehmenden Ländern. Am schlechtesten schnitten die indonesischen Schüler in Mathematik ab: 42 Prozent der 15-Jährigen hatten nicht einmal die einfachsten Grundkenntnisse. Beim Lesen landeten sie auf Platz 60. Dabei beenden immer mehr junge Leute die freiwillige Oberschule (Klasse 10 – 13) oder studieren sogar. Dennoch beklagen internationale Unternehmen, dass sie kaum einheimische Fachkräfte finden, die ohne Zusatztraining einsetzbar wären. Es mangelt an sprachlichen, technischen und vor allem analytischen Fähigkeiten. Das liegt laut Experten zum größten Teil an der schlechten Ausbildung der Lehrer sowie an fragwürdigen Lehrplänen und irrelevanten Studienprogrammen.

Dennoch strömen jedes Jahr geschätzte 200 000 bis 300 000 Oberschüler und Studenten in die »Stadt der Lernenden« Jogjakarta. Diese jungen, beeinflussbaren Konsumenten sind der

Hauptgrund, warum Großinvestoren momentan daran arbeiten, die Zahl der Einkaufszentren in der einst so gemütlichen Sultansstadt bis 2018 zu verdoppeln. Sie stehen für die zukünftige, aufsteigende Mittelschicht, auf die die McKinseys dieser Welt warten. Niemand wird bestreiten, dass es diese neue Mittelschicht gibt. Auch nicht, dass sie momentan die indonesische Wirtschaft anheizt. Doch es ist fraglich, ob dies eine langfristige Entwicklung ist, die den Durchschnittslebensstandard im Land auch in Hinsicht auf gesellschaftliche Werte ändern wird – oder ob es sich schlichtweg um eine Konsumblase handelt, die bei der nächsten Krise platzen wird.

Die Amerikanerin Elizabeth Pisani, Autorin des großartigen Buchs »Indonesia Etc., Exploring the Improbable Nation«, zweifelt jedenfalls an diesen Vorhersagen – in ihren Augen getroffen von »Nadelstreifenforschern an Banken in Hongkong, ehrwürdigen Think-tank-Komitees und ausländischen Journalisten«. Ein paar einfache Fakten dienen ihr als Gegenargument: All diese jungen Indonesier konsumieren zwar, aber 80 Prozent von ihnen produzieren nichts. Sie leihen sich von den Banken Geld, um Mopeds oder Computer zu kaufen. Aber sie erhalten keine Kredite, um zum Beispiel ein Unternehmen zu gründen, solange sie nicht ein Haus als Sicherheit bieten können. Gleichzeitig schaufelt sich die politische und wirtschaftliche Elite die Gewinne ihrer Insichgeschäfte in die eigene Tasche, anstatt damit das reale Wirtschaftswachstum des Landes anzufeuern. Oder sie zum Beispiel in ein soziales Sicherheitsnetz oder bessere Bildungseinrichtungen zu investieren. Solange die Politik dagegen nicht ankommt, ist die Entwicklung der indonesischen Gesellschaft – und deren Mittelschicht – weiterhin von korrupten Seilschaften und oligarchischen Führungssystemen abhängig.

Stau, Hochwasser, Mischkultur: Leben in Jakarta

Ausgerechnet Jakarta. Als ich zum ersten Mal in der indonesischen Hauptstadt landete, ließen mich die Asienkrise, politischer Umbruch und soziale Unruhen an meinem Reiseziel zweifeln. Heute sind es eher Nachrichten über Dauerstaus, Hochwasser, Armut und Übergriffe islamischer Extremisten, die potentielle Besucher abschrecken. Eine Versetzung nach Jakarta löst daher nicht immer reine Freude aus. Von ausländischen Medien wird die Megacity oft mit der Stinkfrucht Durian verglichen: außen stachelig und übelriechend – innen weich und manchmal sogar berauschend.

Jedes Mal bin ich schon beim Anflug beeindruckt von der Ausdehnung des riesigen Molochs unter mir. Beim Verlassen des gekühlten Flughafengebäudes trifft einen die feuchte Tropenhitze wie ein Faustschlag. Erst richtig bricht der Schweiß aus, wenn sich all die selbst ernannten Guides und Taxifahrer wie Schmeißfliegen auf die Neuankömmlinge stürzen, um zu überteuerten Preisen ihre Dienste aufzudrängen. Bis heute schaffe ich es nicht, auf diese Attacken javanisch gelassen zu reagieren. Einmal im Taxi kurz durchatmen und schon der nächste Schock: Auf der Zollstraße wälzt sich eine endlose Blechkolonne in Richtung Stadtzentrum, dessen Silhouette im Smog nur schemenhaft zu erahnen ist. Anderthalb Stunden Fahrt für knapp 30 Kilometer – über mehrstöckige Autobahnbrücken, durch Hochhausschluchten und an stinkenden Kanälen vorbei.

Nicht wenige Besucher haben an dieser Stelle bereits die Nase voll. Sobald sie die Möglichkeit haben, verschwinden sie nach Bali oder in andere Orte, an denen es sich entspannter leben lässt. Viele *Expats*, die es sich leisten können, verlassen ihre Wohnanlage daher nur mit Chauffeur im eigenen Wagen und weigern sich, mehr als die allernötigste Zeit außerhalb klimatisierter Bürogebäude, Einkaufszentren oder Hotelbars zu verbringen. Manche Jakarta-Hasser haben nicht selten Jahre in der Stadt verbracht, ohne ein einziges Mal über den Rand ihrer Gartenmauer beziehungsweise Büroschranke gesehen zu haben. Was tatsächlich ein Jammer ist, denn die offiziell neun Millionen Einwohner zählende Metropole ist nicht nur ein wichtiges Zentrum für Politik und Wirtschaft, sondern auch ein überaus spannender, extrem vielfältiger, sich ständig wandelnder Schmelztiegel der Kulturen.

Hunderte verschiedener Ethnien und Religionen aus dem Vielvölkerstaat treffen hier auf Einflüsse aus ganz Asien und dem Rest der Welt. Die größten Bevölkerungsgruppen stellen die Javaner und die Betawi, die sogenannten Ureinwohner Jakartas. Ihre Vorfahren kamen aus ganz Südostasien, als Niederländer und Briten den Vorposten des Sultanats von Banten im 17. und 18. Jahrhundert zum Handelshafen Batavia ausbauten. Dazu kommen viele Einwohner chinesischer, arabischer, indischer und europäischer Herkunft. Dementsprechend bunt ist das Alltagsleben, das sich hinter all dem Beton verbirgt: Straßenhändler verkaufen an jeder Ecke ihre Waren, von gebratenem Tofu über knatschbunte Handy-Hüllen bis zu illegalen Kopien der neuesten Blockbuster, Geschäftsleute hantieren mit ihren iPads, Marktfrauen in traditionellen Sarongs bahnen sich mit schweren Körben auf dem Rücken ihren Weg, Punks spielen auf einer Gitarre und arabisch gekleidete Muslime mit ihren Gebetsperlen, während sie gemeinsam auf den Bus warten.

All diese Menschen brauchen Platz. Der riesige Einzugsbereich des Städtekonglomerats Jabodetabek (Jakarta, Bogor, Depok, Tangerang, Bekasi) gilt mit rund 30 Millionen Einwohnern als eine der größten Metropolregionen der Welt. Seit 2015 auch als Ort mit dem weltweit schlimmsten Verkehr: Jeden Tag drängen sich geschätzte zwei Millionen Pendler aus den Vorstädten ins Zentrum von Jakarta. Am Nachmittag kriechen die Blechkolonnen wieder nach Hause.

Mal eben kurz irgendwo hinfahren – das geht in der indonesischen Hauptstadt nicht. Mal kurz oder mal schnell kommt man hier nirgendwo hin, zu keiner Tageszeit und auch nicht am Sonntag, wenn alle in die Shoppingmalls drängen. Praktisch jede Fahrt innerhalb Jakartas endet in einer Odyssee. So wie mein letzter Versuch, eine Freundin zu besuchen, die nur wenige Kilometer entfernt von meiner alten WG wohnt, wo ich bis heute bei Besuchen unterkomme. Ich hatte an jenem Tag die Ehre, gleichzeitig mit einem hohen Politiker unterwegs zu sein. Als sich mein Taxi endlich an eine grüne Ampel vorgekämpft hatte, versperrte ein Polizist den Weg und winkte die Gegenseite so lange durch, bis eine dicke Staatskarosse samt Blaulicht-Eskorte an uns vorbeischoss. Es dauerte zwei weitere Rotphasen, bis wir weiterfahren durften – und wegen Kanalbauarbeiten umgeleitet wurden. Die Umleitung wiederum war verstopft, weil ein Lieferwagen einen von Hand geschobenen Holzkarren abgedrängt hatte und dessen Besitzer nun lautstark mitten auf der Straße Schadensersatz für seine kaputten Flaschen forderte. Einen weiteren Umweg und zwei Staus später kam ich tatsächlich bei meiner Freundin an – nach anderthalb Stunden.

Natürlich hätte ich den Bus nehmen können. Nicht die kleinen, unklimatisierten Minibusse, die in genau dieselben Staus geraten wären, nein: Seit 2004 gibt es den recht komfortablen Trans Jakarta Busway mit einer eigenen Busspur. Auf manchen Strecken halten sich Autos und Mopeds sogar gelegentlich an ihr Fahrverbot für diese Spur. Es gibt eine Linie, die von mir bis in die Nähe meiner Freundin fährt. Leider ist es keine Hauptlinie, die Anzahl der Busse entspricht daher nicht dem Bedarf der Passagiere. Während man in den Stoßzeiten etwa zehn Busse abwarten muss, bis man sich sardinenbüchsenartig in einen hineinzwängen kann, dauert es zu den Nebenzeiten eine gefühlte Ewigkeit, bis überhaupt ein Bus erscheint.

Also leiste ich mir in der Regel doch lieber ein Taxi und sitze wenigstens bequem, während ich vom Stau aus die verwitterten Betonpfeiler einer geplanten Monorail-Trasse beobachte: eines der vielen Infrastrukturprojekte, die bislang an Korruption und Missmanagement gescheitert sind. Die Hoffnung liegt nun auf dem Bau einer Untergrundbahn, die 2018 ihre erste Teilstrecke in Betrieb nehmen soll. Kaum zu glauben, aber bislang besteht das öffentliche Nahverkehrssystem dieser Riesenstadt tatsächlich nur aus Bussen und einer Handvoll Vorstadtzügen.

Dennoch kommen immer mehr Menschen aus dem ganzen Archipel nach Jakarta. Geschätzte drei Millionen illegale Einwohner leben in der Metropole, meist arme Bauern, die in der Hoffnung auf gut bezahlte Arbeit zugewandert sind – zum Teil aus Gegenden, die von Jakarta so weit entfernt sind wie Moskau von Paris. Für ein Rückreiseticket haben sie kein Geld. Statt Arbeit fanden sie Armut und hausen unter widrigsten Umständen in selbst gezimmerten Hütten aus Sperrholz und Wellblech am Rande von Müllhalden, Bahngleisen oder Kanalufern. Ihr größtes Problem sind weniger die verstopften Straßen als vielmehr Hunger, Krankheit und immer wiederkehrende Überschwemmungen. Die Flüsse Jakartas ähneln an vielen Stellen schwimmenden Müllhalden. Haushalts- wie Industrieabwässer gelangen nahezu ungereinigt in die Kanäle. Die Bewohner der Armenviertel nutzen dasselbe Wasser als Waschküche, Badewanne, Toilette und Abfalleimer zugleich. Um dem Chaos Jakartas zu entkommen, ziehen die oberen Zehntausend im Süden immer weiter die Berghänge hinauf. Für ihre Luxusvillen musste der Wald weichen, der die Stadt in den Regenzeiten früherer Jahrzehnte vor dem schlimmsten Hochwasser geschützt hat. Ein Teufelskreis.

Trotz aller Widrigkeiten verbindet mich eine Hassliebe mit dieser pulsierenden Metropole. Jakarta ist unter Kennern bekannt für sein ausschweifendes Nachtleben: Jeden Abend legen international bekannte DJs in einschlägigen Nachtclubs auf, von schummerigen Jazz-Bars in Hinterhöfen bis hin zu Elektropartys hoch über den Dächern ist alles zu haben. Die Stadt bietet ein durchaus vielfältiges kulturelles Leben. Wer sich bei Facebook oder Twitter in den richtigen Gruppen einloggt, wird sich vor Events kaum retten können: Tanz, Theater, Ausstellungen und Konzerte, Filmpremieren, Buchlesungen oder politische Diskussionen. Dabei mischen sich kulturelle und soziale Traditionen aus dem ganzen Archipel mit modernen Einflüssen aus aller Welt. Da weder Stadt noch Republik viel Geld in Kultur investieren, werden viele dieser Veranstaltungen von privaten Stiftungen oder von Kulturinstituten aus Europa, Amerika oder anderen asiatischen Ländern gesponsert, was die Mischung noch internationaler macht.

Willst du das richtige Jakarta sehen? So lautete die Frage von Ronny Poluan, als ich ihn zum ersten Mal traf. Der Filmemacher und Theaterregisseur und sein konstant filmendes Team nahmen mich auf unzählige Touren durch Jakarta mit, die nichts mit den glitzernden Malls und riesigen Bürotürmen im Zentrum der Metropole zu tun hatten. Der »Filmaktivist« führte mich zum ersten Mal in meinem Leben durch einen Slum und brachte mich in Schulen für Straßenkinder. Er fuhr mit mir mitten in der Nacht zum Transvestitenstrich und stellte mich Müllsammlern vor, die in Löchern unter Stadtautobahnbrücken hausten. Und er paddelte mit mir auf einem wackeligen Floß über den stinkenden Ciliwung-Fluss, wo die Anwohner in simplen Bambusverschlägen ihr Geschäft verrichten, während andere direkt daneben Zähne putzen oder Wäsche waschen. Das Faszinierende war, dass all diese Leute in ihrer Armut immer offen und freundlich waren – niemals fühlte ich mich gefährdet oder unwillkommen. Im Gegenteil: Selbst in Wellblechhütten wurde ich noch zum Tee eingeladen und bekam den einzigen Stuhl angeboten. Diese Eindrücke waren Teil der Faszination, die dafür sorgte, dass ich Jahre später als Journalistin nach Indonesien zurückkam.

Heute hat Ronny Poluan sein Hobby zum Beruf gemacht. Mit Jakarta Hidden Tours bietet er über das Internet Touren durch das »echte« Jakarta an, das ausländische Geschäftsleute und Besucher selten zu Gesicht bekommen – und das auch nur wenige wohlhabende Bewohner der indonesischen Hauptstadt kennen. Den Erlös nutzt er, um die Schulausbildung der Kinder sowie die ärztliche Versorgung in einigen Armenvierteln zu unterstützen. Wie überall auf der Welt ist Slum-Tourismus ein kontroverses

Unternehmen, und seien die Ziele noch so wohltätig. Frühere Weggefährten wollen nicht kooperieren, weil sie Angst haben, die Menschen in den Armenvierteln entweder zu Schauobjekten oder von Almosen der Besucher abhängig zu machen. Die oberen Zehntausend von Jakarta sorgen sich weniger um Voyeurismus – was sie stört: Ronny Poluan würde sein Land schlechtmachen, indem er Ausländern immer nur die hässlichsten Orte Jakartas zeige. Ein guter Nationalist müsse Besuchern schöne Plätze präsentieren, etwa die Vergnügungsparks Ancol oder Taman Mini.

Natürlich gibt es in Jakarta Orte, an denen sich die Stadt etwas zugänglicher zeigt als in ihren Slums. Zum Beispiel am Nationalmonument Monas – eine riesige Betonsäule mit stilisierter Siegesflamme auf der Spitze, die die Unabhängigkeit symbolisiert. Ein Aufzug fährt auf das 137 Meter hohe Bauwerk hinauf, das im Volksmund auch als »letzte Erektion Sukarnos« bezeichnet wird. Der erste Präsident der Republik ließ die Säule kurz vor seiner erzwungenen Abdankung errichten. Von hier oben lässt sich erkennen, dass die Stadt außer Wolkenkratzern und Blechlawinen auch noch andere Lebensformen beherbergt: Zwischen den verglasten Bürotürmen und Einkaufszentren drängen sich unzählige Ziegeldächer unter einem Gewirr von Antennen und Strom- und Telefonkabeln. Dazwischen zeigt sich sogar immer mal wieder etwas Grün. Im Gassengewirr dieser *kampungs* lebt der größte Teil der Bevölkerung Jakartas. Da durch die engen Straßen oft keine Autos passen, gibt es hier weder Staus noch Hektik. Dafür Nudelsuppe oder gebratenen Reis von fliegenden Händlern, die auf ihren Holzkarren eine komplette Küche transportieren.

Ausländer verirren sich selten hierher. Abgesehen davon, dass es schwierig ist, sich in diesen Labyrinthen zu orientieren, ist es ohne ortskundigen Führer auch nicht immer empfehlenswert, vor allem nachts. Ich habe mich bei solchen Ausflügen zwar nie bedroht gefühlt, doch durchaus bedrängt, wenn eine ganze Traube von Menschen um mich herum stand und alle gleichzeitig wissen wollten, woher ich komme, wohin ich wolle und ob ich nicht einen Fahrer, Freund oder sonst irgendetwas brauche. Einmal vertraut mit einem *kampung* jedoch, erschien mir das Abbiegen von der Hauptstraße in die kleinen Gassen immer wie das Eintauchen in eine andere Welt. Kein Verkehrslärm mehr, stattdessen Alltagsgeräusche wie Tellerklappern, Vogelgezwitscher oder Wasserrauschen. Nicht unbedingt idyllisch angesichts der Enge und der meist offenen Abwasserkanäle, doch häufig liebenswert bepflanzt und dekoriert. Hier schlägt das Herz der Stadt.

Jakarta hat seinen eigenen Rhythmus. Egal ob Demonstrationen oder Hochwasser die Straßen blockieren: Das Wichtigste ist, die eigene Bequemlichkeit zu überwinden und sich selbstbewusst einen Weg durch die Megastadt zu bahnen. Besondere Highlights waren für mich immer die spontanen Feiern und Performances mit Künstlern und Studenten nach Veranstaltungen im städtischen Kulturzentrum Taman Ismail Marzuki. Oder die Suche nach dem besten *Gado-Gado* (Gemüsesalat mit Erdnusssoße), den besten *saté*-Spießchen oder dem besten *Martabak* (gefüllter Pfannkuchen) der Stadt – eine immerwährende Herausforderung, weil meine Lieblingsstraßenküchen regelmäßig von der Stadtverwaltung an andere Plätze vertrieben wurden.

Jakarta ist tatsächlich vergleichbar mit einer Durian. Wer schon den Geruch ekelhaft findet, wird sie nie probieren. Doch wer sich einmal überwunden hat, wird vielleicht ihren einzigartigen Geschmack entdecken und ihre inneren Werte schätzen lernen. Und einige verfallen der Königin der Früchte sogar – bis zur Abhängigkeit.

Bittere Medizin: *jamu*, Spa und Knochenheiler

»Geh bloß nicht zum Arzt«, warnte mich meine Freundin Lisa, als eine vermeintliche Magenverstimmung in dauerhafte Bauchkrämpfe überging, »der verschreibt dir nur teure Medikamente, die dein Immunsystem noch mehr schwächen. Trink lieber *jamu* und ruh dich aus!« *Jamu*, so viel wusste ich damals schon, heißt die traditionelle indonesische Medizin. Ich stellte mir bittere Kräutertees und schmerzhafte Akupressur vor. Natürlich ging ich mit meiner deutschen Krankenkassenmentalität doch zum Arzt. In der Poliklinik eines angesehenen christlichen Krankenhauses wurde ich zuerst nach meinem Familienstand gefragt. Anschließend klärte mich der offensichtlich um meine westliche Moral besorgte Arzt über die Risiken ungeschützten Geschlechtsverkehrs auf und legte mir einen AIDS-Test nahe. Nach meiner nicht sehr javanischen Antwort auf diese Unverschämtheit untersuchte er mich schließlich. Er nahm mir Blut ab und verschrieb mir Antibiotika sowie drei verschiedene Säfte und Pillen, ohne die Untersuchungsergebnisse aus dem Labor abzuwarten. Die Tabletten waren abgezählt in Plastiktütchen verpackt, Beipackzettel gab es nur auf Nachfrage.

Als ich viele Wochen und diverse Packungen Antibiotika später immer noch nicht wusste, was in meinem Bauch eigentlich nicht stimmte – die Diagnosen reichten von Blasenentzündung bis Paratyphus –, fand ich mich letztendlich in der Praxis eines *jamu*-Heilers wieder: ein Häuschen wie aus der Kolonialzeit, die Regale voller Gläser mit geraspelten, gehackten und getrockneten Kräutern, Blättern und Wurzeln, an der Wand ein Poster, das die Reflexzonen des menschlichen Körpers zeigte. Der weißhaarige Mann, der seine *jamu*-Weisheit mit Wissen über chinesische Medizin angereichert hatte, hörte sich zunächst meine Krankengeschichte an. Dann fühlte er meinen Puls, betrachtete meine Zunge und verordnete mir Kräuterkapseln und Wurzeltees, die er im eigenen Garten zog. Dazu ein bisschen Akupressur und vor allem: Entspannung. Zwei Wochen später waren meine Bauchkrämpfe dauerhaft verschwunden. Ob es daran lag, dass der *jamu* irgendwelche Krankheitserreger oder lediglich die dort angelagerte Chemie hinausgeschwemmt hat, vermag ich nicht zu sagen.

Viele Indonesier schwören auf *jamu*, schon weil sie sich eine

Behandlung mit westlicher Medizin gar nicht leisten können. Vor der Einführung einer allgemeinen Krankenversicherung Ende 2014 war nur rund die Hälfte der Indonesier krankenversichert, allen voran Staatsangestellte wie Lehrer, Beamte oder Soldaten samt ihren Familien. Einige große – meist internationale – Unternehmen bieten ihren Angestellten seit langem Kranken- und Rentenversicherung. Für besonders bedürftige Familien gibt es seit 2005 ein staatliches Gesundheitsprogramm, im Volksmund als »Armenkarte« bezeichnet. Wie viel diese Versicherungen bislang wert sind, zeigt sich, wenn in der Notaufnahme vieler Kliniken die Tür erst aufgeht, sobald eine Kreditkarte gezückt wird: Nur staatliche Krankenhäuser sind verpflichtet, Patienten mit staatlicher Versicherung aufzunehmen. Doch die machen es häufig ungern, da die Bezahlung oft mit Verzögerung erfolgt. So kommt es nicht selten vor, dass Notfälle auf dem Gang abgestellt oder gar abgewiesen werden, weil angeblich alle Betten voll seien.

Wer aber einmal als zahlungsfähig eingestuft ist, wird allen möglichen und unmöglichen Tests unterzogen, damit es sich richtig lohnt. Als eine Freundin sich mit den typischen Symptomen von Denguefieber ins Krankenhaus schleppte, wurde zunächst einmal geröntgt, bevor sie sich dem bei dieser Krankheit obligatorischen Bluttest unterziehen konnte. Ähnlich erging es meinem Schwiegervater, als er mit den Anzeichen eines leichten Schlaganfalls in die Klinik kam: Zunächst einmal wurde die Lunge durchleuchtet. Routine, so die Auskunft des Krankenhauspersonals. Antibiotika gehören ebenfalls zu jeder Behandlung, egal ob es sich nun um einen Schnupfen, Dengue oder Schlaganfall handelt.

Nicht dass es in Indonesiens Großstädten keine guten Ärzte oder Kliniken gäbe, nur sind diese für den Normalverbraucher entweder unbezahlbar oder völlig überfüllt. Zwei bis drei Stunden Wartezeit für eine Routinekontrolle bei meiner – sehr erfahrenen – Gynäkologin sind normal. Vorausgesetzt, sie wird nicht gerade zu einem Notkaiserschnitt gerufen. So saß ich ihr auch schon einmal um zehn Uhr abends gegenüber, nach einem 15-Stunden-Arbeitstag: Um sieben Uhr morgens hatte sie mit ihrer Visite im Krankenhaus begonnen, um zehn Uhr ihre Sprechstunde in der dazugehörigen Poliklinik eröffnet. Nachmittags dann zwei Kaiserschnitte, bevor sie um sieben Uhr abends schließlich in ihrer Privatpraxis ankam, wo bereits rund 20 Patientinnen warteten.

Angesichts solcher Zustände folgen nicht nur Touristen, sondern auch viele wohlhabende Indonesier der Empfehlung in jedem Indonesien-Reiseführer, bei ernsthaften Erkrankungen nach Singapur auszureisen – eines der weltweit wichtigsten Ziele für Medizintourismus. Dieses Schlagwort geistert auch in Indonesien immer wieder durch die Medien. Jedes Mal, wenn ein modernes Krankenhaus eröffnet, schlagen die Herzen einiger Politiker – und vor allem vieler Geschäftsleute – höher: etwa im Juli 2011, als der Präsident eine 140 Millionen US-Dollar teure Krebsklinik in Jakarta eröffnete. In den Jahren zuvor waren es eine Augenklinik auf Bali oder das International Hospital in Jogjakarta, die Hoffnungen schürten, dass sich vielleicht doch endlich ein paar ausländische Patienten zur Behandlung nach Java oder Bali verirren, um dem indonesischen Gesundheitssektor Devisen und ein bisschen Prestige zu bringen. Aber selbst die Politiker und Geschäftsleute, die so gern über den Medizintourismus im eigenen Land spekulieren, reisen bezeichnenderweise lieber nach Malaysia oder Singapur, um sich dort behandeln zu lassen. Ich kann es ihnen nicht verdenken, nachdem ich bei einer Amöben-Erkrankung zunächst meinen Blinddarm loswurde, bevor die Parasiten entdeckt wurden.

Seither bin ich Stammkundin bei einer *jamu*-Heilerin. Mit meditativer Ruhe mischt sie frisch zerriebenen Galgant, Ingwer oder Gelbwurz mit Tamarinde, Jasminblättern, Kokos- oder Reisextrakt, die sich in großen Schüsseln vor ihr türmen. Anschließend rührt sie die Mixtur in lauwarmes Wasser ein, wahlweise auch mit Honig oder einem rohen Entenei serviert. Die Patienten warten geduldig auf schlichten Holzbänken, manchmal stundenlang, weil der Andrang so groß ist. Zur Belohnung gibt's Geschichten über die Wehwehchen, die die anderen Wartenden der Kräuterfrau erzählen – Privatsphäre gilt hier noch weniger als in den Seifenopern, die im Fernseher hinter dem Honigregal laufen. Kein Wunder, dass sich so mancher windet, wenn er einen Heiltrunk gegen Genitalentzündung oder Potenzschwierigkeiten braucht. Um sich lange Erläuterungen zu ersparen, bestellt mein Mann immer dasselbe Gebräu: immunstärkenden Sambiloto-Sud, der so bitter ist, dass sich mir allein beim Geruch alle Nerven zusammenziehen. Immerhin hat er sich auf diese Weise das Rauchen abgewöhnt – selbst die süßlichen Nelkenzigaretten haben nach der Bitterkur einfach nicht mehr geschmeckt. Großartig ist auch *puyup-puyup*, *jamu* für stillende Mütter. Je nach Bedarf mischt die *jamu*-Frau hier natürliche Heilmittel gegen Grippe, Bauchkrämpfe oder andere Wehwehchen der Babys mit hinein, die mit westlicher Medizin wegen zu hoher Risiken und Nebenwirkungen noch nicht behandelt werden dürfen.

Traditionelle Therapien sollen nicht nur bei Magen-Darm-Infekten oder Grippe, sondern auch bei Hepatitis, Lungenkrankheiten und Knochenbrüchen helfen. Viele schwören zum Beispiel auf frisches Kobrablut und die rohen Organe der Giftschlange als Heilmittel gegen Tuberkulose oder Hepatitis B. Man muss nur daran glauben und vor allem: sehr geduldig sein. So wie unser Bekannter Adi, der sich bei einem Motorradunfall einen komplizierten Beinbruch zuzog. Während sich der Freundeskreis bereit erklärte, Geld für die aus westlicher Perspektive dringend notwendige Operation zu sammeln, ging er lieber zu einem traditionellen Knochenheiler. Mit schmerzhaften Massagen, Kräutermedizin und vorsichtiger Bewegungstherapie heilte der Bruch tatsächlich aus – nach mehr als drei Monaten konnte er wieder nach Hause fahren. Ein anderer Freund hatte ein fortgeschrittenes Lungenemphysem: Auch dieses wäre nach Ansicht der Krankenhausmediziner nur operativ zu behandeln gewesen. Er weigerte sich und fuhr stattdessen über Monate regelmäßig zu einem bekannten *dukun*, einem traditionellen Heiler, der zwei Stunden entfernt von seinem Wohnort praktizierte. Sämtliche Ausländer im Freundeskreis, einschließlich mir selbst, erklärten ihn für lebensmüde. Der *dukun* behandelte ihn mit einer speziellen Wassertherapie und einem strikten Ernährungsplan. Die Genesung dauerte lang, doch viele Monate später kehrte der zum Nichtraucher mutierte Patient wieder ins soziale Leben zurück und erschien so gesund und wohlgenährt wie Jahre zuvor nicht.

Andersherum musste ich erfahren, dass es nicht empfehlenswert ist, mit tropischen Erkrankungen in Deutschland zum Arzt zu gehen. Sobald auch nur der Verdacht auftaucht, dass man Dengue, Malaria oder Typhus – in Indonesien Routine – eingeschleppt haben könne, läuft die Krankenhausmaschinerie auf Hochtouren. Mein Sohn hatte als Säugling, kurz nach der Rückkehr von einem Indonesienaufenthalt, so schlimmen Brechdurchfall, dass er in einer Kinderklinik Infusionen bekommen musste. Er wurde auf mindestens zehn Tropenkrankheiten getestet, und einige Schwestern betraten das Zimmer nur noch mit Schutzmantel. Am Ende stellte sich heraus, dass er Rotaviren hatte – eine Infektion, die man sich in jedem deutschen Sandkasten oder Schwimmbad einfangen kann.

Überhaupt ist die Auffassung vom Kranksein in Indonesien eine andere als in Deutschland. »*Masuk angin*« – wörtlich »es ist Wind hereingekommen« – ist eine der häufigsten Beschwerden, wegen der Kinder nicht in die Schule gehen oder Angestellte nicht zur Arbeit kommen. Der Wind fährt dabei mal in die Atemwege (Erkältung) oder auch in den Bauch (Magen-Darm-Beschwerden) und ist meist am besten mit Ausruhen zu kurieren. Egal wie und woher der Wind nun kam: Sich bei ersten Krankheitssymptomen auszuruhen, ist nicht immer nur eine faule Ausrede, sondern hat durchaus Vorteile. Während sich Mitteleuropäer nicht selten bis zum Umfallen noch zur Arbeit schleppen und dabei zusätzlich ihre Kollegen anstecken, hören die Indonesier viel schneller auf ihren Körper und fallen am Ende nur einen oder zwei Tage aus anstatt eine ganze Woche oder mehr.

Hilfreich für eine schnelle Genesung ist die Heilmethode *kerokan*, bei der dem Patienten mit einer glatten Münze so lange über die Haut an Rücken, Hals und Armen gerieben wird, bis sich rote Streifen bilden. Auf diese Weise sollen sich die Poren öffnen und der krank machende Wind wieder austreten. Das dabei entstehende Fischgrätenmuster erweckt den Eindruck, der Patient sei misshandelt worden – richtig ausgeführt tut die Behandlung allerdings kaum weh. Während ich am Anfang, wie wohl fast alle Westler, mehr als skeptisch war, lasse ich mich mittlerweile bei jedem beginnenden Infekt frühzeitig von meinem Mann »striegeln« (so die ursprüngliche Bedeutung von *kerokan*) und bin Symptome wie Schüttelfrost oder Muskelschmerzen damit häufig schnell wieder losgeworden. Offensichtlich wird durch das starke Reiben der Haut irgendein Mechanismus des Immunsystems in Gang gesetzt. In einem deutschen Schwimmbad sollte man sich allerdings mindestens drei Tage nach der Behandlung nicht sehen lassen, wenn man nicht entsetzte Blicke provozieren will.

Der zunehmende Wohlstand sowie die massive Fernsehwerbung von Pharmaunternehmen haben im letzten Jahrzehnt dazu beigetragen, dass die jüngere Generation lieber in die Apotheke geht, als bittere *jamu*-Tees zu trinken. Da es Medikamente auf Rezept aber immer nur abgezählt und ohne Beipackzettel gibt, wissen viele Patienten überhaupt nicht, was sie eigentlich zu sich nehmen. Die meisten hinterfragen es auch nicht. *Jamu* dagegen wird mehr und mehr zur Medizin der armen Leute degradiert und von vielen nur noch als gelegentliches Stärkungsmittel konsumiert. Und das zunehmend in der stark gesüßten und teils mit Chemie versetzten Variante der Instant-*jamus*, die als Pulver oder Saft an jeder Straßenecke verkauft werden.

Auf Erfolgskurs dagegen befinden sich edle Naturkosmetikprodukte und Spa-Programme, mit deren Hilfe einige indonesische *jamu*-Hersteller bereits Exportschlager kreiert haben. Besonders im Trend liegen momentan alle Produkte aus der dicken, violetten Schale von Mangostane, einer tomatengroßen Frucht mit saftigsüßem, weißem Fruchtfleisch. Sie soll gegen das Volksleiden Diabetes und gegen Herzkrankheiten helfen. Ganz nebenbei soll sie auch noch die Hautzellen verjüngen.

Schon die edlen Damen in den Jahrhunderte alten Sultanspalästen von Solo und Jogjakarta ließen sich mit Extrakten aus Blüten und Früchten behandeln – denn zu einem gesunden Körper, so die Auffassung der ganzheitlichen *jamu*-Lehre, gehört auch die äußerliche Erscheinung. Regelmäßige Entspannungs- und Reflexzonenmassagen tragen dazu ebenso bei wie die Reinigung und Pflege der Haut mit Hilfe von Peelings, Masken und aromatischen Ölen. Da nach dieser Lehre ein schöner und gesunder Körper einen gewissen Status widerspiegelt, boomt die Spa-Industrie in den indonesischen Städten – erst recht seit dem Aufstieg der indonesischen Mittelschicht in den vergangenen Jahren. Vor allem die Touristeninsel Bali hat sich in ein internationales Mekka für Wellnessfans verwandelt: In jedem Hotel und an jeder Straßenecke locken balinesische, javanische oder Shiatsu-Massagen, Aromatherapien, Cremebäder und Gesichtsbehandlungen. Die Preise variieren von spottbillig bis unbezahlbar.

Zum indonesischen Schönheitsideal gehören glänzende, glatte Haare und vor allem: möglichst weiße, zarte Haut. Um dem Porzellanpuppenteint etwas nachzuhelfen, benutzen viele Frauen – aber auch Männer – kosmetische Bleichmittel wie Tonerde, Titan- und Zinkoxid. Spas, die auf natürliche Inhaltsstoffe Wert legen, verwenden Wasserkastanien als Weißmacher. Wer sich eine teure Behandlung im Salon nicht leisten kann, mischt sich selbst etwas zusammen – nicht selten mit gefährlichen chemischen Zusätzen wie Quecksilber. Auch Supermärkte sind mit Weißmachern aller Art überschwemmt. Die internationale Kosmetikindustrie schürt den »Weißheitswahn« der Südostasiaten mit Unmengen von Werbespots: Die digital bearbeiteten Bilder lassen die Haut der asiatischen Models heller als die jeder Mitteleuropäerin erstrahlen.

Die Wurzeln dieses Schönheitsideals liegen angeblich in der niederländischen Kolonialzeit. Jahrhundertelang waren die Indonesier gezwungen, zu den weißen Besatzern aufzuschauen. Bis heute dominiert die westliche Kultur, vor allem in Film und Fernsehen: 90 Prozent aller Weltstars sind weiß, also werden auch Nachrichtensprecher oder Seifenoperndarsteller nach ihrer Hautfarbe ausgesucht. Besonders beliebt sind *Indos*, Indonesier mit einem weißen Elternteil. Wenn wir mit unseren Söhnen bei einem Treffen unserer javanischen Großfamilie erscheinen, fällt garantiert früher oder später die Bemerkung: »Und später werden eure Kinder dann Filmstars!«

Natürlich sind im Spa-Business wie im *lamu*-Gewerbe jede Menge Scharlatane unterwegs, die gegen entsprechendes Entgelt so ziemlich alles heilen wollen – von Wundmalen über Impotenz bis hin zu Kleinwüchsigkeit. Doch meine anfängliche Skepsis über die *dukun*-Gläubigkeit meiner indonesischen Freunde wich über die Jahre angesichts der traditionellen Heilerfolge. Und der unwiderlegbare Nutzen von regelmäßigen Vitamintrunks und Ganzkörpermassagen geht einher mit der angenehmen Vorfreude auf das Highlight einer anstrengenden Arbeitswoche: ein paar Stunden Entspannung pur, in denen man sich ganz ohne schlechtes Gewissen richtig verwöhnen lassen kann.

Lebendige Tradition: Batik, *gamelan* und Schattenpuppen

Die Dorfstraße war gesperrt, schon von weitem hörte man das Klingklong der Gongs und Metallophone, die zu jedem *gamelan*-Orchester gehören. Großfamilien schlenderten samt Baby und Urgroßmutter gemächlich in Richtung der Musik. Ein wohlhabender Dorfbewohner hatte zur Einweihung seines neuen Hauses die gesamte Nachbarschaft zum *wayang kulit* geladen, wie das aus Java stammende Schattenpuppentheater heißt. Wir näherten uns von hinten und sahen so zunächst die Leinwand, auf der die Silhouetten der Stabpuppen tanzten: Die kunstvoll aus Büffelleder gestanzten Muster zeichneten filigrane Schatten. Das Publikum saß zu meiner Überraschung auf der Seite des Orchesters, wo sie den Musikern, Sängerinnen und vor allem dem *dalang* – dem Puppenspieler und zugleich Regisseur der Vorstellung – genau zusehen konnten. Während sie sich die Teller am Buffet vollluden, kommentierten die Männer die Qualität des wertvollen Puppensets und den eindrucksvollen *keris* in der Schärpe des *dalangs*: Der gewellte, zweischneidige Dolch soll spirituelle Kräfte verleihen und wird von Vater zu Sohn vererbt. Die Frauen dagegen beachteten mehr die Kostüme und vibrierenden Stimmen der traditionellen *sindhen*-Sängerinnen.

Bislang kannte ich nur die *wayang*-Vorstellungen in Jogjakartas Museum Sonobudoyo, wo Touristen jeden Abend verträgliche Häppchen der traditionellen Kunst konsumieren können. Im Gegensatz zu einigen englischsprachigen, mit Gags vollgestopften Kurzaufführungen, die in Balis Touristenzentren boomen, vermitteln die routinierten Künstler in der Sultansstadt dennoch eine eindrucksvolle Einführung in die mehr als 1000 Jahre alte Kunst, die die UNESCO 2003 als »Meisterwerk des mündlichen und immateriellen Kulturerbes der Menschheit« anerkannte. Vermutlich spielten die Bewohner im fernöstlichen Inselreich schon vor Einzug des Hinduismus mit Schattenfiguren, um mit den verstorbenen Ahnen zu kommunizieren. Der erste sichere Hinweis auf eine *wayang*-Vorstellung stammt jedoch aus dem Jahr 930: Eine zentraljavanische Inschrift berichtet von einem wandernden *dalang*, der vor königlichen Zuschauern eine Geschichte aus dem indischen Mahabharata nachspielte. Bis heute erzählen die Puppenspieler in ihrer jeweiligen Lokalsprache Heldengeschichten aus den hinduistischen Epen Mahabharata oder Ramayana. Mit ständig variierender Stimme stellt der *dalang* Dutzende von Figuren dar. Dabei schlägt er immer wieder mit einem Stöckchen am Fuß auf den Holzkasten, in dem die Puppen aufbewahrt werden – um rhythmische Akzente zu setzen und Pausen zu überbrücken. Manchmal wackeln die Figuren während der Dialoge minutenlang nur mit den Armen, dann wieder wirbeln ihre Schatten wild über die Leinwand. Ursprünglich von einer flackernden Öllampe beleuchtet, sorgen heute meist elektrische Lampen für die Lichteffekte. Die Musiker begleiten die Bewegungen entsprechend mit leisen melodischen Tönen oder lauten Schlägen.

Da auch die beschriebene Vorstellung in einem Dorf am Rande von Jogjakarta auf Javanisch stattfand, verstand ich so gut wie nichts von den Geschehnissen auf der Leinwand. Der meditative Klangteppich aus *gamelan*-Musik, dem Tock-Tock-Tock des Stöckchens und der Stimme des *dalangs* lullte mich bald ein. Das ging übrigens vielen erfahreneren Zuschauern ebenso. Wer eine komplette *wayang*-Aufführung von Anfang bis Ende erleben will, muss vor allem eines mitbringen: Ausdauer. Die Vorstellung beginnt nach der Abenddämmerung und endet erst, wenn es wieder hell wird. Dementsprechend herrscht während der Aufführung ein reges Kommen und Gehen. Die Zuschauer essen und unterhalten sich nebenher und gehen falls nötig zwischendurch auch mal auf die Toilette oder nach Hause, um etwas zu schlafen. Ich verstand nun, warum es so schwierig ist, das indonesische Publikum bei westlichen Konzerten oder Theateraufführungen dazu zu bringen, pünktlich zu erscheinen, alle technischen Geräte auszuschalten und sich ganz ruhig zu verhalten.

Erstaunlicherweise wussten trotzdem alle außer mir immer genau, welches Ereignis der Geschichte als Nächstes anstand. Vor allem wenn die *Punokawan*, die vier Clowns des zentraljavanischen Schattentheaters, auftauchten, war kurzfristig das gesamte Publikum höchst aufmerksam und lauthals lachend bei der Sache. Wenn der knubbelige Diener Semar mit seinen haken- und knollennasigen Söhnen Gareng, Petruk und Bagong erscheint, ist meist slapstickartige Unterhaltung angesagt. Hinter der komischen Erscheinung Semars jedoch verbirgt sich die Inkarnation eines Gottes: Mit seinem Edelmut und seiner Weisheit beschützt er die Insel Java.

Gerade die ältere Generation bewies ein enormes Durchhaltevermögen und genoss sichtlich die Veranstaltung. Während *wayang* früher zu allen wichtigen Ereignissen gehörte, werden die Aufführungen heute immer seltener. Das liegt unter anderem an dem beträchtlichen Kostenaufwand: Bühnenaufbau, Leihgebühr für die Instrumente, Honorar für die Musiker, Bewirtung für Künstler und Zuschauer. In einem kompletten *gamelan*-Orchester können bis zu 40 Musiker spielen. Wobei auch eine Handvoll Spieler schon eine beeindruckende Klangkulisse produzieren – für westliche Ohren anfangs etwas gewöhnungsbedürftig wegen der fünf- oder siebentonigen Tonskalen mit ungleichen Intervallen.

Das *gamelan* klingt nur als Ganzes. Es gibt keine Solospieler, die sich hervortun, jeder hört auf den anderen. Anstatt eines Dirigenten führt der Trommler seine Mitspieler akustisch an – er gibt das Tempo vor und beginnt oder beendet mit bestimmten Signalen die Musik. Die Orchesterstruktur spiegelt so das gesellschaftliche Ideal einer harmonischen Gemeinschaft wider. Neben Metallophonen und Gongs in verschiedenen Größen gehören zu einem *gamelan*-Orchester auch Holzxylophone und je nach Region spezifische Bambusflöten oder Streich- und Zupfinstrumente, die die Melodie untermalen. Seit Ende 2014 zählt auch *gamelan* offiziell zum immateriellen Kulturerbe Indonesiens.

Gamelan wird selten allein der Musik wegen gespielt, meist gibt es dazu etwas zu sehen. Außer *wayang kulit*, das vor allem auf Java und Bali verbreitet ist, gibt es das aus Sunda stammende Holzpuppenspiel *wayang golek* oder auch das höfische *wayang orang*, bei dem Menschen die mythologischen Heldengeschichten nachspielen. Auch die meisten traditionellen Tänze werden vom *gamelan* begleitet – allerdings in unterschiedlichsten Variationen.

Die Vielfalt indonesischer Tänze entspricht der ethnischen und religiösen Diversität des Landes – von spirituellen Stammesriten über fröhlich-rhythmische Volkstänze bis hin zu ehrwürdig-sakralen Hofzeremonien. Bei den hindu-buddhistisch inspirierten Tänzen der balinesischen und javanischen Höfe bewegen sich die prächtig geschmückten Tänzer meist langsam und würdevoll, jedes Augenrollen oder Fingerspreizen hat eine Bedeutung. Die Füße verlieren dabei nie den Kontakt zur Erde. Um die bedächtigen Aufführungen für westliche Zuschauer attraktiver zu gestalten, mischte der deutsche Maler Walter Spies 1933 für den Film »Insel der Dämonen« höfische Tanzelemente mit einem alten Trance-Ritual zu einer Choreografie, die bei Bali-Touristen bis heute äußerst populär ist: Beim *Kecak* sitzen rund hundert Männer auf dem Boden und wiegen sich wellenartig hin und her, während sie in atemberaubenden Rhythmen »cak-ke-cak-ke-cak« rufen. In ihrer Mitte stellen Tänzer König Rama und seine geliebte Frau Sita dar, die vom Dämonenkönig Rawana entführt wird. Affenkönig Hanuman hilft bei ihrer Befreiung. Der *Kecak*-Chor teilt sich nun in eine Affen- und eine Dämonenarmee, die mit ihren Rhythmen und Bewegungen gegeneinander ankämpfen. Den Abschluss der Aufführung bildet das Feuer-Ritual, bei dem einer oder mehrere Männer in Trance auf Strohpferdchen durch glühende Kohlen reiten.

Viele indonesische Tänze sind allerdings ganz ohne neue Choreografien hochgradig beeindruckend. Etwa der Saman-Tanz, ebenfalls von der UNESCO gelistet. Die Tänzer sitzen in einer Reihe eng nebeneinander auf ihren Knien und singen, während sie immer schneller in ihre Hände, auf Schenkel und Brust klatschen und sich dabei entweder simultan oder abwechselnd in verschiedene Richtungen drehen und wiegen. Die mitreißenden Rhythmen und Bewegungsmuster, die dabei entstehen, ahmen den Alltag des Gayo-Volks in Aceh nach, von dem dieser Tanz stammt. Mittlerweile findet kaum ein Indonesien-Festival im Ausland ohne den Saman statt – in seiner Heimat jedoch wird der Tanz immer seltener aufgeführt: Die Kosten für traditionelle

Aufführungen und originale Kostüme sind zu hoch. Außerdem ziehen viele junge Gayo in die Stadt und interessieren sich nicht mehr für die überlieferten Rituale der Alten.

Im Gegensatz dazu war der sundanesische Jaipong-Tanz bis Anfang des Jahrtausends auch in seiner westjavanischen Heimat noch sehr beliebt. Konservativen Politikern und islamischen Gruppen jedoch war die in den 1960er Jahren kreierte Choreografie aus traditionellen Tanzelementen und Bewegungen der traditionellen Kampfkunst *pencak silat* ein Dorn im Auge: Die Bewegungen seien zu provokativ, die Kostüme der Tänzerinnen zu sexy. Zu häufig außerdem würde an zwielichtigen Orten getanzt. Nur wenige Monate nach der Verabschiedung des umstrittenen Antipornografie-Gesetzes 2008 nutzte der damalige Gouverneur von Westjava die neue rechtliche Grundlage, um den Jaipong zu verbieten. Seitdem darf der Tanz nur noch in einer »abgemilderten« Version öffentlich aufgeführt werden. Die Tänzerinnen müssen dabei ihre sonst unbedeckten Arme komplett verhüllen.

Das Verbot zog einen Proteststurm nach sich, vor allem aus den nichtislamischen Provinzen wie Bali, Nusa Tenggara Timur oder Papua. Viele fürchteten weitere Einschränkungen traditioneller Künste und Rituale, zu denen häufig Bewegungen und Kostüme gehören, die nicht den islamischen Moralvorstellungen entsprechen – etwa transparente Spitzenblusen oder schulterfreie Wickelkleider bei Frauen oder nackte Oberkörper bis hin zu Lendenschurzen und Penisköchern bei Männern. Bislang allerdings unbegründet: In den christlichen und hinduistischen Regionen des Landes gab es noch keine weiteren Verbote dieser Art. Nichtsdestotrotz fühlen sich viele Künstler im Land durch die vagen Rechtsformulierungen des Antipornografie-Gesetzes in ihrer künstlerischen Freiheit bedroht. Konservativen Muslimen dagegen gehen die Vorschriften nicht weit genug. Sie fordern sogar immer wieder, das *wayang* zu verbieten, weil es hinduistische Epen verherrliche.

Keinerlei moralische Bedenken dagegen ruft die Batik-Kunst

hervor, die seit 2009 als immaterielles Kulturerbe Indonesiens gilt. Auf diese Anerkennung der UNESCO hat die hiesige Batik-Industrie händeringend gewartet, um sich gegen Wettbewerber aus den Nachbarländern durchzusetzen. Vor allem mit Malaysia gibt es regelmäßig harte Auseinandersetzungen, welchem Land welche Tradition rechtlich zusteht – in der malaiischen Inselwelt nicht immer eine einfache Entscheidung. Auch Stoffe mit gebatikten Mustern gibt es schon seit rund 1500 Jahren in diversen Ländern von Afrika bis China. Doch nirgendwo hat sich Batik zu einer so hohen Kunstform entwickelt wie auf Java.

Dabei handelt es sich nicht – wie ich früher dachte – um die fröhlich-bunten Batikhemden und Sarongs, die an den Touristenstränden Südostasiens genauso wie auf Europas Trödelmärkten verkauft werden. Als ich zum ersten Mal eine dämmerige Werkstatt in Jogjakartas Viertel am Wasserschloss Taman Sari betrat, begriff ich erst, wie kompliziert die Herstellung von Batikstoffen tatsächlich sein kann. Mehrere Frauengenerationen einer Familie saßen über Stoffbahnen gebeugt, jede mit einem *canting* in der Hand: Diese füllerähnlichen Instrumente füllten sie mit flüssigem Wachs, das neben ihnen auf kleinen Stövchen simmerte. Der Geruch des warmen Wachses vermischte sich mit dem Dunst der pflanzlich hergestellten Farben. Die mit Wachs bemalten Stellen blieben beim anschließenden Färbeprozess frei. Danach kochten sie den Stoff aus, um das Wachs zu entfernen, und es ging wieder von vorne los. Bei mehrfachen Wachs- und Färbeprozessen braucht es viel Erfahrung und Voraussicht, um ein zuvor entworfenes Farbmuster wie gewünscht zu kreieren. An manchen Stoffen arbeiten die Frauen monatelang.

Die höfische Batik in den Sultansstädten Solo und Jogjakarta ist in gedämpften Brauntönen gehalten, in die sich nur natürlich hergestelltes Schwarz, Indigo-Blau, dunkles Rot oder unauffälliges Gelb mischen. Die Muster sind häufig kompliziert und kleinteilig, jedes hat seine eigene Bedeutung. Bereits die Babys werden in Batiktüchern mit glücksbringenden Symbolen geschaukelt. Für Brautleute gibt es spezifische Muster, genauso wie für die Kleidung eines Verstorbenen. Früher konnte man an den Stoffen sogar den gesellschaftlichen Stand des Trägers erkennen: Bestimmte Muster waren dem Sultanshof vorbehalten. Einfacher und günstiger als die mit den *canting* gemalte *batik tulis* (geschriebene Batik), deren Muster auf beiden Stoffseiten gleich stark zu sehen sind, ist *batik cap* (Stempel-Batik): Hierbei werden die Muster vorher in Holz geschnitzt und anschließend mit heißem Wachs auf den Stoff gestempelt – zu erkennen an der schwächeren Zeichnung auf der Rückseite.

Im Gegensatz zur sogenannten Inlandsbatik hat sich in den küstennahen Städten Cirebon und Pekalongan ein sehr farbenfreudiger Batikstil mit dekorativen Mustern entwickelt, der starke chinesische beziehungsweise arabische Einflüsse zeigt. Auch in einigen Gegenden Sumatras gibt es lange Batiktraditionen. Die Batik-Industrie auf Bali dagegen ist noch recht jung, wächst aber dank des Tourismus rasant: Moderne Muster orientieren sich eher an momentan gefragten Lieblingsmotiven als an Überlieferungen. Einige indonesische Modedesigner haben Batik zur Grundlage ihrer Kollektionen gemacht und auf die große Weltbühne gebracht. So gelten zum Beispiel Lady Gaga und Kim Kardashian als Fans des internationalen Modestars Tex Saverio. Auch die kunstvoll gewebten *Ikat*-Stoffe Ostindonesiens finden sich mittlerweile immer häufiger auf den Laufstegen wieder: Der Trend geht eindeutig dahin, Moderne und Tradition zu verbinden und so Akzente der eigenen Identität zu setzen.

Diese Tendenz zeigt sich auch in Tanz, Musik und selbst im *wayang*. Immer mehr *dalangs* entwickeln eigene, moderne oder modifizierte Formen des Puppenspiels. Ki Ledjar Soebroto etwa ist bekannt für sein *wayang kancil* (= Zwerghirsch-*wayang*), in dem er populäre Tierfabeln mit modernen Geschichten verbindet. Der 1938 geborene Puppenkünstler ließ außerdem das Genre *wayang revolusi* wiederauferstehen, mit dem die Revolutionäre während des Unabhängigkeitskrieges ihre Botschaft unter das

Volk brachten. Mit seinen Stücken über Unabhängigkeitshelden feierte der Javaner ausgerechnet in den Niederlanden seine größten Erfolge. Der legendäre, früh verstorbene Ki Slamet Gundono dagegen schockte schon während seines Studiums am ehrwürdigen Kunstinstitut von Solo in den 1990er Jahren Dozenten wie Publikum mit seiner eigenen Revolution: Zunächst ließ er die Helden des Mahabharata bei einer Vorstellung vorzeitig sterben. Dann brachte er das bäuerliche *wayang suket* (»Gras-*Wayang*« mit Puppen aus Stroh) auf die große Bühne und entwickelte schließlich neue Formen wie Multimedia- und Pop-*wayang* oder »*Wayang Kondom*« – mit Figuren aus aufgeblasenen Kondomen zur Erinnerung an den Welt-Aids-Tag. Ein paar wenige Frauen haben es inzwischen ebenfalls in die Männerdomäne der *dalangs* geschafft.

Auch *gamelan* entdecken immer mehr indonesische Musiker als wichtige Inspiration ihrer Kunst wieder. »Viele westliche Komponisten zeitgenössischer klassischer Musik waren stark vom *gamelan* beeinflusst«, erklärt Toni Prabowo, Indonesiens wohl erfolgreichster zeitgenössischer Komponist, der selbst gern traditionelle Instrumente oder *gamelan*-inspirierte Elemente in seine Werke einbaut. »Kaum einer unserer einheimischen Musiker dagegen hat die atonale Musik heute richtig im Griff.« Doch sie arbeiten daran. Ob Jazz, Folk oder moderne Bühnenkompositionen: Gerade die ungewöhnliche Mischung aus westlichen Musikstilen mit traditionellen, einheimischen Klängen beschert Gruppen wie Kua Etnika oder Jogja Hiphop Foundation internationale Erfolge.

Eine Renaissance der besonderen Art erfährt momentan die *angklung*, ein einfaches Instrument, das aus Westjava stammt. Zwei bis acht verschieden große Bambusröhren sind mit Rattanschnüren in einen Bambusrahmen gespannt. Sie sind so geschnitzt, dass eine bestimmte Note beziehungsweise ein Akkord erklingt, wenn man sie schüttelt. Bei traditionellen Aufführungen schütteln viele Spieler die verschieden großen *angklungs*, üblicherweise zum Beispiel beim Pflanzen oder der Ernte von Reis. Da ein *angklung*-Orchester eine extrem gute Koordination unter den Spielern voraussetzt, ist das Instrument höchst beliebt in Bildungseinrichtungen oder bei gemeinschaftlichen Veranstaltungen: Nur wenn alle aufeinander hören und aufmerksam und diszipliniert bei der Sache sind, kann ein Stück harmonisch klingen. Das Spielen soll Konzentration und Erinnerungsvermögen trainieren und außerdem musikalische Fähigkeiten fördern.

In den 1960er Jahren machte sich erstmals eine Bosanova-Band den vibrierenden, glockenartigen Sound zu eigen und baute eine Solo-*angklung* in ihre Stücke ein: Die Bambusröhren wurden der Tonleiter nach so in einen großen Rahmen eingespannt, dass ein Spieler alle Töne allein bedienen konnte. Vor wenigen Jahren tauchte auf einmal eine Drumband mit Solo-*angklung* auf Jogjakartas Haupteinkaufsstraße Malioboro auf. Mit ihren wirbelnden Rhythmen hatten die Musiker so viel Erfolg, dass heute an jeder zweiten Straßenkreuzung – auch in anderen Städten – Nachahmer stehen. Einige spielen mittlerweile sogar auf großen Bühnen.

Die Unkonformen: Künstler, Punks und Aktivisten

Es war später Nachmittag, als jemand am Tor rüttelte. Drei Tage zuvor war ich in Jakarta in meiner neuen Wohngemeinschaft eingezogen. Ich hatte noch Jetlag und war ganz mit der Organisation meines neuen Alltags beschäftigt: In den kommenden Monaten wollte ich im Rahmen eines Journalistenaustauschs bei der englischsprachigen Zeitung *Jakarta Post* arbeiten. Meine Mitbewohner – eine Filmkritikerin, ein Kurator, ein Bildhauer – waren alle unterwegs. Und dann standen plötzlich diese Typen vorm Haus. Einer mit Irokesenschnitt, einer mit gelb gefärbtem Strubbelkopf, einer mit wilden schwarzen Locken. Alle drei hatten Tattoos auf den Armen. Sie waren schwer bepackt mit allerlei Paketen und Bündeln und sahen aus, als hätten sie mindestens drei Tage nicht geduscht und geschlafen. Das wollten sie jetzt offensichtlich bei uns nachholen. Ein verunsicherter Anruf meinerseits klärte, dass es sich wirklich um Freunde meiner Mitbewohner handelte. Künstler aus Jogjakarta, auf der Rückreise aus Australien. Sie campten eine Woche lang in unserem Wohnzimmer. Einer wurde später mein Mann.

Damals ahnte ich noch nicht, dass diese spontanen Überfälle zum Normalzustand werden würden. Es war meine erste intensive Begegnung mit der indonesischen Underground-Szene, zu der sich in den ersten Jahren der *Reformasi*-Ära praktisch jede Jugendkultur in Indonesien zählte. Unser Haus wurde zur Anlaufstelle für Künstler, Intellektuelle und Aktivisten aus verschiedenen Städten, vor allem aber aus Jogjakarta. Fast alle hatten unsere Adresse von den Bewohnern des ehemaligen Campus der Kunsthochschule in Jogjakarta bekommen, zentral gelegen im Stadtteil Gampingan. Nachdem die Universität 1995 auf ein größeres Gelände am Stadtrand umgezogen war, blieben die notorisch klammen Kunststudenten einfach in den leerstehenden Gebäuden wohnen. Sie richteten sich ihre Studios in den ehemaligen Seminarräumen ein und schliefen auch dort. Sie legten einen Gemüsegarten an und hielten Hühner, Gänse und Fische. Es gab eine Gemeinschaftsküche und jeden Abend gemeinsame Jam-Sessions im Hof. Gampingan wurde zum Treffpunkt für all diejenigen, die irgendwie anders dachten oder aussahen als die vom Suharto-Regime genormte konforme Jugend – von Punks zu Rastafari, von Umweltschützern zu Menschenrechtsaktivisten. Darunter zwar wenige, aber immerhin ein paar Frauen. Sie scheuten sich weder vor politischer Provokation noch vor gesellschaftlichen Tabubrüchen.

Wenig überraschend, dass sich die Campusbesetzer in der *Reformasi*-Ära höchst aktiv an Demonstrationen und allerlei Aktionen gegen das Militärregime beteiligten. Ebenso wenig überraschend, dass sie viele Feinde hatten. Unter Suharto galten Tätowierungen oder lange Haare als Erkennungszeichen für

Menschen, die sich dem System widersetzten: Kriminelle oder Oppositionelle. Mitte der 1980er Jahre wurden im ganzen Land Tausende solcher angeblicher Verbrecher von Unbekannten erschossen. Ihre Leichen wurden an öffentlichen Orten zurückgelassen. Diese sogenannten PETRUS-Morde (von *PEnembakan misTeRiUS* – geheimnisvolle Erschießungen) wurden nie aufgeklärt, die Medien durften nicht darüber berichten. Erst Jahre später übernahm Suharto in seiner Biografie indirekt die Verantwortung für die Erschießungen: Daran sei gar nichts Mysteriöses gewesen. Die Regierung habe im Kampf gegen Verbrecher Gewalt anwenden müssen. Aber nur gegen diejenigen, die sich gewehrt hätten.

Zehn Jahre später waren diese Ereignisse noch nicht vergessen, und es gehörte Mut dazu, sich mit Irokesenschnitt, Dreadlocks oder Tattoos in der Öffentlichkeit zu zeigen. Während die Obrigkeit die Gampingan-Kommune weitestgehend in Ruhe ließ, gab es immer wieder Drohungen von islamistischen und militaristischen Organisationen. Bei einem bewaffneten Überfall der radikal-islamischen Kaaba-Jugendbewegung waren durch einen glücklichen Zufall die meisten Bewohner gerade auf dem Weg zu einer Veranstaltung außerhalb der Stadt. Die wenigen Anwesenden konnten fliehen, weil die Kommunenhündin den Eingang des Hauptgebäudes zähnefletschend verteidigte. Für gläubige Muslime ist ein Hund so unberührbar wie ein Schwein – daher weichen die meisten erst einmal reflexartig zurück. Die Wut der Angreifer traf anschließend einen zufälligen Besucher auf dem Hof. Er überlebte schwer verletzt und nur dank der energischen *kampung*-Frauen, die zur Hilfe eilten. Die Nachbarschaft war seit langem an die Kunststudenten und deren ungewöhnliches Aussehen gewöhnt und hatte nichts dagegen, dass sie auf dem stillgelegten Campus hausten. Im Gegenteil: Sie ließen ihre Kinder auf dem weitläufigen Gelände spielen und luden die Musikbands der Kommune ein, auf Hochzeitsfeiern oder Straßenfesten aufzutreten – egal ob sie Punk oder Hardcore, Reggae oder Folk spielten.

Manche spezialisierten sich sogar auf den in Indonesien so beliebten *dangdut*-Pop, gepfeffert mit sozialpolitischen Texten.

Ihren größten Boom hatte die Underground-Bewegung in Indonesien nach dem Fall Suhartos. Zwar existierten vereinzelte Bands, die sich an westlichen Vorbildern orientierten, schon seit den 1980er Jahren. Bekannt wurde der Begriff aber erst, als 1994 dank MTV internationaler Punk, Ska und Heavy Metal auch die indonesischen Charts erreichte. Das hieß noch lange nicht, dass der Weg für einheimische Fans frei war. Die Punkband Blackboots, gegründet 1996 in Gampingan, wurde bei einem ihrer frühen Konzerte noch von Militärpolizisten von der Bühne geprügelt, weil ihnen die kritischen Texte nicht gefielen. Die Hardcore-Band Technoshit bekam auch lange nach Suhartos Sturz noch Bombendrohungen. Erst im Zuge der Demokratisierung erhielt Underground auch als Kunst- oder Moderichtung Bedeutung. Street-Art und Performancekunst wurden hoffähig.

Ein Trendsetter innerhalb der Szene war das politische Künstlerkollektiv Taring Padi, was in etwa »Zahn der Reispflanze« bedeutet. Die 1998 in Gampingan gegründete Gruppe erklärte sich zum Institut für Volkskultur, in Anlehnung an die verbotene sozialistische Kulturorganisation LEKRA. Sie lehnte das Prinzip »Kunst um der Kunst willen« strikt ab, das unter Suharto Künstler von sozialer und politischer Kritik abhalten sollte. In Nacht-und-Nebel-Aktionen pflasterten die selbst ernannten »Kunstarbeiter« mehrere Großstädte mit Tausenden Postern voll, die sie im Holzdruckverfahren manuell hergestellt hatten. Zu jedem Vollmond veranstalteten sie Konzerte, Filmvorführungen oder Diskussionen, die für jeden offen waren. Es kamen nicht nur Underground-Fans, sondern auch Politik- und Literaturwissenschaftler, Kulturschaffende und NGO-Aktivisten. Obwohl nicht alle Bewohner des alten Campus Taring-Padi-Mitglieder waren, wurde die Gruppe schon bald zum Synonym für den künstlerischen Widerstand gegen das Establishment. Das sprach sich unter ausländischen Künstlern, Studenten und Aktivisten herum, und schon bald hatte Taring Padi ein internationales Netzwerk, um das sie bis heute noch viele Organisationen beneiden.

Bei meinem ersten Besuch in der Künstlerkommune war ich skeptisch. Ich hatte zu viele Erzählungen gehört, in denen es vor Klischees nur so wimmelte: Die Gampingan-Bewohner liebten Punk, seien tätowiert und ständig bekifft. Wenn sie nicht gerade auf politischen Aktionen wären, feierten sie Partys. Frauen seien wegen des Männerüberschusses besonders willkommen. Ich beschloss, auf keinen Fall hier zu übernachten. Wie bei allen Klischees zeigte sich, dass sie zum Teil stimmten. Aber eben nur zum Teil. Neben Politaktionen und Partys gab es den ganz normalen Alltag. Langwierige Diskussionen über die Organisation und Finanzierung von Veranstaltungen, über den Koch- und Putzdienst. Warteschlangen vor einem der zwei benutzbaren Bäder. Neben Hanf-Fans und Frauenhelden gab es Abstinenzler, Eigenbrötler und ganz konventionell verheiratete Paare. Und einen Grafikdesigner, der nächtelang am Computer die neuesten Publikationen der Truppe austüftelte. Entgegen aller Vorsätze verliebte ich mich.

2002 war die Revolutionsidylle vorbei. Die Polizei kündigte an, dass der Campus in ein Museum umgewandelt werden solle. Wenn die Besetzer nicht freiwillig fortzögen, müssten sie räumen. Das Gespräch lief javanisch höflich ab. Es folgten lange Diskussionen darüber, ob die Gemeinschaft Widerstand leisten solle. Eines der zitierten Vorbilder war die Hamburger Hafenstraße. Doch schnell war klar, dass es dazu nicht kommen würde. Vielleicht lohnte es sich nicht, gegen ein Museum zu protestieren, ein zeitgenössisches noch dazu. Vielleicht war der Gemeinschaft auch einfach die Puste ausgegangen. Inzwischen waren viele andere Gruppen entstanden, die Street-Art propagierten oder Underground-Musik mit politischen Texten spielten.

Die ehemaligen Hausbesetzer verteilten sich in alle Himmelsrichtungen. Einige gingen nach Australien, Amerika, Europa. Die letzten Nachzügler zogen aus, als Plünderer den bis dahin gut instand gehaltenen Campus völlig auseinandernahmen. Taring Padi mietete sich ein Studio im Süden der Stadt. Die Gruppe bestand jetzt nur noch aus rund einem Dutzend fester Mitglieder. Sie musste sich neu erfinden. Mit der Zeit schlossen sich immer mehr jüngere Kunst-, Literatur- und sogar Jura- und Theologiestudenten an und übernahmen die Organisation. Mittlerweile ist die dritte Generation aktiv. Die Themen der Holzschnitte, Performances und Lieder haben sich wenig geändert: Immer noch geht es um soziale Gerechtigkeit und Solidarität mit den Armen, um Grundrechte für Frauen und Kinder, gegen willkürliche Gewalt und Militarismus. Nach wie vor allesamt Probleme der indonesischen Gesellschaft. Neu dazugekommen sind Umweltthemen.

Nur wenige andere Gruppen haben so lange durchgehalten. Das Kollektiv der Punkband Marijnal zum Beispiel heißt nicht zufällig *Taring Babi* (»Hauer des Ebers«): Die ehemalige Straßenmusikergang tourte ebenfalls schon zur *Reformasi*-Ära durch Jakarta und war mit den Gründern von Taring Padi eng befreundet. Gegen alle Widerstände lebten die Mitglieder ihre Punk-Ideale aus und konnten in jeder Lebenslage ganz spontan und ohne jegliche Elektroverstärker Auftritte hinlegen, die nicht nur Punkmusikfans mitrissen. Ihre Musik war so massentauglich, dass irgendwann der Tote-Hosen-Effekt einsetzte. Die Songs landeten bei MTV, und der charismatische Sänger Mike tingelte durch die Talkshows. Im Schatten von Geld und Ruhm zerbrach die ursprüngliche Truppe an ihren unterschiedlichen ideologischen Vorstellungen. Die verbliebenen Bandmitglieder setzen sich aber immer noch wirkungsvoll gegen Diskriminierung jeder Art ein – besonders gegen die Diskriminierung von all denjenigen, die irgendwie andersartig sind, unkonform.

Bis heute können viele Indonesier nicht akzeptieren, wenn junge Leute gegen gängige Gesellschaftsnormen rebellieren. Zwar gilt es schon lange auch außerhalb der Punkszene als cool, mit Nietengürtel und Spike-Armband herumzulaufen oder sich die Haare in einen Mini-Mohawk zu stylen. Aber bitte alles schön ordentlich, mit zerlöcherten Strumpfhosen aus dem Kaufhaus und Frisuren, die wieder glattzukämmen sind, wenn man die Großeltern besucht.

Ordentliches Aussehen wird gleichgesetzt mit dem geforderten Respekt vor den Hierarchien. Wer dagegen mit verfilzten Strähnen oder offen sichtbaren Tätowierungen herumläuft, wird von vielen weiterhin als dreckig oder kriminell angesehen. So wie 64 Besucher eines Punkkonzerts, die im Dezember 2011 in der streng muslimischen Provinz Aceh verhaftet wurden. Die Polizei schor ihnen die Köpfe und zwang sie, in einem See zu baden. Danach mussten die jungen Leute während eines zehntägigen »Rehabilitationstrainings« marschieren und beten, bevor sie wieder nach Hause durften. Ein klarer Menschenrechtsverstoß, gegen den sowohl Menschenrechtler als auch Musiker, Journalisten und natürlich Punkgruppen im ganzen Land protestierten. Ohne Folgen.

Trotz der weit verbreiteten Panik um die »Moral der Jugend«, vor allem in religiösen Kreisen, gehören globale Jugendkulturen heute fest zum Alltag in Indonesien. Der »Spirit« hat sich jedoch geändert. Vor zehn Jahren noch haben sich die verschiedenen Underground-Bewegungen alle miteinander solidarisiert. So unterschiedlich der Musikgeschmack oder Modestil dieser bunten Menge war, ein Interesse vereinte sie: die Kritik an der autoritären Regierung und den bestehenden sozialen Konventionen. Offensichtlich ist der gesellschaftliche und politische Leidensdruck heute nicht mehr so hoch, denn die verschiedenen Gruppen grenzen sich immer mehr voneinander ab. Metal-Fans bleiben unter sich, Rockabillys treffen sich nur mit Rockabillys, selbst Punkrocker und Hardcore-Punks wollen nicht immer etwas miteinander zu tun haben. Bei manchen Campuskonzerten oder Stadtteilfesten blitzt der alte Geist noch auf, wenn Folk-, Ska-, und Punkbands hintereinander weg auftreten, jede drei Lieder spielen und dann an den nächsten übergeben.

Das Engagement ist aber bei den meisten ehemaligen Campusbesetzern mittlerweile eher verhalten. Manche sind heute international gefragte Künstler, deren Lebensumstände nicht mehr viel mit Protest oder Volkskultur zu tun haben. Manche haben in bürgerliche Berufe gewechselt und arbeiten als Designer oder Dozenten, Programmmanager oder Unternehmensberater. Fast alle haben Familien, die sie versorgen müssen – eine soziale Realität, die nur noch eingeschränkten Raum für unbezahlte Protestaktionen gegen gesellschaftliche Missstände lässt. Immerhin gibt es für einige noch einen direkten Bezug zur persönlichen Vergangenheit: Sie schicken ihre Kinder auf eine alternative Privatschule, die auf dem ehemaligen Kunsthochschulgelände in Gampingan eröffnet hat. Gleich neben dem mittlerweile etablierten Jogja National Museum, ihrer alten Behausung, in dessen Räumen sie heute ihre Kunst ausstellen.

Familien und ihre Feste: Liebe geht durch den Magen

Unsere Hochzeit kündigte sich am Vorabend mit vielversprechenden Gerüchen an: Hinter dem Haus meiner Schwiegereltern bereiteten rund ein Dutzend Dorffrauen das Festessen vor. Seit Tagen schnippelten sie Gemüse, legten *saté*-Spießchen ein, stampften Gewürzpasten und wickelten Reis in Bananenblätter. Bis zum nächsten Tag sollte alles in riesigen Töpfen auf improvisierten Feuerstellen köcheln, brutzeln, garen. Die meisten Köchinnen kannte ich nicht – trotzdem begrüßten mich alle freudestrahlend. Natürlich musste ich probieren. Und als mir ausgerechnet die scharfe Kokossoße am besten schmeckte, ging ein zufriedenes Lächeln über die vor Hitze glühenden Gesichter.

Eigentlich richten in Java die Eltern der Braut die Hochzeit aus. Das ging in meinem Fall aus rein logistischen Gründen nicht. Meine Schwiegereltern – mit einer rein männlichen Nachkommenschaft gesegnet – ergriffen die einmalige Chance, die sich ihnen damit bot: Einmal im Leben konnten sie einladen zum großen Fest und sich bei allen Freunden und der gesamten Dorfgemeinschaft für alle früheren Feiern und Einladungen revanchieren. Denn kaum etwas ist für den gesellschaftlichen Status einer indonesischen Familie so wichtig wie eine Hochzeitsfeier.

Wir hatten dabei nicht viel zu sagen. Dem Brautpaar fällt bei einem indonesischen Hochzeitsempfang eher eine Statistenrolle zu. Während sich alle anderen unterhalten, gegebenenfalls Musik- oder Tanzvorführungen ansehen und vor allem viel essen, verbringen die Brautleute und ihre Eltern die gesamte Feier auf einer Bühne. Die Gäste ziehen dort nur vorbei, um zu gratulieren. In unserem Fall vor einem pompösen Goldaufbau in einer Dorfaula knapp 30 Kilometer südwestlich von Jogjakarta. Die nicht klimatisierte Halle wurde ansonsten vor allem zum Badmintonspielen genutzt. Über dem Eingang hing ein verblichenes Banner mit der Aufschrift »Selamat bertanding« – »Alles Gute für den Kampf«.

Den hatten wir bereits hinter uns. Die Diskussion um einen religiösen Segen hatten wir mit unserer zivilen Eheschließung in Europa einigermaßen erfolgreich umschifft. Wir einigten uns auf eine traditionelle javanische Zeremonie. Dass unsere unkonventionellen Vorstellungen einer Hochzeitsfeier mit den Dorftraditionen unvereinbar waren, hatten wir ebenfalls bald eingesehen. Die Party mit Freunden – und ganz heikel: alkoholischen Getränken – planten wir daher unabhängig vom Familienfest. Doch dann hatte ich das von der Verwandtschaft ausgewählte barbie-rosa Brautkleid verweigert. Ein Affront. Am Ende meisterten wir auch diese Krise, als ich ganz klassisch in weißer Spitzenbluse und traditionellem Batik-Sarong ging. Den gesamten Hochzeitsmorgen rangelte ich dann allerdings mit der Stylistin, um das Schlimmste zu verhindern: Sie wollte vornehme Blässe, ich meine frische Urlaubsbräune, sie einen aufgeplusterten Haarturm, ich eine natürliche Frisur. Trotzdem hatte ich am Ende einen schwarzgelockten Dutt im hellbraunen Haar stecken. Der war immerhin mit so vielen Jasminblüten behängt, dass er nicht allzu sehr auffiel. Mein Bräutigam, sonst mit seinen schwarzen Jeans verwachsen, sah mit Batikkopfbedeckung und blumengeschmücktem Dolch am Sarong ebenfalls sehr ungewohnt aus. Unsere aus der Stadt angereisten Freunde begrüßten uns johlend, als wir in die mit Kokosnüssen, Bananenstauden und Palmblättern geschmückte Halle einmarschierten. Viele von ihnen hatten bereits ähnliche Erfahrungen hinter sich: Der Konflikt zwischen modernen und traditionellen Feierlichkeiten hat eher mit verschiedenen Generationen als mit unterschiedlichen Kulturen zu tun.

Wir hatten etwa hundert Leute eingeladen. Meine Schwiegereltern schätzungsweise viermal so viele. Es kamen fast tausend Gäste. Deutlich mehr als die 400-Gäste-Richtlinie, die Präsident Joko Widodo seit 2015 allen Staatsangestellten für Hochzeitsfeiern vorgibt, um die »feudale Denkweise« der Bevölkerung zu ändern. Doch wenn das ganze Dorf Weißnasen in javanischen Kostümen sehen will, helfen keine Beschränkungen. Zwei Stunden dauerte es, jedem Einzelnen die Hände zu schütteln. Meine Eltern schlugen sich bewundernswert. Während wir auf der Bühne den letzten Millimeter Stoff durchschwitzten, schaufelten die Besucher Berge von Essen in sich hinein. Als wir endlich Luft schnappen konnten, waren gerade noch ein paar Fleischspießchen übrig. Ich verstand nun, warum Hochzeitsempfänge in Indonesien zeitlich begrenzt sind.

Das Essen ist immer das Wichtigste, nicht nur bei Hochzeiten. »Hast du schon gegessen?«, ist unvermeidlich eine der ersten Fragen, wenn man eingeladen ist, egal ob zu einem offiziellen Anlass oder zu einer privaten Feier. Selbst für unangemeldete Besucher muss immer irgendetwas bereitstehen, meist *krupuk* oder Kekse, dazu gibt es süßen Tee oder Kaffee, der direkt in der Tasse aufgegossen wird. Meine erste intensive Erfahrung mit diesem Zuckerschock hatte ich, als ich zum ersten Mal zu meiner künftigen Schwiegerfamilie mitfuhr – ausgerechnet zu *Idul Fitri*, dem Fest zum Ende des Fastenmonats Ramadan. Während in anderen islamischen Ländern das Opferfest *Idul Adha* als höchster Feiertag begangen wird, ist in Indonesien *Idul Fitri* das wichtigste Ereignis: Eine Völkerwanderung von rund 30 Millionen Stadtbewohnern bewegt sich aus diesem Anlass in ihre Heimatdörfer und später wieder zurück. Das bedeutet, dass nicht nur sämtliche Flüge und Züge schon Wochen vorher ausgebucht sind, sondern dass auch auf den Straßen in dieser Zeit absolut nichts mehr geht.

Wer es rechtzeitig in die Heimat schafft, nimmt am frühmorgendlichen Massengebet zum endgültigen Fastenbrechen teil. Danach geht die Tour los. Erst die engere Familie, dann die weitere, dann die Nachbarschaft, Mentoren, Vorgesetzte – jeder, dem man in irgendeiner Weise Dank oder Ehre schuldet, muss besucht werden. Das kann zwei bis drei Tage dauern. Jedes Mal wird zum Gruß mit gesenktem Kopf derselbe Spruch gemurmelt: »Mohon maaf lahir dan batin«, was frei übersetzt so viel heißt wie »Verzeiht mir alle äußeren und inneren Fehler.« Was mir anfangs als unterwürfige Geste erschien, verstehe ich heute als Zeichen der Verbundenheit. Eine Floskel, die die Möglichkeit eröffnet, Dankbarkeit oder Hoffnungen, grundsätzlich einmal Gefühle auszudrücken, was in der javanischen Kultur sonst eher selten der Fall ist. Leider geht es daneben auch viel um Prahlerei, wer mit welchem Auto vorfährt etwa, auch wenn er es von seinem letzten Geld in Jakarta leihen musste.

Bei mir ging es damals um die Einführung in die Familie. Das heißt, ich musste wirklich jeden treffen, vom Neffen dritten Grades bis zur Schwester der Urgroßmutter. Alle sprachen Javanisch, ich verstand nichts. Außer dass natürlich alle fragten, wann wir heiraten und Kinder haben wollten. Wir kannten uns damals seit fünf Monaten, aus indonesischer Sicht ein vollkommen ausreichender Vorlauf. Wir tranken an jenem Tag sicherlich sechsmal süßen Tee und aßen Berge von Kokosklebreiskuchen, Süßkartoffelplätzchen und Schokowaffeln. Ich war glücklich, als zwischendurch mal salzige Krabbenchips und Erdnusscracker auf dem Tisch standen. Natürlich gab es auch ein Familienfesttagsessen im Haus der Großeltern: in Kokosmilch gekochte Palmblüten mit Hühnchen, Ei und Tofu. Köstlich – wenn noch Platz im Magen ist. Als wir dann zur Abenddämmerung bei einem Onkel erneut zur Festtafel gebeten wurden, streikte ich. Obwohl mich das sicherlich gleich zu Anfang einige Sympathien kostete.

Mit der Dorfhochzeit zwei Jahre später hatten wir allerdings wieder einige Punkte gutgemacht. Vor allem, als dann nochmal einige Jahre später Kinder kamen. Glücklicherweise bestand meine Verwandtschaft nicht auf der traditionellen Sieben-Monats-Dusche, die ich bereits bei einer Freundin erlebt hatte. Nur in einen Sarong gewickelt musste die im siebten Monat Schwangere zusammen mit ihrem Mann einen geschmückten Stuhl umkreisen. Eine Kokosnuss im Arm diente als Baby. Schließlich setzten sie sich, von der Verwandtschaft umringt. Die älteren Frauen übergossen die beiden nun abwechselnd mit Blütenwasser, sieben Mal insgesamt. Zuletzt ließen sie die Kokosnuss durch den Sarong plumpsen, die der werdende Vater auffangen musste. Danach durften sie sich trockene Kleider anziehen und den vorbereiteten gelben Reiskegel anschneiden, der zu jedem *Selamatan*-Fest gehört – Feiern, bei denen die Familien um den Segen der höheren Mächte bitten. Dazu gehören die Geburt eines Kindes genauso wie Rituale zur Erinnerung eines Verstorbenen. Auch wenn jemand umzieht, ein wichtiges Unternehmen oder eine große Reise vorhat, zum Beispiel die Hadsch-Pilgerfahrt nach Mekka, gibt es oft ein *Selamatan* mit Gebeten und dazu fast immer *nasi tumpeng*: Reis, der mit gelbfärbendem Kurkuma in Kokosmilch gekocht und anschließend zu einem bergförmigen Kegel geformt wird. Die Zutaten werden je nach Anlass symbolisch ausgewählt und farblich darum herum angerichtet. Eier stehen zum Beispiel für Fruchtbarkeit, Schlangenbohnen für Langlebigkeit, Sardellen für Zusammengehörigkeit und Chilis – auf der Spitze des Berges steckend – für das Feuer der Hoffnung. Zu solchen Anlässen reisen Verwandte Hunderte von Kilometern an.

Ausgerechnet zu Beerdigungen bleibt dafür oft nicht genügend Zeit. Die Verstorbenen werden nach Möglichkeit immer noch am selben Tag begraben. Bei keinem anderen Ereignis klappt die Zusammenarbeit von Familien und Nachbarn so reibungslos. Innerhalb von Stunden stehen ein Zelt samt Traueraufbahrung und Stühlen im Haus des Verstorbenen, ein Prediger der jeweiligen Religion wartet oder zumindest ein Tonband mit den entsprechenden Gebeten. Und natürlich das Essen, in diesem Fall meist in kleine Kartons für jeden Gast verpackt. Anschließend wird der Leichnam mit Blaulicht zum Friedhof gefahren und erhält – im Gegensatz zu den meisten Krankentransporten – überall freie Fahrt, ebenso die gesamte Trauerkolonne, die mit weißen oder gelben Fähnchen an den Fahrzeugen folgt.

Natürlich gibt es in vielen Regionen Indonesiens ganz unterschiedliche Bräuche. Eine australische Freundin musste die Party zu ihrem 40. Geburtstag absagen, als am Tag zuvor ihr Batak-Adoptivvater am fernen Toba-See gestorben war. Sie kannte den Toten zwar kaum, doch hätte sie ohne ihn nicht ihren von dort stammenden Mann heiraten können: Um einen Batak zu ehelichen, müssen Nicht-Batak erst in einen befreundeten Clan aufgenommen werden. Eine solche Adoption ist mit diversen Ritualen verbunden und verleiht dem neuen Familienmitglied nicht nur Rechte, sondern auch Pflichten. Zum Beispiel am Totenritual verstorbener Angehöriger teilzunehmen. Australische Freunde, die extra zur Geburtstagsparty angereist waren, hatten nur mäßiges Verständnis für die Dringlichkeit der Beerdigung. Ein Bekannter aus Deutschland dagegen heiratete in eine Toraja-Familie aus Sulawesi ein – ein Volk, das für seine aufwendigen Totenrituale bekannt ist. Nicht allzu lange nach der Hochzeit sah er sich mit der Forderung der Verwandtschaft konfrontiert, viele tausend Euro für weiße Büffel auszugeben, die für das ausstehende Beerdigungsritual des längst verstorbenen Großvaters benötigt wurden. Am Ende einigte sich die Familie auf etwas günstigere schwarze Büffel. Doch selbst bei Beteiligung diverser Familienzweige war die Totenfeier ein bemerkenswert kostspieliges Ereignis, für das sich mancher Toraja in den finanziellen Ruin stürzte. Dasselbe gilt für viele Balinesen, deren prächtige Verbrennungszeremonien für ärmere Leute unbezahlbar sind. Sie müssen teils jahrelang sparen, um den vorübergehend begrabenen Leichnam später in allen Ehren den Flammen übergeben zu können – häufig in Massenverbrennungen, bei denen sich viele Familien die Kosten teilen. Auf Bali, so schätzt ein Freund, der aus Ubud stammt, verbringen die Menschen ein Drittel ihrer Zeit mit familiären oder gemeinschaftlichen Pflichten und den zahlreichen religiösen Zeremonien.

So schön es bei manchen Anlässen ist, wenn man gemeinsam feiert oder in seiner Trauer nicht alleingelassen wird – Platz für Privatsphäre bleibt dabei nicht. Indonesier sind dies von klein auf gewöhnt, doch für eingeheiratete Ausländer ist diese Dauerfürsorge unter Umständen schwer zu ertragen. Ich empfand es als sehr anstrengend, dass ich schon zwei Tage nach der Geburt meines ersten Sohnes von mehr als 20 Leuten umringt war. Glücklicherweise war ich noch in der Klinik und konnte den Neugeborenen ins Babyzimmer bringen, damit er nicht von jedem einzelnen Besucher durchgeknuddelt wurde. Auf dem Dorf wäre das nicht gegangen. Dort übernehmen sofort nach der Geburt die älteren Frauen alle Entscheidungen, bis die junge Mutter selbst genügend Kraft und Erfahrungen gesammelt hat. Wieder zu Hause, musste ich einigen Verwandten mehrmals erklären, dass meine kulturellen Schranken vor der geschlossenen Tür meines Schlafzimmers liegen. Sie haben es zwar nicht verstanden, aber erstaunlicherweise akzeptiert. Und haben trotzdem gern mitgeholfen, die üblichen Fresspakete an Nachbarn und Freunde zu verteilen, die traditionell zur Bekanntgabe der Geburt gehören.

Mein zweiter Sohn dagegen wurde in Deutschland geboren. Auf Wunsch der indonesischen Familie haben wir dort die Tradition des Selamatan aufrechterhalten und – wie es sich gehört – die

Nachbarn ebenfalls mit kleinen Leckereien versorgt. Daraufhin kamen so überraschend herzliche Rückmeldungen von den sonst eher schroffen Berlinern, dass uns wiederum klar wurde, wie schön dieser Brauch des gemeinschaftlichen Teilens ist.

Naturgewalt

Von Regenwäldern, Orang-Utans und Ölpalmenplantagen

Ölpalmen so weit das Auge reicht. Hunderte von Kilometern. Da, wo früher einmal der mächtige Regenwald von Borneo wuchs, stehen sie zu Abermillionen, in allen Größen, von kleinen Setzlingen bis hin zu abgestorbenen Baumskeletten. In Palangkaraya, der Provinzhauptstadt von Zentralkalimantan, sind wir in einen Hubschrauber gestiegen, um von oben einen Eindruck von der Ausdehnung der riesigen Plantagen zu bekommen. Überall das gleiche Bild: symmetrisch angeordnete Pflanzungen der aus Afrika stammenden Bäume, unterbrochen nur von abgeholzten, brachliegenden Flächen – so eintönig, dass der Fotograf Schwierigkeiten hat, Bilder zu schießen, die er hinterher noch voneinander unterscheiden konnte. Das war im Jahr 2008. Heute hat sich nicht viel an diesem Eindruck geändert. Man braucht nur nicht mehr so weit zu fliegen, die Plantagen sind näher gerückt.

Am nächsten Tag fuhren wir auf dem Trans-Kalimantan-Highway in Richtung Westen. Auch hier stundenlang dieselbe Monotonie, gelegentlich ein paar kleine Nutzpflanzungen der Anwohner. Regenwald existiert hier nur noch in den Erzählungen der Ureinwohner. Eine offizielle Genehmigung für die Besichtigung einer Plantage hatten wir zuvor nicht erhalten, zu groß war die Angst der Unternehmen vor schlechter Presse. Doch unsere Begleiter von der Umweltorganisation Save Our Borneo wussten einen Ausweg: Mitten in einer Großplantage der Bumitama-Agri-Gruppe im Landkreis Pundu wohnte ein alter Bauer. Wer ihn besuchen wollte, durfte die bewachte Plantageneinfahrt passieren.

Suriansyah war der Einzige in seinem Dorf, der sich geweigert hatte, sein Land zu verkaufen. Nun lebte er auf einer sieben Hektar großen Enklave mitten in der Ölpalmenwüste – und war zufrieden. »Mir geht es gut hier«, behauptete der damals 64-Jährige, »ich habe alles, was ich brauche.« Sein Holzhaus stand unter Gummibäumen, deren Erträge ihm ein bescheidenes Auskommen ermöglichten. Reis und Maniok baute er selbst an, Gemüse und Gewürze zog seine Frau im Garten hinter der Küche. Ein paar Hühner lieferten die Eier dazu und gelegentlich auch Fleisch. Es blieb sogar noch etwas übrig für das Schulgeld seiner vier Enkel.

Seine ehemaligen Nachbarn waren nicht so weitsichtig. Das Geld, das sie für ihr Land erhalten hatten, war schnell aufgebraucht. Auch die versprochenen Jobs hielten nicht lange vor: Ungelernte Hilfsarbeiter werden von den meisten Plantagenunternehmen nur in den ersten zwei bis drei Jahren eingesetzt, solange die Ölpalmen keine Erträge produzieren. Danach übernehmen erfahrene Plantagenarbeiter, meist aus Java und Sumatra, die Hauptarbeit. Den Einheimischen bleiben lediglich schlecht bezahlte Hilfsjobs als Tagelöhner. Ihr Einkommen aus kleinen Kaffee-, Kakao- oder Kautschukpflanzungen fällt weg. Gleichzeitig steigen die Lebenskosten erheblich, da die ehemaligen Bauern nicht mehr ihre eigenen Lebensmittel produzieren können und alles im Laden kaufen müssen. Teils zu unverhältnismäßig hohen Preisen, da die meisten Produkte aus anderen Provinzen eingeführt werden: In der eigenen Region wächst kaum noch etwas anderes als Ölpalmen. Selbst Fische fallen als günstige Proteinquelle weg, weil die Dünger der Plantagen die Gewässer verseuchen.

Indonesien gilt als Rekordhalter im Abholzen von Regenwäldern, noch vor Brasilien und dem Kongo. Jedes Jahr verliert der riesige Inselstaat schätzungsweise zwei Millionen Hektar Regenwald, das entspricht knapp der Hälfte der Niederlande. Allein in Kalimantan verschwinden alle 20 Minuten Waldflächen in der Größe eines Fußballfelds. Zwar geschieht dies aus vielen Gründen: zum Beispiel um Plantagen zur Papierherstellung zu errichten, um Bodenschätze abzubauen oder schlichtweg um an wertvolle Regenwaldhölzer zu gelangen. Doch der Hauptgrund für die Waldzerstörung in Indonesien ist heute der Anbau von Ölpalmen, wie Satellitenbilder bestätigen.

Zwar kündigte Präsident Joko Widodo gleich nach seinem Amtsantritt im November 2014 an, dass er in Zukunft hart gegen die illegale Zerstörung von Regenwäldern und Torfmooren vorgehen werde. Seither ist jedoch nicht viel geschehen. Stattdessen zählen NGOs immer mehr Fälle, bei denen Anwohner durch Drohungen und Gewalt eingeschüchtert wurden, sobald sie gegen die Ausweitung von Plantagen protestieren. In den indonesischen Medien ist kaum etwas darüber zu lesen. Nicht verwunderlich, sind doch fast alle großen Medienunternehmen in irgendeiner Form an den Geschäften mit dem »grünen Gold« beteiligt. Dasselbe gilt für die meisten führenden Politiker. Palmöl ist mittlerweile einer der wichtigsten Devisenbringer des Landes.

In jedem zweiten Produkt, das wir im Supermarkt kaufen, ist das günstige Pflanzenöl enthalten – von Margarine über Schokokekse und Fertigpizzen bis hin zu Shampoos und Waschmitteln. Seitdem die Europäische Union, die Vereinigten Staaten und China auch noch vorgeschriebene Quoten für Biobrennstoffe eingeführt haben, ist der Markt regelrecht explodiert: Palmöl ist der günstigste Rohstoff für die Herstellung von Biodiesel. Zwar gingen noch 2012 nur fünf Prozent der weltweiten Palmölernte in die Biodieselproduktion, diese gilt jedoch als Geschäft der Zukunft. Indonesien selbst mischt seinem Diesel mittlerweile zehn Prozent Palmöl bei. Infolgedessen haben sich die Anbauflächen von Ölpalmen im eigenen Land von rund 4,5 Millionen Hektar im Jahr 2004 auf 13,5 Millionen Hektar im Jahr 2014 verdreifacht. Das entspricht mehr als einem Drittel von Deutschland. Bis 2020 sind bereits mehr als 20 Millionen Hektar für den Ölpalmenanbau verplant. Indonesien ist heute mit knapp 50 Prozent Marktanteil der größte Palmölproduzent der Welt.

Da die Plantagen auf der Insel Sumatra zunehmend an ihre natürlichen Grenzen stoßen, konzentriert sich die Ausweitung der Anbauflächen jetzt vor allem auf die riesigen, dünn besiedelten Provinzen in Kalimantan und Papua. Die indonesische Regierung rechtfertigt die Umwandlung von Waldflächen seit vielen Jahren damit, dass die Wirtschaft in abgelegenen Regionen gestärkt und neue Arbeitsplätze geschaffen würden. Menschenrechts- und Umweltorganisationen rechnen allerdings vor, dass durch den Verlust von Nutzwäldern mindestens genauso viele Menschen ihren Lebensunterhalt verlieren. Außerdem zerstören die Monokulturen die traditionellen Lebensweisen indigener Kulturen genauso wie den Lebensraum unzähliger Tier- und Pflanzenarten. Nach offiziellen Angaben werden beim Plantagenbau natürlich keine intakten Regenwälder zerstört, sondern ausschließlich bereits gerodete, brachliegende Flächen genutzt. Von 2011 bis 2015 schützte ein Moratorium 64 Millionen Hektar Wald sowie alle Torfmoorwälder. Allerdings nur Flächen, für die zuvor noch keine Konzessionen ausgestellt wurden. Die Praxis zeigt jedoch ein anderes Bild: Im Juli 2014 bestätigte der Oberste Gerichtshof in Jakarta, dass eine Tochterfirma der Bumitama-Agri-Gruppe im Jahr zuvor illegal primäre Regenwaldflächen abgeholzt hatte – ausgerechnet nahe dem Tanjung-Puting-Nationalpark, einem der letzten Lebensräume der bedrohten Orang-Utans. Geklagt hatte ein Bündnis von Nichtregierungsorganisationen, zu denen auch Save Our Borneo gehört. Seitdem dürfen die Umweltschützer den Bauern Suryansiah auf der Plantage des Schwesterunternehmens bei Pundu nicht mehr besuchen. Sie vermuten, dass er unter dem zunehmenden Druck sein Land inzwischen verkaufen musste.

Dies sind keine Einzelfälle. Die Organisation Sawit Watch, die vor allem Kleinbauern im Ölpalmensektor unterstützt, hat bis Ende 2014 mehr als 730 Streitfälle über Landnutzungsrechte dokumentiert. Zum Beispiel in den benachbarten Dörfern Senujuh und Sijang im Distrikt Sambas an der Grenze von Westkalimantan zu Malaysia. Im Mittelalter herrschte hier ein Sultan über den blühenden Seehandel mit Indien. Heute unterhalten in der Region mehrere Tochterunternehmen des Singapurer Palmölgiganten Wilmar Plantagen für die Biodieselproduktion. Bewohner von Senujuh stießen erstmals im März 2006 auf Angestellte der Wilmar Sambas Group, als sie im Gemeindewald Brennholz sammelten. Die gemeinschaftlich genutzten Wälder dienen vor allem dazu, das natürliche Ungleichgewicht durch die großen landwirtschaftlichen Nutzflächen auszugleichen – zum Beispiel um in der Regenzeit Überschwemmungen und in der Trockenzeit Dürren zu verhindern. Mit schweren Holzfällergeräten waren die Arbeiter des Plantagenunternehmens bereits fünf Kilometer weit in den Gemeindewald vorgedrungen. Die Anwohner beschlagnahmten die Motorsägen und hielten die Holzfäller fest, bis der Fall von den Behörden aufgenommen wurde. Angeblich hatte der Dorfchef des benachbarten Sijang Dokumente ausgestellt, die den Verkauf des eigentlich unverkäuflichen Waldes bestätigten.

Wenige Monate später beobachteten die Bewohner von Sijang einige Männer, die mit Brandsätzen auf einer gerodeten Waldfläche hantierten. Zwar hatte Wilmar das Land bereits legal erworben, doch zerstörte die illegale Brandstiftung angrenzendes Agrarland. Wegen des starken Rauchs mussten die Dörfler zeitweise aus ihren Häusern flüchten.

Brandrodung ist die billigste Art, den feuchten Torfboden ehemaliger Regenwälder pflanzungsfähig zu machen. In mehr als 10 000 Jahren haben sich unter den tropischen Regenwäldern Indonesiens riesige Torfmoore gebildet, die bis zu zehn Meter tief sind. Zehn Prozent der Bodenfläche Indonesiens sind laut World Wild Fund (WWF) heute noch von solchen Torfmooren bedeckt. Darin lagern enorme Mengen an Biomasse: Allein die Torfwälder Sumatras speichern so viel Kohlenstoff, wie alle Länder der Erde zusammen in einem Jahr ausstoßen. Sterben diese Wälder ab, werden entsprechend große Mengen an Kohlendioxid freigesetzt. Werden sie gar abgefackelt, glühen in den meterdicken Torfflözen oft jahrelang schwer zu löschende Feuerherde, die in jeder Trockenzeit wieder auflodern. So brennen alle Jahre wieder ehemalige Waldflächen in Sumatra und Kalimantan und hüllen nicht nur ganze indonesische Provinzen wochenlang in ätzenden, schwarzen Qualm, sondern auch die benachbarten Staaten Singapur und Malaysia. Waldbrände sind nach dem weltweiten Verkehr der zweitgrößte Klimakiller und haben Indonesien nach China und den USA auf den dritten Platz der Klimasünder katapultiert.

Im Fall der Dörfer Sijang und Senujuh kam es tatsächlich zu einer Verhandlung – aufgrund der intensiven Lobbyarbeit von Menschenrechtlern und Umweltschützern. Doch erst die Vermittlung internationaler Organisationen führte 2009 schließlich zu einem Einlenken von Seiten Wilmars. Gleichzeitig setzte das weltgrößte Palmölunternehmen an anderen Orten dieselben Praktiken fort. 2012 verlieh die amerikanische Zeitschrift *Newsweek* Wilmar den zweifelhaften Titel des »am wenigsten nachhaltigen Unternehmens der Welt«. Nach massivem öffentlichen Druck von internationalen Umweltorganisationen verkündete die Firmengruppe im Dezember 2013 schließlich eine neue Richtlinie: »Kein Abholzen, keine Torfmoore, keine Ausbeutung«. Einige Jahre zuvor waren Unilever und Nestlé, zwei der größten Palmölverbraucher der Welt, bereits denselben Weg gegangen. Mit Hilfe von Zertifizierungen wollen die Unternehmen sicherstellen, dass für die Herstellung ihrer Produkte keine Wälder abgeholzt werden. Immer mehr bekannte Marken und Palmölproduzenten folgen diesem Beispiel.

Die meisten Umwelt- und Menschenrechtsorganisationen bezweifeln, dass Zertifizierungen allein eine solche Sicherheit bieten können. Im Bericht »Lizenz zum Töten« vom Oktober 2013 prangert Greenpeace an, dass die Nachhaltigkeitsstandards des Roundtable for Sustainable Palm Oil (RSPO) – der weltweit wichtigsten Organisation für nachhaltige Palmölproduktion – weder die Abholzung von Regenwäldern noch die Rodung von Torfgebieten für den Anbau von Plantagen verbieten. Sogar die Zertifizierer selbst räumen Schwächen ein: »Betriebliche und technische Probleme lassen sich meist beheben. Die schwierigen Faktoren beim Prüfungsprozess sind immer die sozialen und ökologischen Aspekte«, erklärt Dian Susanti Soeminta, Auditorin von TÜV Rheinland Indonesia. Kritiker zweifeln sowieso den grundsätzlichen Nutzen von Zertifizierungen an, solange sie nicht weltweit gelten: Die größten Aufkäufer von Palmöl, China und Indien, haben bislang keine Nachhaltigkeitsregeln eingeführt.

Unterdessen geht der Kahlschlag weiter. Von oben sieht die Insel Borneo heute schon aus wie ein Flickenteppich. Ob in Ost-, West- oder Zentralkalimantan, immer das gleiche triste Bild: Endlose Ölpalmenplantagen wechseln sich ab mit gerodeten, verkohlten Flächen, die sich in die Ränder der noch bestehenden Wälder hineinfressen. Wie riesige offene Wunden klaffen dazwischen Gold-, Erz- und Kohleminen, meist im offenen Tagebau. Ausgerechnet die Stadt Balikpapan in Ostkalimantan, bekannt wegen ihrer internationalen Ölraffinerien, wurde 2014 zur »lebenswertesten Stadt Indonesiens« gekürt. Unter anderem wegen des fortschrittlichen Umweltmanagements. Ich habe mir einen Ausflug in die umweltfreundliche Industriestadt gespart und bin direkt in den Norden gefahren. Hier haben die Erbauer der Ölraffinerien schon in den 1950er Jahren begonnen, alles abzuholzen. Kahle Hügel, nur mit scharfkantigem Alang-Alang-Gras bewachsen, prägen das Bild. Nach einer knappen Stunde bog der Fahrer auf einen holprigen Weg ein. Plötzlich wuchs vor uns ein regelrechter Dschungel in den Himmel. Beim Aussteigen schlug mir eine kühle Brise entgegen, und ich hörte Vogelstimmen. Erst jetzt wurde mir bewusst, wie drückend heiß und lautlos die Landschaft vorher war. Wir standen am Eingang von Samboja Lestari, einem bislang beispiellosen Wiederaufforstungsprojekt der Borneo Orangutan Survival Foundation (BOS). Rund 2000 Hektar abgebranntes Grasland hat die Umweltorganisation in Regenwald zurückverwandelt. Dieser bietet nicht nur Orang-Utans und anderen bedrohten Tierarten eine Zuflucht, sondern dient auch den umliegenden Gemeinden als neue Lebensgrundlage, Wasserreservoir und Klimaregulator.

»Wir sitzen hier in einer Arche Noah«, sagt BOS-Gründer Willie Smits. Der aus den Niederlanden stammende Forstwissenschaftler setzt sich seit 1991 für das Überleben der bedrohten Orang-Utans ein. Hunderte misshandelte, traumatisierte Affen hat der Tierschützer bereits selbst gerettet. Nach jedem Waldbrand, mit jeder neuen Plantage kommen neue dazu. Mit mehr als 1200 Orang-Utans quellen die beiden Rehabilitationszentren der Organisation mittlerweile über. »Viele sind schon seit Jahren dort und längst für die Auswilderung bereit. Doch es gibt kaum noch Wälder, in denen wir sie gefahrlos freilassen können«, so Smits.

Also fing er 2001 an, Land aufzukaufen. Eine biologische Wüste, in der je nach Jahreszeit Dürren oder Überschwemmungen herrschten und die Hälfte der Bewohner arbeitslos war. Kaum vorstellbar, wenn man die Eco-Lodge von Samboja betritt, die vom Wald bereits fast verschluckt wird. Schmetterlinge flattern um bunte Blüten, und nachts trinken Wildschweine und Zwerghirsche an der Quelle vor dem baumhausähnlichen Holzgebäude. Smits und seine Leute verbesserten zunächst durch den Anbau robuster Pflanzen die Bodenqualität, um danach Edelhölzer und Fruchtbäume anzupflanzen. Die Fläche ist gerade groß genug, um 1000 Orang-Utans einen Lebensraum zu bieten. Auch bedrohte Malaienbären und Schildkröten finden hier ein Zuhause. Zugleich können die Bewohner der umliegenden Dörfer unter den Bäumen Nutzpflanzen kultivieren, viele fanden neue Arbeit als Gärtner oder Tierpfleger. Überall um das Projektgebiet herum entstehen neue Gummi-, Teak- und Zuckerpalmenplantagen. Der erstaunlichste Nebeneffekt der allgemeinen Begrünung: Das Klima stabilisiert sich. In den vergangenen zehn Jahren gab es deutlich weniger Dürren oder Überschwemmungen in der Gegend.

Noch kann Samboja Lestari sich natürlich nicht mit der Artenvielfalt eines ursprünglichen Regenwaldes messen. Andere Organisationen kritisieren vor allem den enormen Kostenaufwand für ein Projekt mit ungewissem Ausgang. BOS solle sich besser auf den Schutz der noch vorhandenen Regenwälder konzentrieren, anstatt selbst Gott zu spielen.»Ich weiß, dass unser Projekt keine Zukunftsgarantie bietet, geschweige denn die Lösung aller Probleme«, erklärt Willie Smits.»Ich bin aber überzeugt, dass Samboja Lestari ein weltweites Vorbild dafür werden kann, wie man gemeinsam mit der lokalen Bevölkerung Natur und Klima retten kann.« Auch gegen die Ausweitung der Ölpalmenplantagen hat der umstrittene Visionär eine Waffe parat. Mit einem Studienfreund aus den Niederlanden entwickelte er das Monitoring System SarVision: Per Satellit kann man damit jeden Baum der Erde orten und so jeden Holzeinschlag und jeden Feuerherd sichtbar machen. Das mittlerweile weltweit eingesetzte System ist heute eine der Haupteinnahmequellen für Samboja Lestari. Für Willie Smits ist sein Projekt der Beweis, dass man mit einem gesunden Regenwald viel mehr Geld verdienen kann als mit dem Anbau von nur einem einzigen Produkt wie Palmöl.

Leben auf dem Feuerring: Medien und Realität

Sobald sich irgendwo in Indonesien ein Erdbeben, Vulkanausbruch oder Tsunami ereignet, laufen die Nachrichtenkanäle heiß. Da die Meldungen meist von internationalen Agenturen oder Sendern aus der Hauptstadt verschickt werden, steht als Ortsmarke über der Meldung Jakarta. Grund genug für Angehörige und Freunde von Indonesienreisenden, regelmäßig in Panik zu geraten, wenn sie in den Nachrichten hören, dass Hunderte Häuser zerstört wurden oder Tausende Menschen evakuiert werden müssen.

In Indonesien selbst sind solche Meldungen Alltag. Jede Woche flimmern diverse Naturkatastrophen über den Bildschirm. In vielen Fällen handelt es sich um Überschwemmungen, Erdrutsche und Wirbelstürme in der Regenzeit oder die notorischen

Waldbrände in der Trockenzeit – Folgen von menschlichen Eingriffen in die Natur wie dem Abholzen von Regenwäldern oder unkontrollierter Bebauung von Berghängen.

Erdbeben, Tsunamis und Vulkanausbrüche sind eine andere Geschichte. Indonesien liegt auf dem pazifischen Feuerring: mehr als 17 500 Inseln mit rund 130 potentiell aktiven Vulkanen, die auf den Rissen von drei verschiedenen Erdplatten liegen. Irgendwo bewegt sich immer etwas. Drei der fünf größten Vulkanausbrüche aller Zeiten ereigneten sich im indonesischen Archipel. Die vermutlich größte Eruption der Erdgeschichte geschah am Vulkan Toba in Nordsumatra vor rund 75 000 Jahren. Der dabei entstandene riesige Kratersee zeugt heute noch von der ungeheuren Gewalt dieser Explosion. 1815 starben 11 000 Menschen beim Megaausbruch des Tambora auf Sumbawa. Mehr als 36 000 Menschen kamen 1883 bei der Explosion des Krakatau ums Leben. Der Ausbruch des Vulkans in der Sundastraße verursachte Tsunamis an den Küsten der Java-See und sorgte auf der ganzen Welt für verregnete Sommer und Missernten.

Heutzutage gibt es rechtzeitige Warnungen der Geologischen Behörde, wenn eine Eruption droht. Vulkane senden Signale in Form von Rauchwolken, Explosionen und Lavaströmen aus, bevor sie ausbrechen. Dass es trotzdem fast immer Opfer gibt, liegt hauptsächlich daran, dass sich immer irgendjemand der Evakuierung widersetzt: alte Leute mit mystischen Verbindungen zu ihrem Wohnort, Bauern, die (verständlicherweise) ihre Kühe nicht im Stich lassen wollen, Wissenschaftler und Journalisten, die (unverständlicherweise) die Sensation suchen.

Erdbeben sind nicht vorhersehbar. Sie kommen völlig überraschend. Sie beginnen mit einem dumpfen Grollen und demonstrieren mit elementarer Kraft, wie bedeutungslos die vermeintliche Überlegenheit des Menschen gegenüber der Natur in Wirklichkeit ist. Ganz besonders, wenn es sich um Seebeben handelt, die nicht nur Landregionen durchrütteln, sondern ganze Ozeane in Wallungen bringen und riesige Tsunamis über die Küsten rollen lassen. Dennoch: Kaum ein Indonesier schenkt Meldungen von Erdbeben in weit entfernten Provinzen allzu viel Beachtung. Bis 2004 gab es in Indonesien weder ein Tsunami-Frühwarnsystem noch regelmäßige Katastrophenschutzübungen für Ordnungshüter, Schüler oder die übrige Bevölkerung. Dieser scheinbare Gleichmut der Indonesier hat mich anfangs dazu verleitet, die Katastrophengefahr im Land zu unterschätzen. Seit meinen ersten Indonesienreisen war ich daran gewöhnt, aufgeregte Anrufe oder E-Mails zu erhalten, sobald eine beunruhigende Meldung die deutschen Nachrichten erreichte. Oft erfuhr ich erst auf diesem Wege von Katastrophen, die sich Tausende Kilometer entfernt in Westsumatra oder auf den Molukken ereignet hatten. In der Ära vor Facebook und Twitter kamen solche Meldungen schneller in deutschen Redaktionszentralen an als im indonesischen Alltag.

Dann kam der 26. Dezember 2004. Ich war in Berlin und hörte morgens im Radio die Nachricht, dass sich vor Nordsumatra ein Seebeben ereignet hatte. Ich machte mir erst einmal nicht allzu viele Gedanken. Neun Tote im Osten der Insel wurden gemeldet, einige Brücken seien zerstört. Aus deutscher – und anfangs selbst aus indonesischer – Mediensicht kein Großereignis, noch dazu am zweiten Weihnachtsfeiertag. Ich trank meinen Kaffee.

Doch diesmal war es anders. Die Nachrichten über das Seebeben verschlimmerten sich laufend. Erst kamen Berichte von Tausenden Toten, die bei einem Tsunami im Süden Thailands gestorben waren, wenig später folgten ähnliche Meldungen aus Sri Lanka, Indien und von den Malediven. Der gesamte Indische Ozean schien rundherum über seinen Rand geschwappt zu sein, die Todeszahlen stiegen stündlich. Nur aus Aceh, der nördlichsten Provinz Sumatras, hörte man gar nichts. Und das, obwohl das Epizentrum des drittgrößten Bebens, das je gemessen wurde, nur 85 Kilometer vor der acehnesischen Küste lag. Mich beschlich ein dumpfes Gefühl. Ein Anruf bei Kollegen in Jakarta bestätigte die Vorahnung, dass die schlimmsten Nachrichten noch ausstanden. Gegen Abend fragte ein großes Nachrichtenmagazin an, ob ich für die Tsunami-Berichterstattung auf die Malediven fliegen wolle. Ich lehnte ab und schlug vor, stattdessen nach Indonesien zurückzufliegen. Die Redaktion hielt das nicht für nötig – dort sei ja nicht so viel passiert. Laut Nachrichten.

Es dauerte tatsächlich mehrere Tage, bis die Welt anfing zu verstehen, warum es kaum Nachrichten aus Aceh gab. Aufgrund eines fast dreißigjährigen Unabhängigkeitskriegs stand die indonesische Provinz zu jenem Zeitpunkt unter Kriegsrecht und war von der Außenwelt weitestgehend isoliert. Nichtregierungsorganisationen und Ausländer durften nur mit Sondergenehmigung einreisen. Knapp zwei Tage dauerte es, bis die ersten indonesischen Hilfs- und Reporterteams sich über die vom Erdbeben zerstörten Straßen und Militärblockaden bis zur Westküste der Provinz durchgekämpft hatten und von dort berichten konnten. Über Hunderte von Kilometern waren ganze Küstenstreifen einfach ausradiert. Häuser, Bäume, Straßen – alles weg. Nur die platten Fundamente erinnerten noch daran, dass hier einmal Menschen gelebt hatten. In manchen Orten hatten gerade einmal zehn Prozent der Bevölkerung überlebt, mit wenigen Ausnahmen diejenigen, die zum Zeitpunkt der Katastrophe nicht zu Hause waren. Die Überlebenden zogen sich unter Schock und zum Teil schwer verletzt in die Berge zurück. Strom- und Telefonnetz waren komplett zusammengebrochen, es war unmöglich, Hilfe zu rufen. Viele mussten tagelange Fußmärsche auf sich nehmen, um Lebensmittel oder ärztliche Versorgung für zurückgebliebene Angehörige zu besorgen.

Heute wissen wir, dass der Tsunami in Aceh 170 000 Menschen in den Tod riss. Als ich genau eine Woche nach der Katastrophe am Flughafen von Jakarta landete, hatte ich ein Dutzend SMS auf dem Handy: alle von Redaktionen, die mich plötzlich schnellstmöglich auf dem Weg nach Aceh sehen wollten. Es war abzusehen, dass der größte Tsunami unserer Geschichte noch Wochen und Monate die globalen Nachrichten beherrschen würde.

Seit meiner Ankunft in Banda Aceh weiß ich, wie Leichen riechen. Über der ganzen Stadt lag der süßliche Gestank der Verwesung. Rund 2000 aufgedunsene Körper zogen die Bergungstrupps jeden Tag aus Flussmündungen, unter Trümmern und Schutt hervor und fuhren sie auf großen Lastwagen in Massengräber. Jeder Interviewpartner hatte Verwandte und Freunde verloren. In den am schlimmsten betroffenen Orten waren manche Familien komplett ausgelöscht worden. Die Überlebenden quetschten sich in Notunterkünfte. Die meisten hatten noch gar nicht realisiert, was eigentlich passiert war. Wo sich die 15 bis 30 Meter hohe Welle mit voller Wucht hinübergewalzt hatte, war nicht mehr viel zu sehen außer ein paar Kokospalmen und vereinzelten Hausskeletten. Der Grenzstreifen der Todeszone lag etwa fünf Kilometer stadteinwärts: Hier stapelten sich Hausrat, zerquetschte Autos und die Überreste derer, die sich nirgends mehr hatten festhalten können. Mittendrin, fast unversehrt, lagen riesige Schiffe, als hätte sie ein Riese beim Spielen aus Versehen dort fallen lassen.

»Ist das deine erste Katastrophe?«, fragte mich ein krisenerfahrener Kollege, mit dem ich zusammenarbeitete, und fügte – nicht sehr aufmunternd – hinzu: »Na, dann hast du es ja gleich richtig erwischt.« Nach einer Woche konnte ich wieder nach Hause fliegen. Es fühlte sich an wie der erste tiefe Atemzug an der frischen Luft nach einem langen Tauchgang. Zwar spukten manche Bilder und Gespräche noch eine Weile im Kopf herum, doch die Katastrophe rückte wieder weit genug weg, um ein Nachrichtenbild im Fernseher zu werden. Genau das, was die Betroffenen selbst nicht tun können. In den kommenden anderthalb Jahren flog ich noch mehrmals nach Aceh. Die Bedingungen wurden besser und ich erfahrener. Ich dachte, ich könne mit ähnlichen Situationen in Zukunft gut umgehen.

Im Frühjahr 2006 fing der Vulkan Merapi an zu rumoren, nur 30 Kilometer entfernt von unserem Haus in Jogjakarta. Während sich die Bergbewohner auf mögliche Evakuierungen vorbereiteten, war die Stadtbevölkerung nur wenig beunruhigt. Niemand in der zentraljavanischen Sultansstadt konnte sich daran erinnern, dass Lava und Gaswolken des 2914 Meter hohen Feuerberges einmal bis an die Stadtgrenzen gekommen wären.

Die Weltpresse wartete trotzdem wochenlang auf den großen Ausbruch. Ich wurde sogar dafür bezahlt, die Stadt nicht zu verlassen. Als die Alarmstufe schließlich wieder heruntergesetzt wurde, zogen die Journalisten ab. Gerade rechtzeitig. Zwar brach der Vulkan nicht aus, doch am 27. Mai 2006 gab es wieder ein Seebeben. Mit einer Stärke von 6,3 auf der Richterskala deutlich schwächer als das große Beben vor Aceh und glücklicherweise ohne Tsunami – aber direkt vor unserer Haustür. Diesmal war ich nicht als Berichterstatterin in ein Katastrophengebiet gefahren, sondern ich lag in meinem eigenen Bett, als das laute Grollen des Bebens alle aus dem Schlaf riss. Im ganzen Haus fielen Gläser, Flaschen und Regale um, Ziegel krachten vom Dach herunter. Mein Mann und ich taten instinktiv, was man nicht tun sollte, und rannten ins Freie. Wir hatten Glück: Unser Viertel war weit genug von der Bruchlinie entfernt, auf der fast alle Gebäude wie Kartenhäuser zusammenbrachen. Wir kamen mit ein paar Rissen in der Wand davon. Auch war niemand aus der Familie oder dem näheren Bekanntenkreis unter den knapp 6000 Toten. Das Haus meiner Schwiegereltern allerdings war nach dem Beben abbruchreif und mehrere Freunde obdachlos. Insgesamt wurden rund 100 000 Häuser zerstört.

Dies war nicht mein erstes Erdbeben. Auf Java hatte ich bereits mehrmals erlebt, wie es sich anfühlt, wenn der Boden unter den Füßen wackelt. Bei meinen Aufenthalten in Aceh gab es fast täglich Erdbeben. Immer war ich ruhig geblieben. Diesmal jedoch war es anders, eine wirklich große Bewegung, es fühlte sich an, als laufe man auf den Planken eines Schiffs bei hohem Seegang. Und es war nicht in dem Moment schon wieder vorbei, in dem ich erkannte, dass es die Erde war, die gerade bebte, sondern es hielt an, über eine Minute, die sich sehr lang anfühlte. Seither löst jedes kleine Nachbeben Panik aus. Bis heute zucke ich zusammen, wenn ein vorbeidonnernder Lastwagen den Boden vibrieren lässt, selbst wenn ich gerade durch Berlin laufe. Ein Freund, der unverletzt aus seinem zusammengebrochenen Haus geborgen werden konnte, schlief die ersten Nächte bei uns: im Sitzen auf der Veranda. Damit er jederzeit ins Freie rennen konnte. Wir hatten wirklich ziemlich viel Glück gehabt.

Im Vergleich zu Aceh war die Zerstörung in Jogjakarta übersichtlich. Auch war die bei Studenten und Touristen beliebte Stadt weder von der Außenwelt abgeschlossen, noch war die Infrastruktur allzu schwer beschädigt. Viele internationale Nothilfeorganisationen, die aus Aceh herbeigeeilt waren, zogen schon nach kurzer Zeit wieder ab, weil es einfach nicht genug zu tun gab. Das lag unter anderem daran, dass sich die Menschen selbst halfen: In den ersten Monaten nach dem Erdbeben donnerten jedes Wochenende Hunderte Lastwagen voller Freiwilliger aus ganz Java durch die Stadt, um den Schutt in den zerstörten Gebieten aufzuräumen. Studentengruppen, Ärzteverbände und Kulturvereine taten sich zusammen und verteilten Lebensmittel, Medikamente und Baumaterial. So unbeteiligt die Indonesier bei kleineren Naturkatastrophen scheinen mögen, desto größer ist die Solidarität in der Bevölkerung, wenn es nötig wird.

Auf das Erdbeben in Jogjakarta folgte – jetzt doch noch – ein größerer Vulkanausbruch des Merapi. Und ein Tsunami an der Südküste Javas mit mehr als hundert Toten. Alles im selben Jahr und direkt vor meiner Nase. 2009 weigerte ich mich zum ersten Mal, nach einem Erdbeben vor Westsumatra in die Provinzhauptstadt Padang zu fliegen, wo mehr als tausend Menschen ums Leben gekommen waren. Mir wurde klar, dass ich mich nicht für die Katastrophenberichterstattung eigne.

Als der Merapi im Oktober 2010 seine stärkste Eruption seit mehr als 100 Jahren hatte, reichte die Evakuationszone bereits bis in den Norden von Jogjakarta. Mein zwei Monate alter Sohn hatte mich frühmorgens geweckt. Unser Garten sah aus, als hätte es geschneit: Auf allen Bäumen und Pflanzen lag eine dicke hellgraue

Ascheschicht, genauso wie auf Esstisch, Stühlen und allen Regalen in unserer halboffenen Küche. Die Blätter der Bananenstauden und Pandansträucher hingen schwer herunter. Es hieß, dass dieser feine Staub besonders für Babys extrem ungesund sein solle. Als erwartungsgemäß das Telefon wieder anfing zu klingeln, verwies ich die Redaktionen an extra angereiste Kollegen, packte Kind und Koffer und verließ die Stadt in Richtung Jakarta. Mit dem Zug – der Flugverkehr war wegen der Aschewolken vorerst eingestellt.

Praktisch dieselbe Situation wiederholte sich Anfang 2013. Diesmal stand ich mit meinem zweiten Baby frühmorgens im Garten, als ich auf einmal das leise Rieseln auf den Blättern hörte: Der mir zuvor völlig unbekannte Vulkan Kelud war 300 Kilometer entfernt in Ostjava ausgebrochen. Es war reiner Zufall, dass die größte Aschewolke genau über Jogjakarta herunterging. Die deutschen Medien zeigten dramatische Bilder von angeblich fliehenden Anwohnern des Vulkans, die auf ihren Mopeds dick vermummt durch dichte Aschewolken fuhren. Die meisten Bergbewohner waren zur Zeit des Ausbruchs längst in Evakuierungscamps. Ein paar Tage später konnten sie zurückkehren, weil starker Regen die Hinterlassenschaften der Eruption dort schon wieder weggewaschen hatte. Die Bilder in den deutschen Medien zeigten eine Straßenkreuzung bei uns um die Ecke.

Wieder waren der Flugverkehr eingestellt, die Züge komplett ausgebucht. Auf der Straße konnte man sich in der ersten Woche nur mit Schutzbrille und Atemmaske fortbewegen, die Autos fuhren Schritttempo, weil die Sichtweite wegen des aufgewirbelten Staubs nur wenige Meter betrug. Also verbrachten wir die nächsten zwei Wochen mit beiden Kindern im Schlafzimmer. Bis ein mehrtägiger Regen den zentimeterhohen Feinstaub endlich wegspülte. Danach brauchten wir eine weitere Woche, um unser Haus wieder bewohnbar zu machen. Ich dachte ernsthaft darüber nach, Indonesien ganz den Rücken zu kehren.

Inzwischen ist die Bedrohung im Kopf schon wieder verblasst, wenn auch nicht vergessen. Ich bin mir nicht sicher, ob ich mir jemals die Gelassenheit der Indonesier aneignen kann, die die ständige Gefahr einer Naturkatastrophe als Teil ihres Lebens hinnehmen. Die Bauern, deren Dörfer der Merapi mit seiner Lava und bis zu 1000 Grad heißen Gaswolken verkohlt hat, bauen wieder an denselben Berghängen an. Weil nirgendwo anders die Erde so fruchtbar ist wie dort oben. Auch viele Fischer an der Westküste Acehs haben sich vehement gegen eine Umsiedlung ins Hinterland gewehrt. Meist werden übernatürliche Gründe als Ursachen angeführt, denen man sich durch Flucht sowieso nicht entziehen könnte. Die meisten Acehnesen sind überzeugt, dass der Tsunami eine Strafe Allahs für den blutigen Bürgerkrieg war. Und heißen deswegen die zunehmend verschärfte Einführung der Scharia in ihrer Provinz gut – zur moralischen Läuterung der Bevölkerung. Zumindest lautet so die offizielle Version. Die Bauern in Jogjakarta dagegen glauben an ein Kräftemessen zwischen dem Geist des Vulkans und der Göttin der Südsee und versuchen, beide mit Opferzeremonien zu besänftigen. Der damalige Hüter des Bergs hatte schon lange vor dem Ausbruch von 2010 gewarnt, dass der Berggeist wegen des Raubbaus der Menschen an der Natur besonders wütend sei. Er selbst wollte sich nicht evakuieren lassen und kam um. Selbst schuld, meinten die Hilfsorganisationen. Es sei wohl seine Zeit gewesen, meinten viele Bergbewohner.

Zehn Jahre nach dem großen Tsunami fuhr ich noch einmal nach Aceh. Diesmal, um über das heutige Leben dort zu berichten, über den längst abgeschlossenen Wiederaufbau, den Frieden und die Scharia. Natürlich kamen bei jedem Interview die Erinnerungen der Gesprächspartner hoch. Eine Mutter erzählte mir unter Tränen, dass sie bis heute das Gefühl habe, einer ihrer beim Tsunami verschwundenen Söhne würde noch irgendwo leben. Ich fühlte mich nicht wohl, die Frau durch meine Fragen nach den schlimmen Erinnerungen so aufzuwühlen. Der Helfer jedoch, der mir den Kontakt vermittelt hatte, sagte: »Mach dir keine Sorgen, das tut sie oft – und danach geht's ihr dann wieder besser. Dieses Mitteilen ist ihre Form von Selbsttherapie.« Traumatisierte Opfer würden gar nicht erst so offen über ihre schlimmen Erfahrungen sprechen, erklärte mir später ein Psychologe.

Internationale Hilfsorganisationen gehen automatisch davon aus, dass Opfer einer großen Naturkatastrophe posttraumatische Stresssymptome zeigen, und richten ihre Einsätze demzufolge aus. Bei der psychologischen Betreuung in Aceh sind sie mit diesem Denkansatz kläglich gescheitert. Der Umgang mit den traumatischen Erfahrungen in der kollektiven Gesellschaft Indonesiens ist anders als bei uns. Alles mit der Gemeinschaft zu teilen ist dabei ein wichtiger Punkt. Religion ein anderer. Die meisten Acehnesen etwa haben sich durch ihren kollektiven Lebensstil sowie den Glauben an göttliche Vorbestimmung auf ihre eigene Weise vom Trauma befreit. Fast alle Interviewpartner sagten, dass die psychischen Nachwirkungen des Bürgerkriegs bis heute viel schlimmer seien als die des Tsunamis: Gegen die Naturkatastrophe seien sie völlig machtlos gewesen. Während des Konflikts jedoch haben sich Menschen gegenseitig gequält und umgebracht, ohne dass irgendein höherer Sinn dahinter erkennbar gewesen sei. Der Friede sei somit auch ein Geschenk Gottes.

Anhang

Abkürzungsverzeichnis

ASEAN Association of Southeast Asian Nations, Staatenbund der zehn südostasiatischen Staaten Brunei, Indonesien, Kambodscha, Laos, Malaysia, Myanmar, Philippinen, Singapur, Thailand, Vietnam

DPD Dewan Perwakilan Daerah (Rat der Regionalvertreter), die zweite Kammer des nationalen Parlaments mit je vier Abgeordneten aus jeder der 34 Provinzen, die alle fünf Jahre parteiunabhängig gewählt werden

DPR Dewan Perwakilan Rakyat (Rat der Volksvertreter), die erste Kammer des nationalen Parlaments, deren 560 Abgeordnete alle fünf Jahre gewählt werden, wobei nur Mitglieder von Parteien einziehen können, die mehr als 3,5 Prozent der Stimmen gewonnen haben

FPI Front Pembela Islam, Islamische Verteidigerfront, die vermutlich größte radikal-islamische Organisation Indonesiens (offizielle Zahlen liegen nicht vor)

G20 Group of Twenty, internationales Forum der 20 wichtigsten Wirtschaftsnationen

G30S Gerakan 30 September, »Bewegung 30. September« nannte sich die Organisation, die für den Putsch vom 30. September 1965 verantwortlich gewesen sein soll

GAM Gerakan Aceh Merdeka, die frühere Rebellenorganisation Bewegung Freies Aceh, schloss 2005 einen Waffenstillstand mit der indonesischen Regierung und gründete 2007 die Partai Aceh

GERINDRA Gerakan Indonesia Raya, Bewegung Groß-Indonesien, Partei des Exgenerals und Ex-Suharto-Schwiegersohns Prabowo Subianto, wird gern als religiös-nationalistisch bezeichnet

GOLKAR Golongan Karya (= Arbeitsgruppe), eine ehemalige Militärorganisation, die unter Suharto zur wichtigsten politischen Partei aufstieg und bis heute eine der größten Fraktionen im Parlament stellt

KKN Akronym für Korruption, Kollusion und Nepotismus

KOPASSUS Komando Pasukan Khusus, Spezialeinsatzkommando, berühmt-berüchtigte Eliteeinheit der Streitkräfte für Sonderoperationen wie unkonventionelle Kriegsführung, Sabotage, Aufstandsbekämpfung oder Informationsbeschaffung (zum Beispiel in Papua und Osttimor)

KOSTRAD Komando Strategis Angkatan Darat, Strategisches Heereskommando, 1961 gegründete militärische Einheit für Sonderaufgaben, ihr erster Kommandeur war Suharto, der erste Einsatz die Invasion von West-Neuguinea (heute Papua)

LEKRA Lembaga Kebudayaan Rakyat, Institut für Volkskultur, mit der Kommunistischen Partei affiliierte Kulturorganisation, nach 1965 verboten

KPK Komisi Pemberantasan Korupsi, Kommission zur Ausrottung der Korruption

MPR Majelis Permusyawaratan Rakyat, die Beratende Volksversammlung, die sich aus DPR und DPD zusammensetzt, bis 2002 das höchste gesetzgebende Organ Indonesiens

NASAKOM Akronym für Nasionalisme, Agama, Komunisme (Nationalismus, Religion, Kommunismus), die drei Säulen, auf die Präsident Sukarno seine Politik stützte

NGO Non-Governmental Organization, Nichtregierungsorganisation

NU Nahdlatul Ulama, die größte muslimische Organisation der Welt (ca. 40 Millionen Mitglieder), toleriert traditionellen Islam und gilt als moderat

PAN Partai Amanat Nasional, Nationale Mandatspartei, im Zuge der Reformasi im August 1998 gegründet von 50 prominenten Köpfen aus Kultur, Politik und Religion, galt als Hoffnungsträger für die Demokratisierung unter Parteichef Amien Rais, erhielt aber nie eine führende Rolle, steht der Muhammadiyah nahe

PDI Partai Demokrasi Indonesia, 1973 entstanden aus dem von Suharto forcierten Zusammenschluss von fünf nationalistischen Parteien

PDI-P Partai Demokrasi Indonesia Perjuangan, entstanden 1996 aus der Spaltung der PDI in Gegner und Befürworter der Sukarno-Tochter Megawati Sukarnoputri und ihrem Reformasi-Kurs, seit 1999 immer eine der größten Fraktionen im Parlament

PKB Partai Kebangkitan Bangsa, Partei des Nationalen Erwachens, im Zuge der Reformasi im Juli 1998 von führenden Islamgelehrten der NU gegründet, moderat-islamisch

PKI Partai Komunis Indonesia, seit 1924 unter diesem Namen, 1914 von Holländer Henk Sneevlit als Indische Sozialdemokratische Vereinigung gegründet, nach dem Putsch vom 30. September 1965 verboten (bis heute)

PPP Partai Persatuan Pembangunan, Vereinigte Entwicklungspartei, 1973 entstanden aus dem von Suharto forcierten Zusammenschluss von vier islamischen Parteien, konservativ-islamisch

RT/RW Rukun Tetangga/Rukun Warga (= Nachbarschaft/Bewohnerschaft), die kleinsten indonesischen Verwaltungseinheiten von jeweils 30 bis 50 Familien, die aus ihren Reihen jährlich einen ehrenamtlicher Vorsteher wählen, häufig ein wichtiger Adresszusatz

SBY Susilo Bambang Yudhoyono, indonesischer Präsident von 2004–2014

VOC Vereenigde Oostindische Compagnie, 1602 als erstes multinationales Wirtschaftsunternehmen der Welt gegründet, hielt das niederländische Handelsmonopol für Asien

Glossar

adat traditionelle Rechtsprechung und Gesellschaftsregeln, wird in manchen Regionen vor allem bei familiären Angelegenheiten und kommunalen Streitigkeiten noch angewandt

Ahmadiyya religiöse Vereinigung, die sich zum Islam bekennt, aber nicht glaubt, dass Mohammed der letzte Prophet war

angklung traditionelles Musikinstrument aus Westjava, bei dem mehrere Bambusröhren in einen Rahmen gespannt sind, die man durch Schütteln zum Klingen bringt. Von der UNESCO als immaterielles Kulturerbe Indonesiens anerkannt.

bajaj dreirädrige Motorriksha in Jakarta

Bahasa Indonesia die indonesische Sprache

Batavia alter kolonialer Name von Jakarta

bule umgangssprachliche Bezeichnung für westliche Ausländer, wörtlich: Albino-Stier

dalang Spieler und zugleich Regisseur des javanischen und balinesischen (Schatten-)Puppenspiels – er ist nicht nur alleiniger Erzähler und Interpreteur der gezeigten Geschichten, sondern leitet auch das begleitende *gamelan*-Orchester durch die Vorstellung. Oft als Synonym für den Fadenzieher hinter politischen Entscheidungen oder geschäftlichen Transaktionen verwendet

dangdut indonesische Popmusikrichtung, in die sich arabische, indische und malaiische Einflüsse mischen

Darul Islam Bewegung, die nach der Unabhängigkeit einen islamischen Staat errichten wollte, was nach der Republikgründung in einigen Regionen zu Rebellionen führte

dukun Naturheilkundiger oder Schamane, dem oft auch übernatürliche Kräfte zugeschrieben werden

dwifungsi Doppelfunktion der Armee als exekutive und legislative Kraft unter Suhartos Regierung

Expat von Englisch *expatriates* = Ausgebürgerte: Menschen, die langfristig im Ausland leben

gamelan traditionelles Orchester aus Gongs, Klangstäben und Metallophonen, je nach Region begleitet von Flöten oder Saiteninstrumenten, fünf- oder siebentönig gestimmt

gotong-royong freiwillige Zusammenarbeit von Nachbarn, Kollegen, Freunden für ein gemeinnütziges Ziel

Idul Fitri Fest am Ende des Ramadans, in Indonesien wichtiger als das Opferfest *Idul Adha*

Imigrasi die indonesische Einwanderungsbehörde

Indo Kind mit einem indonesischen und einem ausländischen (meist westlichen) Elternteil

jam karet wörtlich »Gummizeit«, beschreibt die endlos dehnbare Zeitauffassung der Indonesier, die Termine selten pünktlich einhalten

jamu traditionelle Medizin, umfasst Kräutertrunks, Massagen und kosmetische Behandlungen

Jemaah Islamiyah südostasiatisches Terrornetzwerk mit Verbindungen zur Al-Quaida

jilbab Kopfbedeckung der muslimischen Frauen

kabupaten Verwaltungseinheit unter der Provinzebene, entspricht etwa unserem Regierungsbezirk, ein *kabupaten* ist wiederum aufgeteilt in verschiedene *kecamatan* (Landkreise), diese in mehrere *kelurahan* (Bezirke)

kampung Dorf oder Stadtviertel mit dorfähnlichen Strukturen, auch als Bezeichnung des Heimatorts

Kejawen synkretistischer Glaube mit animistischen, buddhistischen, hinduistischen, christlichen und islamischen Elementen, der vor allem auf Java weit verbreitet ist

keris ein meist gewellter, zweischneidiger Dolch aus Eisen und Nickel. Der *keris* ist in ganz Indonesien und der malaiischen Welt verbreitet, jedoch hat er nirgendwo eine so tiefe spirituelle Bedeutung wie in Zentraljava und Bali. Von der UNESCO als immaterielles Kulturerbe Indonesiens anerkannt.

kost Pension oder Zimmervermietung, in der Regel für Studenten oder alleinstehende Personen

kretek indonesische Nelkenzigaretten

krupuk jegliche Art von traditionell hergestellten Crackern oder Chips aus Reis, Cassava, Krabben- oder Fischmehl

Mahabharata Das bekannteste indische Nationalepos beschreibt den Kampf zweier Königsfamilien, der Kauravas und der Pandavas. Die Erzählungen über die verschiedenen Götter, die dabei mitmischen, über Tod und Wiedergeburt, Karma und Dharma gelten als wichtige Grundlage des Hinduismus. Die erste schriftliche Version entstand 400 v. Chr. bis 400 n. Chr.

Majapahit hinduistisches Königreich (1293 bis ca. 1500) mit Hauptsitz in Trowulan, Ostjava, dessen Einflussbereich über das heutige Indonesien, Osttimor, Singapur, Malaysia, Brunei, Südthailand und Südphilippinen reichte

Muhammadiyah zweitgrößte muslimische Organisation Indonesiens (30 Millionen Mitglieder), propagiert einen reinen Islam, ist aber gegen Gewalt

Nahdlatul Ulama siehe NU (Abkürzungen)

Nusantara alte Bezeichnung für Indonesien, wörtlich: die Inseln dazwischen, der Archipel

pribumi wörtlich: Einheimischer, während der Kolonialzeit eine eher abfällige Bezeichnung für gebürtige Indonesier

Pancasila indonesische Staatsideologie der »Fünf Prinzipien«: Glaube an einen Gott, eine gerechte und zivilisierte Menschheit, nationale Einheit, Demokratie, soziale Gerechtigkeit

pencak silat Oberbegriff für die traditionellen Kampfkünste Indonesiens, in denen sich indigene mit chinesischen und indischen Einflüssen mischen. Die nach der Unabhängigkeit vereinheitlichte Form ist heute als internationaler Wettkampfsport anerkannt.

Ramayana Die Kunstdichtung des Autors Valmiki gilt als zweitwichtigstes Epos Indiens, dessen heutige Form vermutlich rund 200 n. Chr. entstand. Sie stellt alte hinduistische Lehren in poetischer Versform dar und hat unzählige literarische Werke und Kunstformen Süd- und Südostasiens beeinflusst.

Reformasi Bezeichnung für die Periode der Demokratisierung nach dem Sturz Suhartos

sarong traditioneller Wickelrock, der von Frauen wie Männern getragen wird

saté gegrillte Spießchen, meist mit Hühnerfleisch in Erdnusssoße oder Ziegenfleisch mit scharfer Sojasoße, je nach Region auch mit Rind-, Schweine-, Kaninchen-, Krokodil-, Pferde- oder Schlangenfleisch, auf Bali mit gewürzter Fisch-Kokos-Mischung

Scharia das islamische Recht, besteht nicht aus festgelegten Gesetzen, sondern stellt eine Fülle religiöser Regeln dar, die unterschiedlich ausgelegt werden können

Schia zweitgrößte islamische Glaubensrichtung, ihre Anhänger wollten nach dem Tode Mohammeds eine verwandtschaftliche Nachfolge des Propheten durchsetzen, scheiterten aber und entwickelten das Konzept der geistlichen Nachfolge der Imame, entgegengesetzt zur weltlichen Herrschaft der sunnitischen Kalifen

Selamatan traditionelle Segensfeier, verbunden mit lokalen Ritualen zu wichtigen Anlässen wie Geburt, Hochzeit, Tod, Umzug, bedeutende Reise oder Unternehmen

Sunna größte islamische Glaubensrichtung (90 Prozent aller Muslime), der auch die meisten indonesischen Muslime angehören

tempe mit Hefe fermentierte Sojasprossen, werden mit Gewürzen gekocht, in Teig ausgebacken oder einfach mit Knoblauch gebraten, wichtiges Nahrungsmittel

transmigrasi Regierungsprogramm zur Umsiedelung von Bewohnern dicht besiedelter Provinzen in wenig bewohnte Regionen

warung Bezeichnung für mobile Garküchen, kleine Straßenrestaurants oder traditionelle Lebensmittelläden

wayang traditionelles Puppentheater mit Schattenfiguren aus Büffelhaut (wayang kulit) oder Stabpuppen aus Holz (wayang golek), erzählt Geschichten aus den hinduistischen Epen Ramayana und Mahabharata

Zum Weiterlesen

Baum, Vicki: Liebe und Tod auf Bali. Köln 2007. In ihrem Klassiker erzählt die österreichische Schriftstellerin am Beispiel einer fiktiven Liebesgeschichte die Ereignisse nach, die 1906 zum rituellen Selbstmord des Fürstenhofes von Badung führten. Die authentische, farbenfreudige Welt ihres Romans entwickelte die Autorin, während sie beim deutschen Maler Walter Spies in Ubud wohnte.

Berninghausen, Jutta/Kerstan, Birgit/Soeprapto-Jansen, Nena: Schleier Sarong Minirock. Frauen im kulturellen Wandel. Bremen 2009. Religiöse Moralvorstellungen, traditionelle Werte und westliche Konsumwelt: Indonesische Frauen leben in einem kulturellen Spannungsfeld. Sie sind nicht nur zwischen Familie und Beruf hin- und hergerissen, sondern auch zwischen kollektiven Zwängen und individuellen Träumen, gesellschaftlichen Pflichten und beruflichen

Herausforderungen. Anhand der Lebensgeschichten von Frauen aus verschiedenen Provinzen vermitteln die Autorinnen einen authentischen Einblick in das Leben indonesischer Frauen und analysieren zugleich die sozialpolitischen und kulturellen Veränderungen der letzten 20 Jahre.

Christanty, Linda: Schreib ja nicht, dass wir Terroristen sind! Angermünde 2015. Die mehrfach ausgezeichnete Journalistin reiste durch Indonesien und Südostasien, um Mitglieder von gesellschaftlichen Minderheiten, radikalen Organisationen und Unabhängigkeitsbewegungen zu interviewen. Mit ihren Aufzeichnungen entfaltet sie ein kritisches Bild, das die gesellschaftlichen Mechanismen erklärt, die zu Unterdrückung, Aufruhr und Radikalisierung führen.

Chudori, Leila S.: Pulang – Heimkehr nach Jakarta. Bonn 2015. Der Roman erzählt vom Schicksal einer Gruppe indonesischer Intellektueller in Paris, die 1965 infolge des Putsches in Jakarta und der darauf folgenden Massenmorde nicht mehr in ihre Heimat zurückkehren können. Um zu überleben, gründen sie ein indonesisches Restaurant, leiden aber ein Leben lang unter ihrer Heimatlosigkeit. Die Tochter eines der Exilanten fliegt 1998 nach Jakarta und gerät in die Unruhen, die zum Sturz Suhartos führen. Die komplex gebaute Erzählung bietet einen detaillierten Einblick in die Politik und Kultur Indonesiens inklusive einiger kulinarischer Schmankerl. Als Vorbild diente das reale Restaurant *Indonesia* in Paris.

Habibie, Bacharuddin Jusuf: Habibie und Ainun – ein Glück, dass es Gott gibt. München 2012. Indonesiens dritter Präsident, der als Nachfolger Suhartos und Wegbereiter der Reformasi nur 517 Tage lang regierte, berichtet in seinen Memoiren von seiner Studien- und Arbeitszeit in Deutschland sowie von den Stationen seiner politischen Karriere in Indonesien. Dabei gewährt er einen romantischen Einblick in die Liebesbeziehung mit seiner Frau Ainun sowie in sein Verständnis von Religion und interkultureller Verständigung.

Heynnemman, Ron: Ibu Maluku. The Story of Jeanne van Diejen. Glen Waverley Victoria, Australien 2002. Die packende Lebensgeschichte einer belgischen Krankenschwester, die einen holländischen Plantagenmanager heiratete und trotz Tropenkrankheiten, Vulkanausbrüchen, Bombenangriffen und Internierungslager ihrer Wahlheimat auf den Molukken treu blieb. Das Buch beschreibt zugleich den Wandel Indonesiens von der Kolonialzeit über die japanische Besetzung bis zur Unabhängigkeit aus Sicht einer Europäerin, die den einfachen Indonesiern näher war als den herrschenden Eliten.

Hirata, Andrea: Die Regenbogentruppe. München 2013. Mit einfachsten Mitteln betreiben zwei idealistische Lehrer eine winzige Dorfschule auf der Insel Belitung: die einzige Chance für eine Handvoll Kinder armer Fischer und Minenarbeiter, eine Ausbildung und somit eine Zukunft ohne Armut zu erlangen. Der Autor orientiert sich dabei an romantisierten Vorbildern aus seiner eigenen Lebensgeschichte und erzählt dadurch zugleich von einer zutiefst zerrissenen Gesellschaft mit zahlreichen Gegensätzen. Der zweite Band der in Indonesien höchst erfolgreichen Tetralogie ist 2015 bei Hanser unter dem Titel »Der Träumer« auf Deutsch erschienen.

Jankowski, Martin: Indonesien lesen. Notizen zu Literatur und Gesellschaft. Berlin 2014. Der Schriftsteller und Dichter vermittelt einen Einblick in die stilistisch wie geografisch außerordentlich kontrastreiche und heterogene Literaturlandschaft des Landes. In Gesprächen, Aufsätzen und Essays ergründet er die gesellschaftlichen Hintergründe und die kulturelle Komplexität der schier unüberschaubaren Szene.

Kayam, Umar: Ein Hauch von Macht. Angermünde, Horlemann 1999. Die Geschichte einer javanischen Familie von Anfang des 20. Jahrhunderts bis zur Neuen Ordnung Suhartos – zerrissen zwischen Tradition und Moderne, alten Hierarchien und neuen Gesellschaftsstrukturen. Der Autor galt als einer der Wegbereiter für neue Formen des Theaters, Films und anderer Künste im modernen Indonesien.

Keller, Anett (Hg.): Indonesien 1965ff. Berlin 2015. Der erste deutschsprachige Sammelband über die antikommunistischen Massenmorde von 1965, in dem ausschließlich indonesische Autoren zu Wort kommen. Überlebende berichten vom Mord an ihren Angehörigen, von Haft und Folter – aber auch von der Solidarität mutiger Helfer. Wissenschaftler und Aktivisten beschreiben, wie schwierig sich die Aufarbeitung der Vergangenheit angesichts der Machtstrukturen und Denkmuster gestaltet, die bis heute gelten.

Koenen, Simon L.: Korupsi – Korruption in Indonesien: Einblicke und Hintergründe. Bremen 2008. Der Autor hinterfragt, ob ausländische Unternehmer in Indonesien ohne Korruption wirtschaftlich erfolgreich sein können. Die Antwort ist nein. Er analysiert die systematische Korruption im Land mit Hilfe kultureller, wirtschaftlicher und politischer Theorien und verbindet dies mit persönlichen Erfahrungen und Interviews, die brisante Details über die Korruptionspraktiken auf allen Ebenen enthüllen.

Pamuntjak, Laksmi: Alle Farben Rot. Berlin 2015. In den Wirren des Putsches von 1965 verliert Amba ihre große Liebe Bhisma. Erst 2006 erfährt sie durch eine anonyme Mail, dass der Vater ihres unehelichen Kindes auf der Gefangeneninsel Buru starb. Er hatte in Leipzig studiert und galt als Kommunist. Bei einer Reise nach Buru hofft Amba, Spuren der Vergangenheit zu entdecken. Bestsellerautorin Laksmi Pamuntjak inszeniert ihre moderne Version des Liebespaares Amba und Bhisma aus dem hinduistischen Epos Mahabharata vor dem Hintergrund der blutigen Ereignisse, die Suhartos Machtübernahme folgten.

Pisani, Elizabeth: Indonesien etc. Exploring the Improbable Nation. London 2014. Eine intellektuelle und sehr unterhaltsame Reise durch den Vielvölkerstaat. Die exzellente Indonesienkennerin Pisani beschert den Lesern mit ihren klaren Analysen zahlreiche Aha-Effekte hinsichtlich des kulturellen, sozialen und politischen Verständnisses des Landes.

Toer, Pramoedya Ananta: Buru-Tetralogie. Gilt als wichtigstes Werk der indonesischen Literatur im 20. Jahrhundert. Der ehemalige Unabhängigkeitskämpfer Pramoedya wurde von 1965 bis 1979 als führendes Mitglied der sozialistischen Kulturorganisation LEKRA interniert und stand danach unter Hausarrest. Weil er im berüchtigten Straflager auf der Insel Buru nicht schreiben durfte, erzählte er die vier Romane »Garten der Menschheit«, »Kind aller Völker« (Reinbek 1997; Zürich 1998), »Spur der Schritte« (Zürich 2002) und »Haus aus Glas« (Angermünde 2003) Mitgefangenen, die sie für ihn niederschrieben. Die Geschichte des Mischlings Minke, der erst Journalist und dann Unabhängigkeitskämpfer wird, beschreibt beispielhaft die schwierige Entwicklung der indonesischen Gesellschaft von der Kolonialzeit bis zur unabhängigen Republik. Bis zu seinem Tod 2006 wurde Pramoedya wiederholt für den Literaturnobelpreis nominiert.

Utami, Ayu: Saman. Angermünde 2015. Mit ihrem Debütroman wurde Ayu Utami in Indonesien 1998 als literarische Sensation gefeiert und gilt bis heute als Vorreiterin starker junger Autorinnen. Saman ist ein junger Priester, der unterdrückten Bauern in Sumatra im Kampf gegen große Palmölkonzerne hilft und zum Gegner des Suharto-Systems wird. Er verliebt sich, gibt sein Priesteramt auf und emigriert nach New York. Sein Leben ist verflochten mit dem von vier jungen, selbstbewussten Indonesierinnen, die sich traditionellen Rollenvorstellungen widersetzen. Viele einheimische Kritiker empfanden die offene sexuelle Sprache des Romans als skandalös. In der Fortsetzung »Larung« (Angermünde 2015) entwirft die Autorin einen Bilderbogen an Ereignissen, Perspektiven und Themen, die die gesellschaftlichen und politischen Verhältnisse unter Suharto prägten.

Basisdaten

Geografie: Größter Archipel der Welt mit mehr als 17500 Inseln (wechselnde Zahl), davon rund 6000 bewohnt, liegt zwischen dem Indischen und dem Pazifischen Ozean auf drei Erdplatten, Land mit den meisten Vulkanen der Welt: 130 potentiell aktive Vulkane, von 76 sind Ausbrüche historisch belegt
Fläche: 1904569 km², davon Land: 1811570, Wasser: 93000, Regenwald (inklusive traditionelle Nutzwälder): rund 930000 (Deutschland: 357121 km²)
Küstenlänge: 54716 km
Landgrenzen: 2830 km (Malaysia 1782 km, Papua-Neuguinea 820 km, Timor-Leste 228 km)
Höchster Berg: Puncak Jaya in Papua (4884 m)
Tiefster Meeresgraben: Sundagraben (7455 m)
Gesamtbevölkerung: 253609643, davon leben 50,7% in Städten (Deutschland: 81,1 Mio.)
Bevölkerungsdichte (Einwohner pro km²): Jakarta:12768, Zentraljava: 894, Nordsumatra: 188, Zentralkalimantan: 14, Papua: 8 (Deutschland: 226)
Ethnien: 41% Javaner, 15,5% Sundanesen, 3,7% Malaien, 3,6% Batak, 3% Maduresen, 2,9% Betawi, 2,7% Minangkabau, 2,7% Bugis, 1,7% Balinesen, 1,4% Acehnesen, 1,2% Chinesen (insgesamt mehr als 300 Ethnien)
Staatlich anerkannte Religionen: Islam (87,2%), Protestantismus (6,9%), Katholizismus (2,9%), Hinduismus (1,7%), Buddhismus (0,7%), Konfuzianismus (0,05%)
Größte Städte (Mio. Einwohner): Jakarta: 10,19; Surabaya 2,77; Bandung 2,39; Bekasi, 2,33; Medan 2,1; Tangerang 1,7; Depok 1,74; Semarang 1,56; Palembang 1,46; Makassar 1,34 (Stand 2013)
Amtssprache: Bahasa Indonesia, insgesamt mehr als 700 Lokalsprachen
Durchschnittsalter: 29,2 Jahre, 43% jünger als 25 (Deutschland: 46,1 Jahre)
Durchschnittsheiratsalter: 19,6 Jahre (Deutschland: 31,5)
Kinder pro Familie: 2,18 (Deutschland: 1,43 Kinder je Frau)
Kindersterblichkeit je 1000 Lebendgeburten: 25,16 (Deutschland: 3,5)

Müttersterblichkeit je 100 000 Geburten: 220
Lebenserwartung (Jahre): Männer 69,95, Frauen 74,88
(Deutschland: Männer 78,2, Frauen 82,9)
Bruttoinlandsprodukt (BIP): 776,4 Milliarden €
(Deutschland: 2903,8 Mrd. €)
BIP-Wachstumsrate: 5,3 % (Deutschland: 1,6 %)
BIP pro Kopf: 4650 € (Deutschland: 35 200 €)
BIP nach Sektoren: Landwirtschaft 14,3 %, Industrie 46,6 %, Dienstleistungen 39,1 % (Deutschland: Landwirtschaft 0,8 %, Industrie 30,7 %, Dienstleistungen 68,5 %)
Staatlicher Mindestlohn (Mio. Rupiah pro Monat): Jakarta 2,7; Aceh 1,9; Nusa Tenggara Timur 1,25 (Deutschland: 8,50 €)
Einwohner unter der Armutsgrenze: 11,7 %
(Deutschland: 15,5 %)
Arbeitslosigkeit: 5,9 % (Deutschland: 6,8 %)
Beschäftigte nach Sektoren: Landwirtschaft 34 %, Industrie 21 %, Dienstleistungen 45 %
(Deutschland: Landwirtschaft 1,5 % , Industrie 24,6 % , Dienstleistungen 73,9 %
Wichtigste landwirtschaftliche Produkte: Palmöl, Kautschuk, Kakao, Kaffee, Tee, Maniok, Reis, Gewürze, Heilkräuter, ätherische Öle, Geflügel, Shrimps, Fisch
Wichtigste Industrieprodukte: Erdöl, Erdgas, Kohle, Gold, Automobile, Elektrogeräte, Textilien, Schuhe, Zement, medizinische Geräte, Kunsthandwerk, Lebensmittel, Papierwaren, Möbel
Zahl der Mobiltelefone: 281,96 Millionen
(Deutschland: 112,63 Mio.)
Internetnutzer: 71,19 Millionen (Deutschland: 58,6 Mio. = 80 % aller über Zehnjährigen)
Internetzugang: 23 % der Bevölkerung (Deutschland: 84 %)

Quellen: Nationale Behörde für Familienplanung (BKKBN) Indonesien, World Bank, World Factbook, Zentrale Statistikbehörde (BPS) Indonesien, Statistisches Bundesamt, WSI der Hans-Böckler-Stiftung

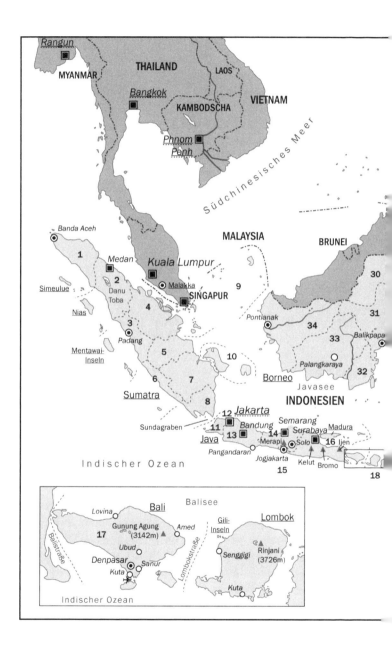

Danksagung

Herzlichen Dank an meine Eltern für ihre immerwährende Unterstützung, an Katja Krause für ihre tatkräftige Hilfe sowie an alle Freunde und Kollegen, die dieses Buch mit ihren Erlebnissen und Erzählungen erst möglich gemacht haben: besonders an meine alte WG mit all ihrem liebenswerten Chaos, an Dolorosa Sinaga und Arjuna Hutagalung für ihr immer offenes Herz und Haus, an Taring Padi und ihr ausgedehntes Netzwerk sowie an das Team von Jogja InterKultur für seine geduldige Rückendeckung.

Länderporträts im Ch. Links Verlag

Alle Bände 18,00 € (D); 18,50 € (A)

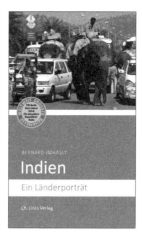

Bernard Imhasly
Indien
Ein Länderporträt

208 Seiten, Klappenbroschur
ISBN 978-3-86153-822-6

Die Vielfältigkeit Indiens ist fast schon ein Klischee. Ein Land der Widersprüche, das changiert zwischen Kastenwesen und Demokratie, zwischen Götterglaube und High-Tech, blanker Armut und neuer Wirtschaftskraft mit glitzernden Shopping-Malls. Bernard Imhasly lebt seit Jahrzehnten in Indien und kann wie kaum ein Zweiter vom Subkontinent erzählen, etwa, indem er von der indischen »Hochzeitsindustrie« mit einem Jahresumsatz von circa 40 Milliarden US-Dollar berichtet oder von der nicht zu unterschätzenden Rolle der indischen Mythologie in der aktuellen Politik. Ein Länderporträt, das die großen Unterschiede Indiens berücksichtigt und alle gesellschaftlichen Bereiche behandelt.

www.laenderportraet.de
www.christoph-links-verlag.de

Länderporträts im Ch. Links Verlag

Alle Bände 18,00 € (D); 18,50 € (A)

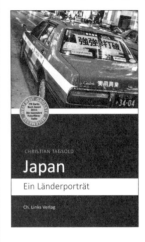

Christian Tagsold
Japan
Ein Länderporträt

2., aktualisierte Auflage
192 Seiten, Klappenbroschur
ISBN 978-3-86153-835-6

»Eher als ein ewiges Spannungsverhältnis Japans zwischen Ost und West betont dieses aufschlussreiche Porträt Nippons selektive Ideengeschichte und kreative Synthesen kultureller und religiöser Sphären.«

Frankfurter Allgemeine Zeitung

»Der Düsseldorfer Japanologe Christian Tagsold zeigt dieses Land in einer Vielschichtigkeit und Differenziertheit, wie sie unter Japan-Beobachtern selten geworden ist. Das Ergebnis ist ein Buch, das ohne die stereotype Gegenüberstellung von Tradition und Moderne auskommt, mit der Japan gern belegt wird.«

www.japanmarkt.de

www.laenderportraet.de
www.christoph-links-verlag.de

Länderporträts im Ch. Links Verlag

Alle Bände 18,00 € (D); 18,50 € (A)

Ruth Kinet
Israel
Ein Länderporträt

3., aktualisierte Auflage
216 Seiten, Klappenbroschur
ISBN 978-3-86153-714-4

»›Israel – ein Länderporträt‹ von Ruth Kinet gehört zum Besten, was ich je über das Land und seine Menschen gelesen habe. Sehr informativ, mit leichter Feder geschrieben, kurzweilig und gleichzeitig einfühlsam. Die knapp 200 Seiten waren in kurzer Zeit verschlungen, nur schade, dass es keine Fortsetzung gibt. Diese Lektüre kann ich jedem Israelbesucher wärmstens empfehlen.«

jetset travelmagazin

»Was Ruth Kinet hier schreibt, unterscheidet sich fundamental von den üblichen Reiseführern (...) durch das Heilige Land.«

F.A.Z.

www.laenderportraet.de
www.christoph-links-verlag.de

Länderporträts im Ch. Links Verlag

Alle Bände 18,00 € (D); 18,50 € (A)

Esther Blank
Australien
ISBN 978-3-86153-784-7

Marcus Funck
Kanada
ISBN 978-3-86153-690-1

Manfred Quiring
Russland
ISBN 978-3-86153-471-6

Jens Glüsing
Brasilien
ISBN 978-3-86153-742-7

Ingrid Laurien
Kenia
ISBN 978-3-86153-836-3

Susann Sitzler
Die Schweiz
ISBN 978-3-86153-661-1

Marcus Hernig
China
ISBN 978-3-86153-689-5

Norbert Mappes-Niediek
Kroatien
ISBN 978-3-86153-659-8

Martin Dahms
Spanien
ISBN 978-3-86153-631-4

Claudia Knauer
Dänemark
ISBN 978-3-86153-824-0

Jürgen Neubauer
Mexiko
ISBN 978-3-86153-667-3

Hans-Jörg Schmidt
Tschechien
ISBN 978-3-86153-591-1

Holger Ehling
England
ISBN 978-3-86153-547-8

Dirk Linthout
Niederlande
ISBN 978-3-86153-699-4

Jürgen Gottschlich
Türkei
ISBN 978-3-86153-489-1

Rasso Knoller
Finnland
ISBN 978-3-86153-646-8

Rasso Knoller
Nordeuropa
ISBN 978-3-86153-785-4

Viktor Timtschenko
Ukraine
ISBN 978-3-86153-488-4

Günter Liehr
Frankreich
ISBN 978-3-86153-728-1

Rasso Knoller
Norwegen
ISBN 978-3-86153-713-7

Reinhold Vetter
Ungarn
ISBN 978-3-86153-668-0

Eberhard Rondholz
Griechenland
ISBN 978-3-86153-630-7

Norbert Mappes-Niediek
Österreich
ISBN 978-3-86153-682-6

Ute Mehnert
USA
ISBN 978-3-86153-602-4

Markus Bäuchle
Irland
ISBN 978-3-86153-741-0

Brigitte Jäger-Dabek
Polen
ISBN 978-3-86153-701-4

Susann Sitzler
Überleben in Zürich
ISBN 978-3-86153-587-4

Marie Krüger
Island
ISBN 978-3-86153-645-1

Simon Kamm
Portugal
ISBN 978-3-86153-783-0

Gianluca Falanga
Italien
ISBN 978-3-86153-574-4

Hilke Gerdes
Rumänien
ISBN 978-3-86153-700-7

www.laenderportraet.de
www.christoph-links-verlag.de